第66批中国博士后科学基金面上资助项目（项目号：2019M660341）
北京大学-林肯研究院城市发展与土地政策研究中心论文奖学金资助项目（项目号：20180901008）
国家自然科学基金项目（项目号：41671120）
国家自然科学基金项目（项目号：41771128）

中国城市适宜性与
创新型人才空间集聚研究

Research on Urban Amenities and
Spatial Concentration of
Creative Talents in China

崔 丹　吴殿廷　李国平◎著

经济管理出版社
ECONOMY & MANAGEMENT PUBLISHING HOUSE

图书在版编目（CIP）数据

中国城市适宜性与创新型人才空间集聚研究/崔丹，吴殿廷，李国平著 . —北京：经济管理出版社，2023.3

ISBN 978 - 7 - 5096 - 8958 - 5

Ⅰ.①中⋯ Ⅱ.①崔⋯ ②吴⋯ ③李⋯ Ⅲ.①人才管理—研究—中国 Ⅳ.①C946.2

中国国家版本馆 CIP 数据核字（2023）第 041877 号

组稿编辑：申桂萍
责任编辑：申桂萍
责任印制：黄章平
责任校对：董杉珊

出版发行：经济管理出版社
　　　　　（北京市海淀区北蜂窝 8 号中雅大厦 A 座 11 层　100038）
网　　　址：www. E - mp. com. cn
电　　　话：（010）51915602
印　　　刷：北京晨旭印刷厂
经　　　销：新华书店
开　　　本：720mm×1000mm/16
印　　　张：18
字　　　数：353 千字
版　　　次：2023 年 3 月第 1 版　　2023 年 3 月第 1 次印刷
书　　　号：ISBN 978 - 7 - 5096 - 8958 - 5
定　　　价：88.00 元

前　言

衡量城市经济竞争力的一个关键尺度是该城市吸引、培育和调动创新型人才的能力，而城市适宜性的核心在于吸引创新型人才集聚，促进城市经济发展。提升城市适宜性已成为当前西方国家吸引和集聚创新型人才的重要手段。中国目前正处在传统经济向知识经济转型的过程中，然而作为中国经济发展动能的"人口红利"正在逐渐消失，中国迫切需要寻求新的"人口红利"，形成新的经济动能。因此，研究中国城市适宜性对创新型人才空间集聚的作用机制，既是探索中国城市发展与创新型人才集聚互动机理的重要研究内容，也是服务国家"培养知识型、技术型、创新型劳动者大军"重大需求的基础性科学研究任务。基于这一研究背景和意义，本书研究的主要内容和结论如下：

（1）我国创新型人才时空分布特征以及城市适宜性的时空格局分析。首先梳理了国内外关于创新型人才和城市适宜性的相关文献，并在此基础上对创新型人才和城市适宜性的内涵和类型进行界定。其次，通过时间和空间对比，剖析了中国创新型人才和城市适宜性的时空格局变化。结果显示，2006年、2011年和2016年，东部地区始终是我国创新型人才的主要集聚区，但创新型人才在向东部地区集聚的同时，也呈现了向西部地区流动的迹象，西部地区创新型人才增长速度不断加快。东北地区的创新型人才总体增长最为缓慢，且主要城市的创新型人才密度占全国排名呈下降趋势，另有部分城市创新型人才流失严重。

我国经济、社会和休闲适宜性较高的城市主要集中在东部地区，而经济、社会和休闲适宜性较低的城市主要集中在中西部地区，东北地区城市的经济、社会和休闲适宜性则处于较低和较高之间。我国经济、社会和休闲适宜性整体展现出良好的发展态势，尤其是西部部分城市经济、社会和休闲适宜性增长较快，但是东北大部分城市经济、社会和休闲适宜性则增长较慢，且在全国排名中呈下降趋势。2006～2016年，我国城市之间的社会适宜性差异和休闲适宜性差异在逐渐减小，而城市之间的经济适宜性差异和自然适宜性差异均呈现先减小后增大的趋势。此外，我国的自然适宜性总体上呈现出明显的"东南部普遍偏高，北部偏低"的空间格局，这种地带性差异在南北向上体现得尤为明显。

（2）城市适宜性对创新型人才集聚作用机制的理论模型构建。基于城市适宜性理论、"推—拉"理论、人力资本理论和产业集群理论等，整合构建了城市适宜性对创新型人才集聚作用机制的理论模型，即将经济适宜性、社会适宜性、休闲适宜性和自然适宜性同时纳入计量模型中，考察城市适宜性对创新型人才集聚的作用机制。而后又基于目的地选择模型构建了创新型人才城市适宜性选择模型，从城市适宜性给创新型人才带来的效用出发来分析创新型人才选择集聚地的概率。

（3）不同层面城市适宜性对创新型人才集聚的作用机制剖析。首先，选取全国272个城市作为研究样本，以中国创新型人才密度为研究对象，利用2006～2016年的面板数据，从宏观层面系统研究城市适宜性对中国创新型人才空间集聚的作用机制，并进一步挖掘影响创新型人才集聚的核心要素。其次，以中国四大区域创新型人才个体为研究对象，运用2006年、2011年和2016年的截面数据，深入探究各地区城市适宜性如何影响创新型人才集聚。研究结果显示，经济适宜性是影响创新型人才集聚最主要的因素，其中，代表城市创新活力的每万人拥有的专利授权量与创新型人才集聚的相关性最高。社会适宜性和休闲适宜性对创新型人才集聚的影响分别居第二位和第三位，而社会适宜性中的教育、医疗、交通、电信等基础设施，以及休闲适宜性中的博物馆和图书馆藏书数量也成为影响创新型人才集聚的主要因素。自然适宜性对创新型人才集聚的影响最小。最后，以成都为案例地，从中观和微观层面深入研究成都城市适宜性对创新型人才集聚的作用机制。对案例地的研究也显示，成都创新型人才快速增长主要受成都经济适宜性的影响，即成都创新活力的增强、经济的快速发展，以及产业结构的优化升级创造了诸多创业机会和发展机会，吸引了大批创新型人才集聚。

（4）本书提出了吸引创新型人才集聚的对策建议。增强城市经济活力，为加强创新型人才集聚奠定基础，重点关注创新型人才的人文需求，加大基础设施和休闲设施的投入，以满足创新型人才对艺术、教育和社交的综合性需求；对于经济适宜性较好的东部城市，重在"吸引创新型人才"；而针对经济适宜性较差的中西部城市和东北城市，应强调"留住创新型人才"，通过不断提高当地的城市适宜性充分把握本地创新型人才。

目　录

第一章　绪论

第一节　研究背景与意义

一、研究背景

（1）创新型人才发展不仅有助于推动创新经济的发展，更有助于推动产业升级和创新型国家的建设。

创新是铸就民族砥砺前行的灵魂，是推动国家繁荣兴旺的动力。21 世纪是知识经济时代，世界各国都在依靠创新推动国家可持续发展。然而，增强国家创新竞争力的关键在于创新型人才的培养[1]。近年来，美国、英国等国家均提出了要培养创新型人才，发展文化创意产业。美国 2012 年创新型人才约占总劳动就业人才的 30%[2]，2015 年其文化创意产业的增加值约占 GDP 增加值的 12%[3]。无独有偶，英国 2010 年创新型人才约占总就业人数的 6.33%，而文化创意产业增加值也占到 GDP 增加值的近 8%，甚至超过金融业成为国家支柱产业[4]。创新型人才①不仅能推动文化创意产业的发展，更能推动创新经济的快速发展。随着全球创新型人才的增多，全世界的创新经济平均每天增长 5%，每天创造 200 多亿美元的产出[5]。在伦敦、纽约等城市，文化产业的培育和发展已成为推动城市创新经济发展的重要途径[6]。

"科教兴国，人才强国"，创新型国家的建设更需要创新型人才的支撑。近

---

① 关于创新型人才，不同国家和地区或称之为创新人才、创新阶层、知识型工作者、技术人才、专业人才等，为统一口径，本书中均称为"创新型人才"。关于创新型人才的内涵和分类，本书第一章第二节第一部分会有详细描述。

年来，我国也将创新型人才培养上升至国家战略高度。2017 年，党的十九大报告明确提出，"建设知识型、技能型、创新型劳动者大军"，要凝聚起创新人才的强磁场，要营造全社会尊重人才、善用人才的良好氛围，增强人才的归属感和幸福感。科技部《"十三五"国家科技人才发展规划》进一步部署了"调整和优化科技人才队伍的区域结构"的工作。我国的创新型人才队伍也在不断壮大。2016 年我国共有 6051 万创新型人才，相比 2006 年增长了 2058 万人，年均增长 4.19%。2016 年文化创意产业增加值约 3.08 万亿元，比 2006 年增加了近 2.50 万亿元，年均增长 18.17%[7]。2016 年我国的高新技术产业增加值约 3.76 万亿元[8]，比 2006 年增加了 2.75 万亿元[9]，年均增长 14.07%。

随着我国经济发展进入新常态，我国正面临着产业升级等多项经济目标。我国的制造业、服务业等产业势必要加强创新型人才培养，走融合创新发展之路，以实现要素驱动、投资驱动转向创新驱动，促进我国创新经济的发展。因此，创新型人才队伍的建设和培养将成为促进我国产业升级、建设创新型国家的重要举措之一。

（2）中国是全球经济增速最快的经济体之一，中国创新经济也发展迅猛，成为世界最大的高科技产品和文化创意产品出口国，研究中国创新型人才空间分布及其被作用机制极具代表性。

自 1978 年改革开放至 2017 年，40 年的时间中国 GDP 增长了近 34 倍（按不变价格计算），年均增长率为 9.5%，不仅远超世界经济的年均增速，也超越了全球前五大经济体，经济增长速度居世界首位。1978 年中国 GDP 仅 3679 亿元人民币，2017 年中国 GDP 突破 80 万亿元，达到 82.71 万亿元人民币[10]。2018 年持续平稳增长，GDP 达到 90 万亿元人民币，经济总量稳居世界第二位，对世界经济增长的贡献接近 30%[11]。

高科技产业和文化创意产业的发展对经济增长具有显著的作用[12]。我国的高科技产业和文化创意产业近年来取得了长足的进步，当前已超越欧美成为世界第一大高科技产品和文化创意产品出口国[13,14]。2002 年中国高科技产品出口额仅为 4090 亿美元，2014 年增长到 7023 亿美元，跃居世界首位，占世界贸易份额的比重也从 2002 年的 6.3% 增加到 2014 年的 37%[14]。2002 年我国文化创意产品出口额仅为 77 亿美元，2010 年增长到 286 亿美元，跃居世界第一。2014 年更是增长到 784 亿美元，稳居世界第一，占世界文化产品出口总额的比重也从 2002 年的 11.10% 增加到 2014 年的 31.74%[15]。

一国的高科技产业和文化创意产业之所以拥有强劲的优势，主要是由于该国经济实力、科研能力和产业优势强大，更重要的是该国拥有快速发展的科技力量和强大的科技人才队伍[16,17]。2017 年我国共有科学研究和开发机构 3547 个，高校 2631 所，拥有研发活动的规模以上企业 102218 个，共有研发人员 463 万人。2017 年共申请专利 817037 件，有效发明专利 933990 件[18]。

中国作为一个发展中国家，经济实力、高科技产业和文化创意产业发展都稳居世界前列，甚至领先一些发达国家。但是，当前我国的创新能力相对较弱[19]。21 世纪是创新经济相对的时代，伴随着传统工业向知识经济的转型，创新力和创造力成为考量一个产业发展潜力的重要指标，而创新型人才队伍的培育和构建成为衡量一个国家或地区可持续发展的重要标准。因此，研究中国创新型人才空间分布及其被作用机制不仅对于世界创新型人才的研究极具代表性，对国内各个地区及城市的创新型人才研究也具有重要的指导意义。

（3）中国创新型人才空间集聚特征明显，研究城市适宜性①对其作用机制，将为城市制定创新型人才吸引和培育政策提供抓手。

按照 Florida 的分类标准，创新型人才包含计算机和数学类人才；建筑和工程类人才；生命科学、自然和社会科学类人才；教育、培训和图书馆类人才；艺术、设计、娱乐、体育和媒体类人才；管理类人才；商业和财务运营类人才；法律类人才；医疗和技术类人才，以及高端销售和销售管理类人才[20]。根据《中国城市统计年鉴 2007》、《中国城市统计年鉴 2017》和中国劳动就业与经济社会发展统计数据，2006 年中国共有创新型人才 3993 万人，其中，东部地区的创新型人才数量居全国四大经济区域首位，占全国的 44.26%，中部、西部和东北地区创新型人才数量分别占全国的 25.04%、20.90% 和 9.80%。2016 年创新型人才数量增加到了 6051 万人，而这四个地区创新型人才数量占全国的比例，除东部和西部地区分别增长到 46.71% 和 22.27% 之外，其他两个地区都有所下降。2016 年中部地区创新型人才占全国的比例为 23.08%，相比 2006 年下降了 1.96 个百分点；而东北地区创新型人才占全国的比例为 7.94%，相比 2006 年下降了 1.86 个百分点。我国的创新型人才主要集聚在北京、上海、广州和深圳等城市。成都、克拉玛依、乌鲁木齐等城市的创新型人才也在逐年增多，尤以成都最为突出，创新型人才数量从 2006 年的全国第 8 名升至 2016 年的全国第 3 名，创新型人才密度也从 2006 年的第 42 名跃居全国第 11 名。

在知识经济时代，创新型人才已成为推动经济增长的主导资源，如何吸引和集聚创新型人才已经上升为一国经济发展的战略性问题。城市适宜性作为吸引创新型人才集聚、推动经济增长的主要动力[21~25]，已成为西方国家关注的焦点。关于城市适宜性，Clark 和 Lloyd，以及 Smith 等将其界定为使人感到舒适和愉悦

---

① 适宜性（Amenity），有学者称之为舒适物、舒适性，翻译不同称谓也不同，分类标准也各不相同，本书第一章第二节第二部分会有详细描述。为统一口径，本书均称为"适宜性"。

的城市发展环境、设施、服务或情境[23,26]。城市适宜性的目的是推动城市经济发展，追求一种高品质和高质量城市生活[23,27]，核心在于吸引创新型人才集聚[22]。Florida 提出吸引创新型人才的关键在于提高城市适宜性，满足创新型人才所偏好的城市发展环境和人文设施[20]。然而，由于长期依靠投资促增长的经济发展模式，中国部分城市还在重复建设各种大型购物中心、体育馆等场馆和基础设施，过分依赖投资对经济增长的促进作用，却忽视了创新型人才对促进经济发展的作用，更无视城市适宜性对吸引创新型人才集聚和推动经济发展的作用。各个城市只有提升城市适宜性，吸引创新型人才集聚，才能促进技术创新和产业升级，才能促进城市经济可持续发展[28]。因此，研究城市适宜性对创新型人才集聚的作用机制，探索影响创新型人才空间集聚的核心要素，不仅在实践上为各个城市制定创新型人才吸引和培育政策提供抓手，更在理论上为各个城市的经济发展，乃至中国的经济发展提供新思路。

二、研究意义

衡量城市经济竞争力的一个关键尺度是该城市吸引、培育和调动创新型人才的能力[2,20]。人才，尤其是创新型人才作为重要的生产要素，对促进城市社会经济增长具有决定性作用[29~33]，对缩小城市发展差距，促进区域经济均衡发展的重要性也被日益重视[34]。然而创新型人才动态流失、空间分布不均，既是世界各国普遍存在的问题，也是中国面临的突出问题。关于城市人才集聚能力较为公认的衡量指标是自然环境因素[35~38]等外生变量构成的"外生适宜性"，以及经济因素[30,39,40]、社会因素（主要为基础设施）[41,42]和休闲文化因素[23,40]等内生变量构成的"内生适宜性"。实际上，在经济发展的早期阶段，外生适宜性中的自然环境因素和内生适宜性中的经济因素对人才集聚确实具有首要作用[43~48]。但当经济发展成熟或进入现代化发展阶段后，创新型人才逐渐成长为驱动城市经济发展的主要力量[2,22,49]，内生适宜性中的社会因素和休闲文化因素则成为决定人才去留的重要因素[37,50~52]。城市适宜性（Urban Amenities）是使人感到舒适和愉悦的城市发展环境、设施、服务或情境[23,53,54]。学术界对城市适宜性的分类各异，Glaeser 等将城市适宜性分为包含餐馆、剧院等服务设施的适宜性，含有气温和日照等自然条件的适宜性，包含学校和公共服务的适宜性和交通便利的适宜性[24]；Clark 将城市适宜性也分为四类：自然适宜性（气温、湿度等）、人造适宜性（图书馆、博物馆、歌剧院等）、社会适宜性（教育等），以及价值观和态度构成的适宜性[40]。国内学者王宁将适宜性分为自然适宜性（气温等）、环境适宜性（公园、绿地等）、基础设施适宜性、商业适宜性（各种商业设施）、文化适宜性（图书馆、剧院等）和社会适宜性（良好的秩序、低犯罪率等）[55]。基于前人的研究，本书将城市适宜性也划分为四种：经济适宜性（经济发展水平、创新活力、工资、房价等）、社会适宜性（教育、医疗、交通、互联网等基础设施等）、休闲适宜性（博物馆、电影院、星级饭店、公园等）和自然适宜性（气温、湿度、空气质量等）。

近年来，为了深刻揭示影响创新型人才空间集聚的关键因素，衡量吸引创新型人才集聚的指标逐渐转向社会适宜性和休闲适宜性方面。Gottlieb 指出高技术人才非常重视生活质量，高技术产业公司为了吸引高技术人才常常在选址过程中把休闲适宜性作为重点考虑因素[56]。Florida、Cowling 和 Lee 分别分析了英国和美国创新型人才的分布，提出影响其分布的主要因素为大学和研究所分布，以及城市的文化氛围[20,41]。Clark 认为休闲适宜性是集聚高技术人才（High Tech Parents），推动城市发展的重要因素[40]。Glaeser 通过研究欧美一些城市的发展路径后，发现富有内涵的餐馆、剧院、图书馆、博物馆、酒吧、艺术馆等休闲适宜性能吸引大批高学历和高技术人才向城市集聚[57]。然而，在对中国的高学历和高技术等创新型人才集聚进行研究后，一些国内学者发现经济适宜性（如工资）依然是影响我国创新型人才空间集聚的重要因素[58~61]。如 Rao 和 Dai 通过对上海的创新型人才集聚进行分析，发现经济适宜性（工作机会）是影响创新型人才集聚的首要因素，其次才是休闲适宜性（公园、绿地、便利店等）和社会适宜性（中小学、星级医院和地铁站等）[61]。虽然关于城市适宜性影响创新型人才集聚的研究已经取得了一定进展。但是到目前为止，更为全面地分析四种城市适宜性影响创新型人才，尤其是中国创新型人才集聚的研究仍需开展大量的工作。因此，在理论层面上，研究城市适宜性对中国创新型人才空间集聚的作用机制，有助于丰富中国城市发展和创新型人才空间集聚的相关内容和理论。

吸引创新型人才的关键是营造良好的城市发展环境，并构建世界级的"人文环境"[2,20]，即在提高城市经济适宜性的同时，大力提升城市的社会适宜性和休闲适宜性[22,61,62]。在西方发达国家，由于经济发展水平较高，以咖啡馆[63]、歌剧院[64]、运动公园[65]，高科技生态系统和休闲开放的社区等[66]为载体的休闲适宜性已经超越经济适宜性成为吸引劳动力集聚的首要因素。虽然我国的经济总量稳居世界第二，但是我国的人均 GDP 仅 9000 多美元，居世界第 70 位[67]。此外，很多城市的基础设施仍难以满足城市居民需要，供给结构与投入规模严重不协调，如武汉和重庆等[68]。因此，作为发展中国家的中国，经济适宜性和社会适宜性可能仍然是影响中国创新型人才集聚的重要因素。另外，虽然中国文化背景与西方截然不同，但是中华民族自古以来就是一个崇尚礼乐的民族，远古时期"礼""乐"即存，周代大成。近代以来中国人看戏听书、品茶赋诗的喜好并未被磨灭。改革开放后中国公众的消费特征逐渐朝着休闲型、多样化、可参与性的方向发展[69]。城市居民越来越追求高品质的生活，他们看待城市环境的风格就像旅游者对景点的审美考虑一样，这使得具有更高休闲适宜性的城市，也更能吸引高技术人才移入[70]。然而，哪些城市适宜性对创新型人才集聚的影响较大，提高哪种城市适宜性更能吸引创新型人才集聚，成为当前中央乃至各地政府亟须关注的问题。

当前中国"人口红利"正在逐渐消失，各城市迫切需要寻求新的"人口红利"，形成新的经济动能。只有集聚人才，才能保证创新，保证城市可持续增长[71]。然而中国创新型人才集聚与经济发展的联系并不显著[2,20]。这说明中国需要为"人口红利"转化升级为"人才红利"创造有利条件，各城市急需提高城市适宜性，营造有利于创新型人才集聚的优良环境[72]。然而有利于创新型人才集聚的优良环境，除了依靠地方政府调整产业结构、大力发展经济等外，也需要通过提升城市社会适宜性和休闲适宜性来实现，即不断完善教育、医疗、交通等基础设施，并提供丰富多彩的休闲娱乐设施、特色的商店服务、艺术氛围的商业和文化活动等[22,73,74]。因此，在实践层面，研究城市适宜性对创新型人才集聚的作用机制，既对中国城市发挥人口新红利、获取新动能具有重大意义，也为城市制定更为合理的人才吸引政策和培育政策提供基础依据和政策抓手。

基于上述的理论意义和实践意义，本书将结合前人的研究基础，综合全国各城市创新型人才的空间分布格局，以及各城市的城市适宜性现状，采用统计分析、面板回归分析等方法，从宏观角度，选取全国 272 个城市作为研究样本，探索城市适宜性对中国创新型人才空间集聚的作用机制，并进一步挖掘影响中国创新型人才空间集聚的核心要素。在本书选取的 272 个研究样本中，2016 年共有创新型人才存量 6051 万人，覆盖全国十大行业。同时，272 个城市 2016 年常住人口数量为 118310 万人，占全国人口总量的 85.56%。此外，272 个城市的 GDP 总量、公园个数、博物馆数量、星级饭店数量分别约占全国总数量的 99%、96%、99% 和 99%①。总之，这 272 个城市对研究中国的城市适宜性对中国创新型人才空间集聚的作用机制具有代表性。

本书还采取"解剖麻雀"的方式，选取成都作为案例地，借助微观个体调查，从中微观层面更系统地探求城市适宜性对创新型人才集聚的作用机制。之所以选取成都作为案例地，是由于成都的地区生产总值从 2006 年的全国第 14 位，

---

① 创新型人才数量、常住人口数量、城市 GDP 等数据均来源于 2007～2017 年《中国城市统计年鉴》，以及 2007～2017 年各地级市统计年鉴。博物馆数据主要来源于 2006～2016 年中国 272 个城市《国民经济和社会发展统计公报》。星级饭店数量、公园个数主要来源于宏观经济数据库 CEIC。本书研究的城市数据用的均是含乡村的城市地区数据，但是由于创新型人才多集中在中心城市，因此，用城市地区的数据和用中心城市的数据得出的结论基本一致。

跃升至 2016 年的全国第 9 位。创新型人才密度也从 2006 年的全国第 42 名跃居 2016 年的全国第 11 名，创新型人才数量更是从 2006 年的全国第 8 名升至 2016 年的全国第 3 名。成都华丽蜕变的背后，更反映出城市适宜性对创新型集聚的重要影响。

基于本书点面结合的分析，以及宏观、中观和微观层面的深入研究，本书将在很大程度上拓展和丰富创新型人才集聚的相关内容、理论，并为城市制定更为合理的创新型人才吸引政策和培育政策提供可靠、直接的科学依据。

第二节 创新型人才和城市适宜性概念辨析

一、创新型人才概念与类型梳理

经典的人力资本研究中，关于人才的衡量标准是以高学历人才为主，如 Lucas 和 Jacobs 的人力资本研究[30,75]。近年来，国外关于人才的衡量标准逐渐转向创新方面，如 Florida 和 Marlet 等的创新型人才研究[2,20,76]。Florida 等强调创新型人才并不一定都是高学历人才，他们认为人力资本如何在实践中应用比仅有学历更有意义。此外，学历人才仅仅是"潜人才"，它最终是通过岗位或者职业这一机制转化为技能和生产率。因此，根据人们所从事的岗位或者职业是否具有创新性而非受教育程度来衡量创新型人才会更加客观和可靠[22]。

自 20 世纪 80 年代开始，我国人才衡量标准也经历了类似的发展过程。1982 年，国家将中专以上学历，初级职称以上的人统称为人才。自此，学历和职称一直是衡量中国人才的主要标准[77]。2002 年开始，党的十六大提出重知识、重创造，将知识、品德、能力等作为我国人才的衡量标准，但是学历依然是我国人才的主要衡量标准。2017 年之后，党的十九大重申了人才的重要性，并提出要大力培养科技创新型人才，"凝聚创新人才强磁场"，自此创新也成为衡量我国人才的重要标准，而创新型人才则成为 21 世纪我国人才培养的首要目标[78,79]。

关于创新型人才，国内外并没有统一的称谓，与之相似的概念有创新人才、创新阶层，知识型工作者、技术人才、专业人才等，而其中创新型人才（Creative Talent）这一概念应用最广，为统一口径，本书中也统称为"创新型人才"。关于创新型人才，国内外也没有统一的定义。恩田彰认为创新型人才是拥有创造性思维，具备创造能力的人才。Guilford 则认为创新型人才是才智完整和健全的优秀人才[80]。国外普遍比较认可的关于创新型人才的概念是 Florida 提出的，他认为创新型人才是在经济发展过程中，追求创意、创造新观念和新技术的具有才能的创意阶层（Creative Class）。创新型人才与普通劳动阶层最大的区别是通过创意来获得报酬，而不是通过执行命令或规定来获取酬劳[2,20]。

国内关于创新型人才的概念较为宽泛。厉无畏认为创新型人才是拥有高水平专业知识，拥有较强的创新能力，能运用创新技能和手段推动产品的生产和流通的人才集合体[81]。郭辉勤从产业角度提出创新型人才是创新经济产业需要的人才[82]。陈文敏等认为创新是创新型人才的核心，是具有创新意识和创新能力并产出创新成果的人才[83]。综上，本书认为创新型人才是具有创新思维、创新能力，并在经济发展过程中创造新观念和新技术的人才。

关于创新型人才的分类，国内外学者也有不同的分类标准。郭辉勤认为创意的生成经历着从原创到运作到延伸再到巅峰的阶段[82]。根据创意的生成过程，他将创新经济产业分为三种：原创类产业、运作类产业和延伸类产业。从原创类到运作类，再到延伸类产业，企业规模和创意的产生频率皆呈递减趋势。郭辉勤认为创新型人才是创新经济产业所需的人才，因此他认为创新型人才具体包含原创类创新型人才、延伸类创新型人才、运作类创新型人才和巅峰型创新型人才，其中原创类创新型人才和巅峰型创新型人才是创新能力和创新思维最强的两类人才[75]。

Florida 根据美国社会阶层的职业类别，将创新型人才分为两大类：超级创意核心和专业创新型人才[2]，具体职业类别如表 1-1 所示。

表 1-1　Florida 关于创新型人才的分类

	类型	职业类别
创新型人才	超级创意核心	计算机和数学类
		建筑和工程类
		生命、自然和社会科学类
		教育培训和图书馆类
		媒体、娱乐、艺术、体育和设计类
	专业创新型人才	管理类
		商业和财务运营类
		法律类
		医疗和技术类
		销售管理类和高级销售类

资料来源：Florida Richard, *The rise of the creative class*, New York：Basic Books, 2002, pp. 228 - 366, pp. 375 - 403.

综上，国内外学者对创新型人才的概念不同，分类也有所不同。借鉴 Florida 的研究，本书也依据我国职业类别对创新型人才进行界定和分类。

二、城市适宜性概念与类型梳理

适宜性，又称为舒适物、舒适性，是使人感到适宜、愉悦和满足的事物[70]。西方经济学家认为适宜性既能吸引人才迁移，又能促进城市经济发展。20 世纪中期，西方经济学家主要把适宜性界定为气候、地质环境等令人适宜的自然条件[84]。但是随后经济学家发现，自然环境仅能吸引退休群体，而对中青年群体的吸引力较小[40]。学者们又提出了城市适宜性，即使人感到舒适和愉悦的城市环境、设施、服务或情境[23,53,54]。相对于早期的适宜性，城市适宜性除了包含自然环境外，还包含博物馆、歌剧院、书店、自行车道、教育水平、价值观念等设施、服务情境和发展环境[40,50]。综合前人的观点，本书认为城市适宜性是适宜城市发展，并适宜人类发展和生活的城市环境、设施、服务或情境。

城市适宜性不同于城市宜居性（Urban Livability），两者的侧重点不同。①在研究对象上，城市宜居性是多以城市中的居民为研究对象，而城市适宜性的研究旨在促进城市经济发展，重点关注的是城市对创新型人才的吸纳。②在研究内容上，城市宜居性主要强调的是城市适宜人类居住的生态、人文和社会环境[85~86]。国内外学者在宜居城市的衡量中也将经济环境等作为评价指标之一，认为宜居的城市环境是适宜人类居住、就业和生活[87~89]。但城市适宜性的研究内容更广。由于城市适宜性是以高素质和高技术人才为研究对象的，而这类人才对城市适宜的人居环境要求比普通居民更高，除了居住、工作和生活等基本需求，更注重对生活品质的追求[24,40]。另外，城市适宜性还加强了对心理和精神方面的关注程度[90]。③在研究目标上，城市宜居性的研究旨在改善城市人居环境，建设宜居城市，而城市适宜性是在人居环境改善的基础上，吸引创新型人才集聚，促进城市经济高速发展，即建设宜居又宜业的城市。早在 20 世纪，Gottlieb 就提出城市适宜性与城市发展有非常强的相关关系，尤其是在新经济领域[91]。因此，城市适宜性高的地区更易吸引新经济领域的创新型人才集聚，而创新型人才的集聚又反过来促进城市经济的发展。Glaeser 等和 Clark 也分别从经济、社会等不同方面论述了城市适宜性对高素质和高技术人才的吸引，以及对城市经济增长的影响[24,92]。

为了揭示不同群体对不同城市适宜性的偏好，学者们将城市适宜性进行了分类，最有代表性的为 Glaeser 等、Clark 和王宁的分类[24,40,55]，如表 1-2 至表 1-4 所示。

表1-2 Glaeser 等关于城市适宜性的分类

	类型	载体
城市适宜性	以令人满足的服务和消费品供给为代表的适宜性	餐厅、剧院、商业中心、互联网等
	以适宜的物质环境和美感为代表的适宜性	气候、建筑物的美感等
	以优质的公共服务为代表的适宜性	完善的教育设施、低犯罪率等
	以速度为代表的适宜性	便利的交通条件，快捷的交通速度

资料来源：Glaeser Edward Ludwig, Kolko Jed and Saiz Albert, "Consumer City", *Journal of Economic Geography*, Vol. 1, No. 1, pp. 28. 2001.

表1-3 Clark 关于城市适宜性的分类

	类型	载体
城市适宜性	自然适宜性	气候、自然吸引力、水域等
	人造适宜性	图书馆、歌剧院、博物馆、果汁吧、饭店、咖啡厅等
	以社会经济构成和多样性为代表的适宜性	居民构成，居民的教育水平、收入水平等
	以价值观和态度为代表的适宜性	包容度、开放度、个人价值观等

资料来源：Clark Terry Nichols. *Urban amenities：Lakes, opera and juice bars：Do they drive development?* In the study of the city as an entertainment machine, Clark Terry Nicholes eds. New York：Elsevier, 2004, p. 106.

表1-4 王宁关于城市适宜性的分类

	类型	载体
城市适宜性	自然环境适宜性	气候、空气质量、地貌、水域等
	环境适宜性	特色鲜明的建筑物的风格、城市雕塑、绿化带、绿地、人行道等
	基础设施适宜性	交通设施、互联网设施、电力、煤气、水利设施等
	商业适宜性	便利店、特色饭店、酒吧、果汁吧、咖啡厅等
	文化适宜性	教育设施、图书馆、博物馆、影剧院、体育馆等
	社会适宜性	居民宽容度、邻里友好环境、社会秩序、社会福利等

资料来源：王宁：《城市舒适物与社会不平等》，《西北师大学报（社会科学版）》2010 年第47 卷第5期，第3 页。

　　除上述分类外，国内学者温婷等和喻忠磊等为了比较中国各个城市的适宜性，也尝试从人的生活需求方面对城市适宜性进行了分类，并构建了相关的指标体系[90,93]，其中温婷等关于城市适宜性的分类是基于马斯洛需求理论进行分类的，而喻忠磊等关于城市适宜性的分类是借鉴 Clark 的研究，从人体的舒适性体验角度进行分类。

基于城市适宜性的概念，本书认为城市适宜性分类虽各不相同，但并无本质区别，只是统计口径不同。从实际操作的角度看，只要界定好统计口径，就有助于对城市适宜性进行不同城市，甚至不同国家间的比较。

三、创新型人才与城市适宜性的概念界定与分类

基于国内外学者的研究，本书认为创新型人才是具有创新思维、创新能力，并在经济发展过程中创造新观念和新技术并产出创新成果的人才。借鉴 Florida 的研究[2]，结合我国职业的分类[94,95]以及数据的可得性，本书将创新型人才分为两大类：核心创新型人才和专业创新型人才。核心创新型人才包含信息传输、计算机服务和软件业人才，金融业人才，科学研究、技术服务和地质勘查业人才，文化、体育、娱乐业人才和教育业人才；专业创新型人才包含房地产业人才，水利、环境和公共设施管理业人才，公共管理和社会组织行业人才，职业医师和职业助理医师，以及租赁和商业服务业人才（见表 1-5）。关于每类职业的工作范围见附录。

表 1-5　本书关于创新型人才的分类

	类型	职业类别
创新型人才	核心创新型人才	信息传输、计算机服务和软件业人才
		金融业人才
		科学研究、技术服务和地质勘查业人才
		文化、体育、娱乐业人才
		教育业人才
	专业创新型人才	房地产业人才
		水利、环境和公共设施管理业人才
		公共管理和社会组织行业人才
		职业医师和职业助理医师
		租赁和商业服务业人才

本书认为城市适宜性是适宜城市发展，并适宜人类发展和生活的城市环境、设施、服务或情境。借鉴前人的经验，本书将城市内生适宜性划分为四种：经济适宜性、社会适宜性、休闲适宜性和自然适宜性，具体内容如表 1-6 所示。

表 1-6 本书关于城市适宜性的分类

	类型	载体
城市适宜性	经济适宜性	经济发展水平、创新活力、产业结构、政府财政支出等
	社会适宜性	教育、医疗、交通、互联网，以及水电气等基础设施供给
	休闲适宜性	休闲公园、星级饭店、图书馆、博物馆、电影院、文化馆、艺术团等
	自然适宜性	气温、相对湿度、空气质量

其中，经济适宜性，即适宜城市发展，并适宜人类发展和生活的经济环境。工业革命以来，经济因素一直是影响劳动力集聚的重要因素[44,45,96]。Laing 等和李瑞等将吸引高学历人才集聚的经济因素归纳为工资水平、人均 GDP，以及经济发展水平（GDP）[97,98]。此外，城市创新能力（如专利数量[99,100]）、人均收入水平[101]、外商企业份额[102]、房价[103]、产业结构[104]、政府财政支出[100,105]、城市消费活力（零售业等）[106]、失业率[107]等也都是影响人才集聚，以及创新型人才集聚的重要因素。由于大部分城市的人均可支配收入、失业率等数据缺失严重，因此综合前人的研究，基于数据的可得性，本书的经济适宜性主要包含城市经济发展水平（人均 GDP）、生活成本（城市住宅房价/月工资）、城市创新活力（城市专利授权量）、城市消费活力（批发业零售企业份额）、产业结构、政府财政支出、外商企业份额、港澳台企业份额等要素。

社会适宜性，即满足人类基本生存需求、生活需求、社会需求所需的设施和服务等。Florida、Cowling 和 Lee 分别分析了英国和美国创新型人才的分布，提出影响其分布的主要因素为大学和研究所，以及城市的文化氛围[20,41]。王全纲和赵永乐也提出教育等公共基础设施对全球高端科研人才的集聚有重要影响[42]。此外，交通和电信等信息化设施也是影响创新型人才集聚的重要因素。袁洪娟研究发现交通的便利性有利于创新型人才的交流和集聚，有利于知识外部效应的发挥[108]。完善的信息化服务则有利于科研人员的沟通和交流，提升创新绩效[109]。因此，本书认为社会适宜性包含中小学、大学等教育基础设施，医院、床位等医疗卫生基础设施，出租车、公交车、道路面积等交通设施，电信、移动和互联网等信息化设施，以及水电气供给等市政设施。此外，宽容度[22]和开放度[2,110]也是影响创新型人才集聚的重要社会适宜性指标。但是由于宽容度、开放度等数据难以获得，且这类指标难以量化，因此本书的社会适宜性中不包含宽容度和开放度等指标，后续通过补充数据会进行进一步研究。

休闲适宜性是满足人类自我实现需求的设施、服务、情境等。Glaeser 通过研究欧美一些城市的发展路径后发现，富有内涵的餐馆、剧院、图书馆、博物馆、酒吧、艺术馆等休闲适宜性能吸引大批高素质和高技能人才向城市集聚[57]。在我国，能够提供高品质休闲娱乐服务的城市也逐渐显现出吸引高人力资本集聚的优势[70]。依据 Clark 等、Clark 以及 Glaeser 的研究[23,40,57]，本书的休闲适宜性主要包含休闲公园、星级饭店、图书馆、博物馆、电影院、文化馆、艺术团等要素。

自然适宜性，即舒适的气候、良好的空气质量等。自然适宜性是人居环境的基础，人类的生产生活离不开自然适宜性。Clark 和王宁等将吸引人才集聚的自然适宜性归纳为适宜的气候条件（气温和湿度等）、良好的地貌景观（山川、河流等）和清新的空气质量等[40,70]。但地貌景观要素与城市适宜性的具体关系尚不明确[93]，且不同个体对这些地貌景观要素的偏好也不相同，如有人偏爱山地，有人偏好临近河流等。气候条件和空气质量则对创新型人才集聚而言至关重要，气候影响人体舒适度①，而环境污染等问题严重影响人的身心健康[111]，进而影响创新型人才的迁移，因此本书不考虑地貌景观要素，而主要选取气温、相对湿度、空气质量等指标来衡量城市自然适宜性。

第三节 研究目标、研究方法与研究框架

一、研究目标

（1）探寻中国城市适宜性对创新型人才空间集聚的影响关系，构建城市适宜性与创新型人才空间集聚作用机制的理论模型。通过计量分析方法，定量揭示城市适宜性对中国创新型人才空间集聚的作用机制。

（2）研究揭示中国创新型人才，以及各职业类别创新型人才的空间集聚特征，并通过问卷分析，定性揭示案例地城市适宜性对创新型人才空间集聚的作用机制。

（3）提出城市吸引创新型人才集聚的对策建议，为中国城市制定更为合理的创新型人才吸引政策和培育政策提供基础依据和理论指导。

二、研究方法

本书尝试采用经济学、地理学的研究方法，遵循"提出问题—认识现状—构

---

① 人体舒适度，即人在不同气候条件下的舒适程度。气候对人体舒适程度的影响可分为四类：舒适、稍微不舒适、不舒适和非常不舒适[111]。

建模型—剖析机制—分析案例—提出对策"的逻辑思路，在城市适宜性理论、人力资本理论、"推—拉"理论和产业集群理论等理论指导下开展研究，主要采用定量与定性相结合，宏观、中观和微观相结合，统计分析和实证研究相结合的研究方法，具体的研究方法包括：

（1）理论模型构建。通过梳理城市适宜性和创新型人才集聚相关的研究文献，综合城市适宜性理论、人力资本理论、"推—拉"理论等相关理论，整合构建了城市适宜性模型和创新型人才城市适宜性选择模型，并以此为理论模型，实证分析城市适宜性对中国创新型人才空间集聚的作用机制。

（2）定量分析。对于创新型人才的空间分布、城市适宜性的空间格局、城市适宜性对创新型人才集聚的作用机制等问题，除了运用统计分析等方法以外，本书综合运用空间分析、熵值法等方法对创新型人才空间分布及城市适宜性的空间格局进行分析，而后又运用面板回归分析、多元 Probit 回归分析等方法，实证分析城市适宜性对中国创新型人才空间集聚的作用机制。

（3）定性分析。通过运用比较研究、归纳总结等方法对相关文献进行梳理，系统分析城市适宜性对创新型人才集聚的研究现状。而后又通过对典型城市的问卷调研和半结构性访谈，从微观层面定性分析典型城市创新型人才对居住地的选择偏好，以及城市适宜性对创新型人才空间集聚的作用机制。

三、研究框架

中国城市适宜性对创新型人才集聚的影响研究实际上是要解决现状是什么（WHAT）、作用机制是什么（WHY）、怎么办（HOW）的问题。本书遵循"提出问题—认识现状—构建模型—剖析机制—分析案例—提出对策"的逻辑思路对中国城市适宜性对创新型人才集聚的影响进行研究，具体的研究框架如图 1-1 所示。

第一章主要为提出问题，第二章从创新型人才集聚和城市适宜性两方面进行理论梳理和文献归纳。基于第二章的理论基础和第三章的现状分析，第四章提出了城市适宜性对创新型人才空间集聚作用机制的理论模型。第五章实证剖析城市适宜性对创新型人才空间集聚的作用机制，并系统分析影响创新型人才集聚的核心要素。第六章以成都为案例地，定性剖析成都城市适宜性对创新型人才集聚的作用机制。第七章基于实证分析和典型案例研究，提出中国城市吸引创新型人才集聚的对策建议（见图 1-1）。

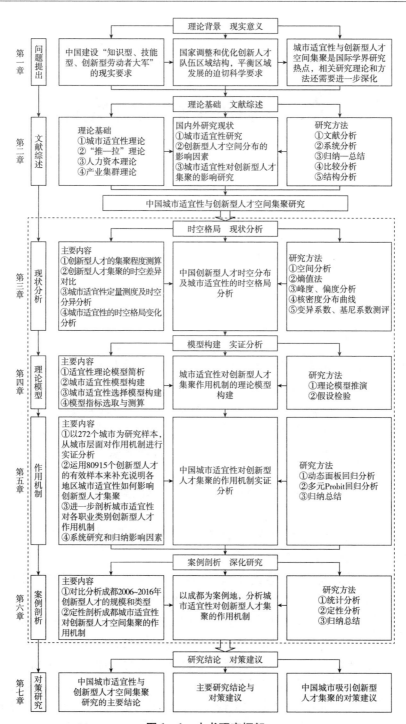

图 1-1　本书研究框架

第二章   理论基础与研究评述

第一节   相关理论基础

一、城市适宜性理论

城市适宜性理论是关于人才集聚，尤其是创新型人才集聚最重要的理论之一[40]，目的是推动城市经济发展，追求一种高品质和高质量城市生活[27,64,112,113,114]，核心在于吸引创新型人才集聚[2,20,22]。自 20 世纪 90 年代以来，西方掀起了城市适宜性理论的研究热潮。社会学家、经济学家纷纷从社会学、城市经济学、区域经济学等不同角度探讨城市适宜性对城市或区域经济发展的作用[23,25,56]。这主要是因为西方正步入后工业社会，国民经济中知识经济所占的比重不断扩大。此外，经济全球化的推进加大了资本的流动性，传统的经济增长因素，如土地、区位、基础设施等对投资和高新技术产业的吸引力相对减弱[55]。在这一大背景下，城市适宜性作为知识经济时代推动城市发展的新动力引起了学者们的关注和重视，如图 2-1 所示。

城市适宜性，即使人感到舒适和愉悦的城市环境、设施、服务或情境[23,53,54]。城市适宜性主要通过两种途径来推动城市经济增长，一是影响高科技产业公司空间布局，二是提升城市竞争力（见图 2-2）。在影响高科技产业公司空间布局方面，Gottlieb 指出城市适宜性主要通过影响顶尖高科技人才的生活质量而影响人才集聚，进而影响高科技产业公司的空间分布[115]。无独有偶，Malecki 和 Bradbury 也发现高科技产业公司和研发公司的空间分布越来越受到城市适宜性的影响[116]。Roback 也通过比较美国各地区的工资差异，发现部分劳动力愿意放弃部分工资而选择到城市适宜性高的地方居住[45]。科技和研发公司选择在

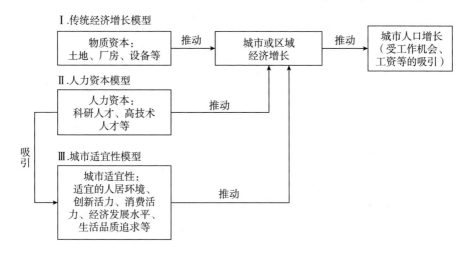

图 2 - 1　三种城市发展的模型

资料来源：温婷、林静、蔡建明、杨振山、丁悦：《城市舒适性：中国城市竞争力评估的新视角及实证研判》，《地理研究》2016 年第 35 卷第 2 期。

城市适宜性高的地区分布，一方面是为了吸引创新型人才集聚，另一方面可以降低劳动力成本（人力资本过度集聚带来的成本下降），如图 2 - 2 所示。

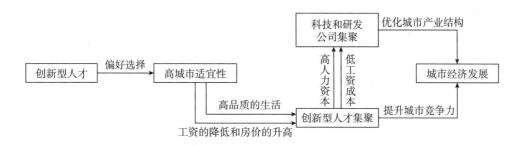

图 2 - 2　城市适宜性对城市经济发展的促进作用

在提升城市竞争力方面，Rogerson 提出城市适宜性高的城市凭借较高的生活质量吸引有权有钱的人涌入，并将其作为城市营销的策略[117]。因此，在一定程度上提高城市适宜性有助于提升城市竞争力。温婷等和张瀚月分别对中国 35 个地级市和美国 50 个城市的城市适宜性进行评价，发现城市适宜性高的地区有助于吸引人才集聚，并以此来增强城市的综合竞争力[90,118]。

因此，归根结底，城市适宜性推动城市经济发展的关键在于吸引创新型人才集聚（见图 2 - 2）。创新型人才不同于普通劳动力，其流动性更强，而且不是以逐利为单一目的，也非常重视生活质量，尤其是城市适宜性对生活质量的影响。Glaeser 认为地方政府与其减税吸引企业投资，不如加强城市基础设施和休闲文化设施建设，提高城市适宜性，吸引高素质和高技能人才集聚，只有这样才能有效推动城市快速发展[57]。Florida 则提出吸引创新型人才集聚，除了增强这些硬件设施外，还需要提升软件设施[2,20]，如构建创新、开放的城市环境等。

城市适宜性理论的核心在于吸引创新型人才，促进城市经济发展，该理论目前已成为西方国家吸引和集聚创新型人才的重要理论支撑。中国当前正处在传统经济向知识经济转型的过程中，然而作为中国经济发展动能的"人口红利"正在逐渐消失，中国迫切需要寻求新的"人口红利"、形成新的经济动能。只有集聚创新型人才，才能保证创新，保证经济可持续增长[71]。因此，以吸引创新型人才集聚为核心的城市适宜性理论将为中国经济的发展和转型提供新思路[90]。

二、"推—拉"理论

"推—拉"理论一直以来都被认为是人才迁移和人才集聚研究中最基本和经典的理论之一。"推—拉"理论从影响人才迁移的推力和拉力两个角度非常形象地分析了人才迁移和集聚的原因。早期的"推—拉"理论认为劳动力的流动是工资差别引起的，近年来学者们研究发现影响劳动力流动的推拉因素还包含自然环境[27]、基础设施[41]和工作岗位等[119]。"推—拉"理论最早可以追溯到 17 世纪 80 年代，Ravenstein 提出了著名的《人口迁移规律》。Ravenstein 认为人口迁移主要是为了提高自身的生活水平。他通过对人口迁移的目的、空间特征进行分析，提出七大迁移定律[120]，如表 2－1 所示。

表 2－1　Ravenstein 的七大人口迁移定律

研究内容	迁移定律	内涵
迁移目的	经济规律	提高自身的经济状况，改善生活水平
迁移结构	城乡规律	农村居民相比城镇居民更易迁移
	性别规律	女性相对男性更易迁移
	年龄规律	青年群体是迁移的主群体
空间特征	距离规律	迁移多以短途为主，长途迁移较少
	中心吸引规律	人口一般先迁移到城市周围，再向城市中心流动
	双向规律	人口迁移不是单向的，都是双向的人口流向

资料来源：Ravenstein Ernst G. , "The laws of migration", *Journal of the Statistical Society of London*, No. 2, 1884 (2), pp. 167 – 235.

Bogue 继承了 Ravenstein 的人口迁移思想，并明确提出了"推—拉"理论。Bogue 提出劳动力迁移是在推力和拉力的共同作用下完成的，而吸引劳动力迁移的关键是高生活水平和高经济状况[121]。根据 Bogue 的研究，劳动力迁移和集聚的拉力主要包含高经济发展水平、高工资收入水平、多工作机会和高生活水平（适宜的人居环境等）；相反，不利于劳动力迁移和集聚的推力即落后的经济发展水平、低工资水平、较少的就业机会和恶劣的人居环境等。Bogue 指出推力所引发的迁移要比拉力导致的迁移，迁移选择性（Migration Selectivity）要小[121]。

　　传统的"推—拉"理论重在强调外力因素对劳动力迁移的作用，忽视了个体因素对劳动力迁移的影响。Lantz 和 Rossi、Sell 和 DeJong 提出研究劳动力迁移和集聚还需考虑迁移者的思想、欲望和期望[122,123]。Lee 总结和演绎了前人的研究成果，提出影响劳动力迁移的因素除了迁出地的推力和迁入地的拉力外，还包括个体因素和中间障碍因素。中间障碍因素也被称为反推力和反拉力，即迁出地的人情关系、熟悉环境会成为劳动力迁移的反推力；而迁入地的陌生环境、家庭分离等也会成为劳动力迁移的反拉力[124]。

　　近年来，"推—拉"理论不断发展，不少学者从社会学、心理学的角度研究，将个体心理等因素纳入了"推—拉"理论的研究中，提出了期待价值理论等。目前"推—拉"理论已成为多个国家和地区吸引和集聚人才的理论支撑。

三、人力资本理论

　　人力资本理论是经济学家研究经济增长、收入分配、劳动市场供给的理论基石[30,125~127]。人力资本理论起源于 18 世纪中期。亚当·斯密在《国富论》中首次提出人的经验和才能对生产的重要性，并强调人类为获得才能资本接受教育也是一种投资[128]。20 世纪初期，Fisher 第一次提出了"人力资本"的概念，并将其放入经济理论的框架中进行分析[129]。20 世纪 60 年代，Schultz 第一次完整系统地提出了人力资本理论。他通过研究教育、培训、保健和劳动力迁移等方面的投入对国家经济增长的贡献，提出人力资本是通过教育投资、培训学习、保健投入和迁移投入等积累在人身上的知识、技术、健康和阅历等因素的集合。相比较物质资本对经济增长的贡献，Schultz 认为人力资本的贡献更大。教育是人力资本形成的重要因素，也是衡量人力资本最重要的指标[130]。教育水平在数量上通常用平均受教育年限（受教育时间）或学历来衡量[131]。经验上在发展中国家，以受教育时间体现的人力资本在国民收入中的份额大概是 33%[130]，而发达国家的份额为 43%[132]。此外，工作经验和在职培训也对人力资本形成有重要作用，也是衡量人力资本的重要指标。Arrow 指出劳动力能在工作实践中积累技术和经验，随即他提出了"干中学"的思想[133]。Becker 研究了人力资本积累和收入分配的关系，提出在职培训是人力资本的核心内容[134]。

20世纪80年代，随着全球经济一体化的推进，世界各国经济竞争日趋激烈。以Romer和Lucas为代表的学者们将关注点聚焦在人力资本与经济增长的关系。Romer将社会知识总水平作为独立内生变量纳入生产函数，分析其对经济增长的影响。他提出普遍性知识对所有企业经济增长都起促进作用，而专业化知识仅对其所在企业产生价值。Romer还对人力资本形成来源进行了分析，认为对于不同类型的人力资本，应因材施教，针对其能力采取不同的培养方式[134]。

20世纪90年代以来，知识经济的发展激发了创新型人才的诞生。创新型人才，相比普通工薪阶层更愿意迁移到发展机会多、教育资源好的城市以提高自身的人力资本[2]，且教育投资的增加能加深创新型人才的集聚程度。普通工薪阶层则因承受不了较高的生活成本选择离开这些城市。因此，创新型人才的迁移也在一定程度上影响了城市人力资源的优化配置。

四、产业集群理论

产业集群所产生的外部经济能吸纳高水平的劳动力集聚[39,135]。产业集群理论起源于20世纪20年代，创立于20世纪90年代，是通过相互关联产业、供应商，以及专业化的制度与协会在特定区域集聚而构建出的生产要素优化集聚洼地，通过降低集聚企业的成本，并共享集聚区的设施和市场，形成区域规模经济和外部效应。基于斯密的分工理论，Marshall提出了产业区理论，首次提出了外部经济的概念。他认为外部经济能为地理上集中且相互关联的企业提供创新环境和高水平的劳动力市场。在19世纪末期，产业集聚还处在萌芽阶段，Marshall提出的产业区理论强调产业集聚以及外部经济的优势，该理论的最大贡献是他不仅提出了外部经济，还发现了产业协同创新环境能促进高水平劳动力市场的集聚，能促进产业集聚和外部经济的产生[135]。

而后，Camagini提出的区域创新理论进一步挖掘了Marshall产业区理论中的观点——创新起源于无形氛围。区域创新理论指出创新对企业发展的重要作用，并提出产业集群的形成不仅能带来规模经济益处，更能通过外部经济促使行为主体间进行相互协作和集体学习，从而形成有利于区域创新的创新系统[136]。

创新型人才的集聚与产业集聚和外部经济密切相关。在传统集聚经济模型中，研究者均假设劳动力是同质的。然而创新型人才与普通劳动力在技术水平和人力资本水平上并不同质。企业对创新型人才与普通劳动力的需求不同，吸纳创新型人才集聚与普通劳动力集聚的因素也不尽相同。由于信息不对称的存在，企业的需求和劳动力供给往往很难匹配[137]，而产业集群的形成不仅提高了劳动力市场供需匹配的效率，且其带来的外部效应使知识在城市中迅速扩散，更有助于吸引创新产业或人才集聚，促进城市创新[138]。

五、本书的理论视角

创新型人才集聚研究涉及的理论很多，本书基于城市适宜性理论、"推—拉"理论、人力资本理论和产业集群理论四大理论，根据需要有选择地对每个理论进行借鉴和运用。

城市适宜性理论是本书的基本理论和根本方法，本书主要是针对城市适宜性对创新型人才集聚的作用机制进行探讨，通过构建城市适宜性理论模型，并运用面板回归分析、逐步回归分析等方法，全面探讨影响创新型人才集聚的城市适宜性，并进一步挖掘出影响创新型人才集聚的核心要素。

"推—拉"理论为本书提供了创新型人才集聚吸引要素的分析视角，有助于本书从拉力的外力和内力角度分析影响创新型人才集聚的因素。拉力的外力因素主要包含工资、发展机会和生活品质等，拉力的内力因素主要为个体心理因素，如迁移者的预期和幸福感等。传统的"推—拉"理论重在强调拉力的外力因素对人才迁移的作用，但在分析创新型人才集聚时也要考虑创新型人才迁入集聚地的预期收入和幸福感等。本书在研究创新型人才集聚时，也要综合考虑拉力的外力和内力因素。

人力资本理论指导了本书指标的测算。人力资本理论强调教育、培训、保健等对人力资本形成的重要影响，且创新型人才相比普通工薪阶层更愿意迁移到发展机会多、教育资源好的城市以提高自身的人力资本。基于此，人力资本理论为本书测算政府科研投入、城市教育资源等指标提供了研究依据和思路。同时人力资本理论针对不同类型人力资本提出的不同培养方式的观点，也为本书分析不同类型创新型人才的吸引和培育策略提供了研究思路。

产业集群理论为本书探究城市适宜性对创新型人才集聚的影响提供了分析视角，本书主要基于产业集群理论中的产业区理论和区域创新理论对创新型人才集聚进行探讨，研究城市适宜性中的创新发展环境和产业结构等要素对创新型人才集聚的影响，并重点分析哪些要素是影响中国创新型人才集聚的核心要素。

总之，本书要立足于城市适宜性理论的研究内容，基于"推—拉"理论、产业区理论和区域创新理论的分析视角，并借鉴和吸纳人力资本理论的研究思路，全面剖析城市适宜性对中国创新型人才集聚的影响。

第二节 国内外研究现状

一、创新型人才空间集聚的研究现状

创新型人才在促进城市创新、提升城市竞争力方面发挥着至关重要的作用。关于创新型人才集聚，国内外的研究主要集中在创新型人才集聚效应和影响因素等方面。

1. 创新型人才集聚效应的研究现状

创新型人才集聚所产生的集聚效应主要包含三种：一是能提升自身能力，获得更大的成长空间；二是能提升地区经济实力，增强地区竞争力；三是能加快创新资源集聚，提升城市或地区整体创新能力。在提升自身能力方面，Kumbhakar等发现产业型人才集聚既能引发新产业的形成和发展，也能提高劳动力自身发展能力[139]。牛冲槐等也指出科技型人才的集聚能充分发挥知识的外部效应，提高自身学习能力和创新问题的解决能力[140,141]。

在提升地区经济实力方面，创新型人才集聚的效应主要体现在两方面，一是促进城市经济规模的扩大，二是提升城市核心竞争力。在促进城市规模经济扩大方面，朱杏珍通过分析不完全和不对称的市场信息对人才集聚的影响后，指出不同类型的人才在专业技术方面的互补集聚有利于促进地区经济规模的扩大[142]。罗永泰和张威，以及赵娓通过分析人才集聚效应后，也均提出人才集聚能够产生"1 + 1 > 2"的地区经济发展效应[143,144]。Venkatesh 和 Gerhard 通过运用空间计量模型对人才集聚对地区发展的时空影响进行分析，也指出人才空间集聚能促进地区经济快速发展[145]。此外，在提升城市核心竞争力方面，Suzuki 通过分析日本科技发展经验，提出人才集聚能充分发挥地区科技发展优势，提升地区核心竞争力[146]。温婷等以及徐茜和张体勤分别对中国人才集聚的环境和影响因素进行分析，也提出中国城市的发展需要人才，而人才集聚能够提升城市整体核心竞争力[90,147]。

在加快创新资源集聚，提升城市或地区整体创新能力方面，王忠等通过对波士顿人才集聚进行研究，发现波士顿人才的集聚是马萨诸塞州创新力提升的主要驱动力，促使其成为美国最具创新州[148]。这种人才集聚带来城市创新能力提高的效应在中国也表现得比较明显。如牛冲槐等通过对中国 29 个省份 1998～2009 年科技型人才集聚效应进行分析，提出科技型人才集聚对地区科技创新具有明显的正向作用[141]。芮雪琴等在牛冲槐等研究的基础上，运用中国 2001～2010 年省

际数据对科技型人才集聚和创新能力进行分析，发现科技型人才集聚效应与创新能力之间互为因果关系，提升科技型人才的集聚效应，能促进地区创新能力的显著提升[149]。

然而，创新型人才集聚在对经济发展产生正向影响的同时，也能产生负向影响。张体勤等和朱杏珍都发现人才集聚能产生非经济性效应或负效应，影响地区或个体的发展[150,151]。因此，只有不断引导创新型人才朝着有利的方向发展，才能发挥创新型人才集聚效应，提升地区整体经济实力和创新能力，提升地区核心竞争力。

2. 创新型人才集聚影响因素的研究现状

创新型人才是具有创新思维、创新能力，并在经济发展过程中创造新观念和新技术的人才。创新型人才相比普通劳动阶层更喜欢追求创意、追求挑战，因此创新型人才相比普通劳动阶层更倾向于集聚在知识溢出效应较大、高校或科研机构较多、社会包容度较高、休闲体验性较强的地方。当然，工资报酬也是影响其集聚的主要因素[2,20]。综合来看，影响创新型人才集聚的因素主要包含经济因素、教育因素、环境因素、个体心理因素，以及休闲因素等。

经济因素方面，早在20世纪80年代，Freeman通过对日本的科技发展进行研究，就提出科技发展环境是影响人才集聚的重要因素[152]。Shapiro通过对美国1940~1990年人才存量和流入量进行分析，发现提高生产力对人力资本集聚具有强相关性[153]。然而，也有学者发现影响人才集聚的主要因素为地区规模经济、工资水平，以及地区知识溢出效应，其中地区规模经济的影响效应最大[154]。Golicic也认为地区经济发展是影响人才集聚的重要因素，但是工资水平的表现尤为突出[155]。此外，Clark从产业发展的角度提出，合理的产业结构能创造更多的就业机会，吸引创新型人才集聚[23]。Hansen和Niedomysl也提出工作机会和人才发展空间对创新型人才集聚有非常显著的影响[156]。

教育因素方面，教育投资的增加能加深创新型人才的集聚程度。洪进等，以及李乃文和李方正也提出高等教育资源影响人才的空间分布[157,158]。环境因素方面，Florida对美国艺术家、音乐家、作家等群体进行研究，提出一个地区宽容的社会环境与创新型人才集聚高度相关[20]。Boschma和Fritsch对欧盟中的500多个地区也进行了类似的研究，证实了Florida的观点，认为开放和宽容的社会环境对创新型人才影响较大[159]。个体心理因素方面，朱杏珍将影响创新型人才集聚的驱动因素归纳为利益、环境和精神，其中精神驱动会对人才集聚的方向产生干扰[142]。王奋和杨波也提出心理因素对科技型人才集聚有影响[160]。此外，一些学者还通过计量进一步证实生活和工作满意度对科技型人才集聚有显著影响[161,162]。休闲因素方面，一些学者指出创新型人才喜欢参与体验式的户外休闲活动，如骑马、滑雪、旅行、打网球、露营、冲浪等[2, 20, 163]，也喜欢集聚到富有内涵的餐馆、剧院、酒吧、艺术馆等休闲文化氛围浓厚的地方[57]。

影响人才集聚的因素还包含产业因素[39]、政策或制度因素[164, 165]、基础设施完善程度[159]等。由于影响人才集聚的因素较多，且随着适宜性理论的升温，近年来，国内外很多学者将影响创新型人才集聚的因素放在城市适宜性的框架下进行研究[54,64,166]。

二、城市适宜性的研究现状

关于城市适宜性的研究，学者们的研究主要集中在其对创新型人才迁移和城市经济发展的影响方面。早在 20 世纪 50 年代，就有学者提出适宜性能吸引人口迁移，促进经济发展，并将适宜性界定为气候、阳光、地貌等自然条件[84]。然而，Clark 发现自然适宜性通常仅能吸引退休人员，对其他年龄群体影响不大，而退休人员对推动城市经济的发展影响较小。而后，Clark 将城市适宜性分为四类：自然适宜性（气温、相对湿度等），人造适宜性（图书馆、博物馆、歌剧院等），社会适宜性（教育等），以及价值观和态度构成的适宜性。他通过定量分析发现，不同类型的适宜性对人才吸引力不同，如休闲适宜性对年轻的人才有更强的吸引力，而自然适宜性和社会适宜性则对拥有高技术水平的中年人才的吸引力更大[40]。

Glaeser 等也将城市适宜性划分为四种，即以令人满足的服务和消费品供给为代表的适宜性，以适宜的物质环境和美感为代表的适宜性，以优质的公共服务为代表的适宜性和以速度为代表的适宜性[24]。Glaeser 提出高技术和高学历人才倾向于集聚在房价较高的城市，如纽约和芝加哥等，主要是因为这些城市的城市适宜性较高，即拥有便利的交通、优质的教育等基础设施，以及丰富多彩的娱乐设施等。他通过比较城市发展数据，提出高适宜性的城市要比低适宜性的城市发展更快，主要是因为高适宜性的城市房价要比工资涨得更快，而高技术和高学历人才为了追求生活品质，愿意承担较高的房价和较低的工资而集聚在高适宜性的城市[50]。

城市适宜性不仅能通过硬件设施吸引创新型人才集聚，也能通过软性环境影响创新型人才迁移，从而影响城市发展，Clark 将这种软性环境称为价值观和态度构成的适宜性[40]。Clark 通过研究社会宽容度与高新技术产业发展之间的关系，发现社会宽容度越高的城市，高新技术产业发展越快，而其城市经济也发展得越快，如硅谷[92]。与之相似的是，Florida 通过构建"不平等指数"① 对美国

---

① 不平等指数，主要是薪酬的不平等指数，是 Florida 和 Stolarick 于 2002 年设计的，用来对创意产业以及制造业和服务业的工资进行比较[20]。

芝加哥、洛杉矶、华盛顿等城市进行研究，发现波西米亚聚集区的创意成果和经济增长率都显著高于其他地区，即多元和开放的文化环境更有利于创新型人才的集聚，更有利于城市经济发展[2,20]。

一般来说，国内外学者认为影响人才集聚的城市适宜性主要为：①自然适宜性，包含气温、降雨，以及自然环境等因素[35,37]；②经济适宜性，主要包含产业因素[39,167]、地区经济发展规模[90,154]、工资水平等[168~171]；③社会适宜性，主要包括教育因素[41]、交通便利性[24]、宽容与包容（如宗教、包容社区等）[2,61,62]、当地公民素质、低犯罪率[36,50]、官方语言普及[172]等；④休闲适宜性，包括图书馆、博物馆[27]、歌剧院[64]、休闲步行街[173]等。此外，政策与制度因素也是影响人才迁移的重要因素[174]。

三、城市适宜性对创新型人才集聚影响的研究现状

1. 自然适宜性对创新型人才集聚影响的研究现状

工业革命之前，自然适宜性，即气候、环境等因素是城市发展的基础，也是吸引高技术人才集聚的关键因素[34]。经典的地理假说把高技术人才迁移和经济繁荣与不同地区的气候、生态差异联系起来，代表人物有 Jared Diamond 和 Jeffrey Sachs，前者论证了新石器时代地理因素的重要性[175]，而后者提出自然地理和气候因素决定了技术水平和交通成本等[176]。自然因素是由一个地区的地理区位决定的，是一个地区经济繁荣的重要条件[64,177,178]。在农业社会，地区的气候、土质和地貌关乎农业和矿业的发展[179]，而是否临近河流和海岸线，决定着一个地区是否能成为贸易港口和渔业港湾[180]。

自然因素优越，如清新的空气、适宜的气候，影响着人们的生活质量[23,40,50,84]，吸引创新型人才集聚。不适宜的气候和不合适的生活条件会影响人才创意能力的发挥，迫使创新型人才迁出。如前所述（本书第一章第二节第二部分），Glaeser 和 Clark 等将吸引创新型人才集聚的自然适宜性归纳为适宜的气温和湿度、舒适的阳光日照和良好的空气质量等气候、环境因素，以及优美的河流、山川等自然地貌景观[24,40]。实际上，一个地区的自然适宜性相对于地区生产力更能吸引人才集聚[181]。Glaeser 甚至提出 3S 理论（Skills，Sun，Sprawl）来强调阳光充沛的城市更能吸引人才集聚[27]。Matarrita - Cascante 通过对哥斯达黎加的移民和当地居民的环境行为调查，也发现迁入者更崇尚自然，他们采取各种亲近自然的活动，甚至重构生态系统来创建一个完美的自然世界[66]。然而，张瀚月通过对美国 50 个城市的城市适宜性以及人才进行研究，发现 2005 年自然适宜性对人才集聚并无显著影响，而 2010 年和 2015 年自然适宜性对人才集聚的影响开始凸显[118]，这表明随着经济的发展，人才，尤其是创新型人才更倾向集聚

在自然适宜性较高的区域。同样，在当今中国，气候条件和生态环境舒适的东部地区依然是中国创新型人才的集聚之地，"胡焕庸线"数年岿然不动[182]。安娜和戴宏伟通过对杭州的创新型人才集聚的影响因素进行分析，也指出空气质量和气候环境对创新型人才空间分布影响较大[183]。相比北方较为严重的空气污染，中国创新型人才喜欢集聚到气候适宜、空气清新的东南沿海地区。

然而，随着社会经济的发展，自然因素已不能单独作为影响创新型人才集聚的核心要素，必须与经济因素和文化因素综合作用来吸引人才集聚。正如很多乡村或小镇的自然适宜性要远高于城市，但是综合经济和文化设施配套远低于城市，因而对创新型人才吸聚能力有限[114]。此外，Clark 通过定量分析美国城市适宜性的测量数据，还发现舒适自然适宜性（适宜的气温和降水）和较高休闲适宜性相结合更易吸引人才集聚[40]。因此，自然适宜性常被内隐在经济因素中[48,184]，以隐蔽价格的形式"转嫁"到房价或旅游服务上[185,186]。

2. 经济适宜性对创新型人才集聚影响的研究现状

工业革命之后的 200 年，经济因素成为影响人才集聚的重要因素[44, 45, 96, 187]。laing 等，以及 Palivos 和 Wang 将吸引劳动力集聚的经济因素归纳为工资水平、外部规模经济、内部规模效应等[97, 153]。其中工资、福利等地区间经济利益差异一直被认为是导致人力资本迁移的首要原因[168 - 170, 188, 189]。Golicic 也提出地区经济发展是影响人才集聚的重要因素，但是工资水平表现得尤为突出[155]。韩宏等人对高校创新型人才的薪酬激励政策进行分析，提出薪酬是影响高校创新型人才分布的重要因素[58]。之后，Liu 和 Shen 对中国 2000 ~ 2005 年高技术人才的迁移进行调查研究，发现工资依然是影响其迁移的要素之一[59, 60]。然而，张美丽和李柏洲通过对中国 31 个省份的人才集聚进行分析，发现人才集聚越高，工资对其影响越小，而人才集聚越低，工资对其影响越大[190]。Romer 也提出工资水平很难说明人力资本对生活需求的满足程度，而扣除税和保险的可支配收入才是吸引人力资本集聚的关键要素[127]。

此外，影响创新型人才迁移的经济因素还包括地区生产力、地区经济实力、房价和失业率等。如 Shapiro 通过对美国 1940 ~ 1990 年人才存量和流入量进行分析，发现地区生产力提升对人才集聚具有很强的相关性[153]。李瑞等对中国科学院 1192 名院士进行研究，发现院士的空间分布在东、中、西三大地带均呈现出较强的不平衡性，而区域人均 GDP、区域人均收入是导致其分布不平衡的重要原因[98]。此外，高房价是高适宜性的价格反映[191,192]，创新型人才倾向在高房价的地区购买房屋，不仅是因为其地理位置独特，更因为投资这些房子可能会带来更高的利润回报[103]。实际上，迁移也是改善人力资源配置的一种手段。生活在没有充分就业或价值较低地方的人力资本预计会搬到前景光明的目的地[193]。因此，专业技术人才迁移率都很高，而工作是导致他们迁移的主要原因[194]。

产业结构也是影响创新型人才集聚的重要经济因素。Krugman 在研究核心—外围产业集聚模型时，提出专业技术人才受产业集聚的影响，在空间上形成集聚[39]。实际上，相关产业在一个区域集聚形成规模效应，必然会导致专业技术人才在该地区集聚[104, 141]。Clark 等也提出合理的产业结构能创造更多的就业机会，吸引高学历和高技术人才集聚[23]。同时产业结构的转型升级也对创新型人才的迁移和集聚有重要影响[167, 195]，这种现象在当前的中国表现十分明显。

政策或制度因素（Institution factors）也是影响创新型人才集聚的重要因素。然而政策或制度因素主要通过影响产业发展[196-197]、产业结构[198]、企业选址[164, 199]或保障人才收入[174, 200-202]等来影响人才集聚。一般来说，为投资提供奖励和机会的国家会更加富裕[203]，因此政策因素对促进产业发展[196-197]、吸引企业投资[204-205]，从而促进创新型人才集聚至关重要。刘毓芸和程宇玮对 2010～2016 年间 465 家企业、2063 位劳动力进行研究，发现重点产业政策促进了重点行业的发展，提升了重点行业的人才需求[197]。倪方树等学者也认为政策因素与行业因素等共同作用影响了企业布局[164]，而企业的布局在一定程度上影响了人才的集聚。然而，高翔在分析中国电子通信设备制造业的区位选择机制时发现开发区优惠政策对制造业的区位影响在不断减弱[206]。Zhou 等也指出特区的经济优惠政策在企业选址初期是最重要的影响因素，但其效用会随着时间推移而逐渐减弱[207]。然而，货币政策（尤其是存准率）却对房价存在长期稳定的均衡关系[208]，而房价的波动会影响人才的迁移[209]。但是 Docquier 和 Rapoport 认为往往是保障人才收入最大化的法律或政策才会对人才迁移起决定作用[174]，从这个角度看，对人才收入有影响的政策或制度因素往往被内隐在工资和收入因素中进行研究。

然而，创新型人才集聚并不仅仅受纯粹的报酬动机的影响[210]。随着社会经济的发展，一些学者发现社会、文化等因素对创新型人才集聚的影响正在超越经济要素。如 Gottlieb 和 Joseph 提出拥有博士学位的专业技术人才在选择工作地和居住地的时候，更倾向集聚在气候适宜、犯罪率低的地区，而对工资的关注度较低[211]。Wenting 等对阿姆斯特丹设计师进行研究，发现他们更倾向集聚在气候适宜、文化丰富的地区，而不是地区经济发达的区域[212]。这种现象在我国也开始出现，如洪进等从省级层面对我国创新型人才空间布局进行研究，发现经济因素对我国的创新型人才影响并不显著，而基础设施、高校教育水平却对我国创新型人才集聚有显著影响[157]。

3. 社会适宜性对创新型人才集聚影响的研究现状

在 21 世纪的今天，当城市发展成熟或进入后工业社会后，越来越多的研究发现，迁移地对创新型人才的吸引更多通过社会适宜性和休闲适宜性产生作用[2, 24, 50, 62]。如前所述（本研究第一章第二节第三部分），影响创新型人才集聚的社会适宜性主要包含交通、教育、网络等基础设施。如 Glaeser 对纽约 20 世纪 80 年代复兴的动力进行研究，提出高技术人才对速度和效率非常敏感，更加关注便利性，他们重新迁回城内以享受交通便利所带来的通勤时间的减少，以及基础设施的便利所带来生活便捷[24]。Scott 对美国部分城市的创造力进行分析，提出创造力不是由喜欢个性的计算机黑客或者享受多元文化的吉普赛人直接带入城市的，而是在特定背景下受便利的基础设施，以及特定的生产、生活网络影响而发展起来的[213]。Boschma 和 Fritsch 对欧洲 500 多个地区的创新型人才空间布局进行分析，也发现教育、医疗等基础设施对创新型人才集聚有显著影响[159]。这主要是因为完善的社会生活基础设施能带来的舒适性、安全感[42]，以及便利性[57]，为高技术人才创造力的发挥提供保障，吸引了创新型人才集聚。

此外，影响创新型人才集聚的社会适宜性还包含开放、包容的社会环境。如 Florida 提出，一个地区宽容和开放的人文环境更易吸引创新型人才集聚。Florida 通过构建"不平等指数"对美国芝加哥、洛杉矶、华盛顿等城市进行研究，发现波西米亚聚集区的创意成果和经济增长率都显著高于其他地区，即多元和开放的文化环境更有利于创新型人才的集聚，更有利于城市创造力的发挥[20]。无独有偶，Bereitschaft 和 Cammack 运用最小二乘法和地理加权回归方法对芝加哥地区进行研究，发现宽容的邻里环境和创新型人才的集聚在空间上呈现一定的关联性[62]。

在中国，类似的现象也在出现，随着人均收入水平提高，人们选择到一个城市工作或生活，往往是因为这个城市拥有更多、更配套的公共服务设施，或更少的反适宜物[70,214]。段楠对中国特有的"逃回北上广"的现象进行研究，认为正是由于北京、上海、广州等城市拥有丰富的公共服务设施和开放的社会环境，才使得大量创新型人才"逃回北上广"[215]。温婷等也提出北京、上海、广州等城市不仅拥有完善的公共服务设施，而且拥有良好包容的社会氛围，综合适宜性全国排名前列，吸引了大部分的创新型人才集聚[90]。张美丽和李柏洲对我国高素质人才的时空格局进行分析，发现大学、公共服务设施，以及开放性（没有地区户籍的人口/地区总人口）均对创新型人才集聚有显著正影响。而且在创新型人才集聚度高的地区，公共服务水平的影响不显著，但是在创新型人才集聚度低的区域，公共服务水平影响非常显著；大学在创新型人才集聚度高和低的地区影响都不显著，但是在创新型人才集聚度居中的地区却有显著影响；开放性在创新型集聚度较低的区域呈负影响，而在创新型人才集聚度较高的地区有显著的正影响[190]。

4. 休闲适宜性对创新型人才集聚影响的研究现状

休闲适宜性是满足人类自我实现需求的设施、服务、情境等。近年来，随着西方社会步入后工业社会，休闲适宜性正在超越经济适宜性和自然适宜性，成为聚集创新型人才的"吸铁石"。未来城市的核心竞争力在于城市作为一个"娱乐机器"①（Entertainment Machine）或文化综合体吸纳高素质人才和高技术人才集聚[36,50,216]。具有孵化和培育创意力的城市能更好地集聚创新型人才，而这种集聚创新型人才的能力又是促进地区经济发展的核心力量[20,22,217~219]，如美国的芝加哥，以文艺繁荣、个人主义、艺术审美、休闲娱乐等为现代城市的特征，逐渐取代美国西部和南部环境优美、经济发达的大城市，成为吸纳创新型人才集聚的大都市[2,20]。

休闲适宜性成为决定创新型人才去留的重要因素[52]，主要是由于创新型人才的崛起。创新型人才逐渐成长为一个新兴的经济阶层，并占据经济发展的主导地位[2]。如前所述（本书第一章第二节第三部分），吸引创新型人才集聚的休闲适宜性主要包含餐馆、剧院、图书馆、博物馆、酒吧、艺术馆等休闲设施。如Bille研究了丹麦关于35项休闲设施的调查，发现创新型人才相对普通工人阶层更喜欢听音乐会、逛艺术博物馆、参观文化景观、看电影、运动、健身等[220]。Joseph和Holm通过对美国休闲时间调查数据进行Logit分析后，也发现创新型人才确实比工人阶层和服务阶层更喜欢观看艺术表演[221]。因此，文化设施及其密度是影响创新型人才选择集聚地的重要因素之一[222~224]，而拥有高度多样性、另类生活方式和创意休闲设施（休闲适宜性高）的地区更容易吸引创新型人才集聚[20]。Durmaz通过探索多个国家的案例（如伦敦的SoHo，伊斯坦布尔的Beyoğlu），也提出丰富的休闲设施更易吸引和留住创新型人才[173]。Borén和Young对一群移民到瑞典斯德哥尔摩的艺术家进行调查，探索他们移民的动机，也发现他们选择移民到斯德哥尔摩的原因是由于那里有很多的艺术活动，有休闲的生活方式，以及很浓厚的艺术氛围[225]。究其原因，可能是因为这些城市正"由生产者城市向消费型城市转变"，而富有内涵的餐馆、剧院、图书馆、博物馆、酒吧、艺术馆等休闲设施能创造独特的文化生活体验，启发人的灵感，诞生创意成果，因此能吸引大批高素质和高技能人才向这些城市集聚[57]。在我国，能够提供高品质休闲娱乐服务的城市也逐渐显现出能吸引创新型人才集聚的优势，如杭州、成都。

此外，吸引创新型人才集聚的休闲适宜性还包含运动设施。Pavelka和Drap-

---

① Lloyd和Clark认为，便利的文化娱乐设施是现代城市的核心元素，并将以便利生活方式为导向发展的城市称为"娱乐机器"[216]。

er 提出人们倾向于迁移到富有专业运动、娱乐和文化设施的地区[65]。这主要是因为积极的休闲运动能缓解人的工作压力[226]，增强工作效率[227]，激发人的创意能力[228]。越是高学历、高素质的人才越喜好休闲运动[229,230]。截止到 2015年，48.4% 的美国人（约 1.424 亿人）参与运动休闲活动[231]，其中以 18~45 岁的中青年创新型人才为主[232]。在中国，随着经济的发展，人们对生活质量和健康的追求也越来越强烈，休闲运动的参与度明显在提高。2016 年中国人购买高质量休闲运动装备消费超过六亿美元[233]，其中，精英阶层热衷的休闲运动以散步、慢跑和各种球类运动为主[234]。

另外，休闲适宜性中的核心旅游吸引物也能吸引创新型人才集聚。核心旅游吸引物通常是旅游度假景观[112]，或自然公园[224]，或高科技生态系统[66]。如Mansury 等发现泰国的创新型人才大都居住在临近公共公园的地方[235]。Fu 对迁移到济州岛的文化艺术家进行调查，发现他们沉迷于济州岛的旅游景观，并被济州岛开放和多元的文化环境所吸引[236]。此外，附属性旅游配套设施也对创新型人才集聚至关重要，如特色商店、饭馆、酒吧、娱乐设施和休闲运动设施等[40,237,238]。Rao 和 Dai 发现上海的创新型人才也更倾向于聚集在旅行便利、休闲设施丰富的地区[61]。

因此，随着社会经济的发展和人均收入的提高，创新型人才不再为"谋求生存"而追逐经济发展高地，而是向往开放度和包容度高的地区，而这些地区往往拥有便利的公园、商店、有真实参与感的剧场、音乐艺术、咖啡店等休闲设施[64,173,237-239]，能启发创意灵感，诞生创意经济成果[2,20]。全世界所有休闲适宜性高的城市逐渐成为吸引创新型人才和催生高科技产业的领先区域[240]，而休闲适宜性则成为决定创新型人才去留的重要因素。

四、城市适宜性对各职业类别创新型人才集聚影响的研究现状

借鉴 Florida 关于创新型人才的分类[2,20]，结合我国职业的分类[94,95]，以及数据的可得性，本书将创新型人才分为两大类：核心创新型人才和专业创新型人才。核心创新型人才包含信息传输、计算机服务和软件业人才，金融业人才，科学研究、技术服务和地质勘查业人才，文化、体育、娱乐业人才和教育业人才；专业创新型人才包含房地产业人才，水利、环境和公共设施管理业人才，公共管理和社会组织行业人才，职业医师和职业助理医师，以及租赁和商业服务业人才。由于这两大类创新型人才所在的行业均属于生产性服务业，国内外大多数学者主要从生产性服务业集聚的角度进行研究，很少细化到具体的行业，以及行业相关人才分布的研究。

早在 20 世纪 20 年代，Marshall 就从外部经济的角度提出知识溢出效应是影响产业集聚的关键因素[135]。一般来说，知识溢出效应仅限于同一地区的同一行业，然而服务业有其自身的独特优势，知识溢出可以突破行业和空间限制。因此，学者们纷纷强调知识溢出效应有利于服务业创新型环境的形成，对服务业空间集聚有重要影响[241,242]，如 Shearmur 和 Doloreux 提出知识溢出效应对生产性服务业的区位选择有重要影响[243]。此外，影响生产性服务业产业集聚的因素还有信息化程度、经济发展水平、企业总部需求、制造业集聚水平、政府财政投入等。如陈建军等对我国 222 个城市的生产性服务业集聚进行分析，提出信息技术也是生产性服务业集聚的基础，便利的互联网技术扩大了生产性服务业的服务半径，对生产性服务业集聚有至关重要的影响[244]；李非和蒋亚杰通过研究大型公司的业务外包，提出大型企业集聚数量越多，非核心业务外包服务需求越大，生产性服务业越集聚，因此企业总部需求也会影响生产性服务业的空间布局[245]。丁静秋和赵公民对我国中部地区 81 个地级市生产性服务业集聚影响因素进行分析，提出制造业集聚水平、政府财政投入、信息化水平（互联网建设情况）和对外开放水平（FDI 值）都对中部城市的生产性服务业有不同程度的显著性影响[246]。除上述因素外，城市经济发展水平也是影响城市生产性服务业集聚的重要因素[247]。

由于就业的分布取决于产业的分布或行业的分布[248]，因此，本书认为人才的分布与所在行业分布基本一致。综上所述，影响生产性服务业人才集聚的因素主要包括地方经济发展水平、制造业集聚水平、政府的财政投入、企业总部需求、对外开放水平（FDI 值）等经济适宜性，以及高校集聚带来的知识外溢、信息化水平（电信业务总量）等社会适宜性。

1. 城市适宜性对信息传输、计算机服务和软件业人才集聚影响的研究现状

关于信息传输、计算机服务和软件业人才集聚的研究较少，国内外学者主要从信息传输、计算机服务和软件业集聚的角度进行研究。盛龙和陆根尧发现我国的信息传输、计算机服务和软件业的集聚程度较高，且其行业基尼系数在 2003～2010 年呈显著上涨趋势，表明该行业的集聚趋势较强[249]。余东华和信婧提出信息传输、计算机服务和软件业等知识密集型服务业倾向于集聚在知识外溢程度较高的地区[250]。刘雪梅对 2005～2014 年我国 29 个省份的信息技术服务业的空间分布进行研究，发现我国信息技术服务业主要集聚在北京、上海、广东、陕西、江苏、福建和辽宁地区，而安徽、宁夏、山西、新疆和内蒙古的信息技术服务业集聚度较低。她运用动态面板估计了影响我国信息技术服务业的因素，也指出高校集聚带来的知识外溢对中部和东部信息技术服务业的空间分布有非常显著的影响[251]。信息传输、计算机服务和软件业的分布影响着信息传输、计算机服务和软件业人才的分布，因此高校集聚带来的知识外溢也对信息传输、计算机服务和

软件业人才的分布有影响。王建国通过对中关村自创区和美国硅谷的高新技术企业的集聚进行比较分析，也提出了相似的观点。他指出影响美国硅谷信息技术等高端人才集聚的因素主要是知识外溢所形成的创新环境，如顶尖的美国大学——斯坦福大学和伯克利大学等集聚，高新技术中小公司群和谷歌、英特尔、苹果公司、Facebook 等 IT 上市公司的集聚。同样，影响中关村信息技术等高端人才分布的因素也是知识外部性因素，如中国顶尖院校——中科院、北京大学、清华大学等的集聚，中小型科技公司和联想、小米、京东、百度等大型 IT 公司的集聚[252]。

综合来看，影响信息传输、计算机服务和软件业人才集聚的因素主要为高校、高新技术企业集聚带来的知识外溢等社会适宜性。

2. 城市适宜性对金融业人才集聚影响的研究现状

关于金融业人才集聚的研究文献较少，国内外学者主要从金融业集聚的角度进行研究。关于金融业的集聚因素分析可以追溯到 20 世纪初，但是早期学者们关于金融业集聚因素的研究主要集中在经济方面，如行业集聚、外部性、消费市场规模等。如 Powell 提出伦敦银行的集聚造就伦敦金融结构的变革[253]。Jacobs 认为影响金融业集聚最主要的因素为知识外溢[75]。Kinderberg 则提出规模经济才是金融业集聚的主要力量[254]。Park 和 Essayyad 支持了 Kindleberg 的观点，提出只有当区域内的金融机构形成规模经济时才可能出现区域金融集聚中心[255]。此外，还有学者从企业选址的角度分析了金融业的集聚。如 Davis 认为金融机构是以盈利为目的的，影响其选址的主要因素包含生产要素的供给状况、金融服务的消费市场规模，以及金融集聚所需的规模经济因素，如金融体系的健全程度等[256,257]。Taylor 等对伦敦的金融业集聚进行研究，也提出地理区位的邻近、金融服务的消费需求、创新的集聚环境，以及生产要素的供应是影响伦敦金融业集聚的重要因素[258]。

随着社会经济的发展，影响金融业集聚因素的研究逐渐转向信息化、信息流方面。潘英丽提出便利的通信条件是金融集聚的基础[259]。Martin 也强调通信条件、信息流动甚至会影响金融业的区位选择[260]。李蕊在对比分析了我国 2000 年和 2010 年金融业的空间布局后，也提出影响我国金融业集聚的因素主要为信息化水平、区域经济发展水平、产业结构和政策支持等[261]。此外，影响我国金融业集聚的影响因素还包括工业集聚、规模经济、城市绿化环境、政府的财政支持等[262]。

金融业分布影响金融业人才的分布。因此，综上所述，影响金融业人才集聚的因素主要为知识外溢、规模经济、消费市场、生产要素供给、区域经济发展水平、产业结构、政府财政支持等经济适宜性，信息化程度等社会适宜性，以及城市绿化环境等休闲适宜性。

3. 城市适宜性对科学研究、技术服务和地质勘查业人才集聚影响的研究现状

科学研究、技术服务和地质勘查业人才是指在科研、技术和地质勘查领域从事正式或非正式科研活动和技术服务的人才[263]，该类人员具有较强的创新意识、技术能力，具备扎实的专业基础和稳定的研究方向[264]，其创新研究和技术服务能促进科技进步和社会发展[265]。影响科技型人才集聚的因素一般包括地区经济发展水平、高技术产业发展水平、地方政府政策等。如 Freeman 通过对日本的科技发展进行研究，提出科技发展环境是影响高技术人才集聚的重要因素[151]。苟军平等通过研究天津滨海新区科技型人才聚集，也提出区域经济发展水平（如经济发展活力）是科技型人才集聚的诱致因素[266]。裴玲玲提出高技术产业发展能创造更多的就业机会，吸引科技型人才集聚[119]。同时，产业结构的转型升级也会引发科技型人才的迁移和集聚。

然而，近年来，有学者发现社会文化因素（高等学校、图书馆等文化场所的数量等）和宜居环境因素（每万人拥有的公共交通数量等）才是影响科技型人才集聚最主要的因素，而经济因素（人均 GDP、平均工资等）对科技型人才集聚影响较小[267]。此外，还有学者发现交通条件、信息化程度，以及个体生活满意度等社会因素也是影响科技型人才集聚的主要因素。如袁洪娟研究发现交通的便利性有利于科技型创新人才的交流和集聚，有利于知识外部效应的发挥[108]。完善的信息化服务更有利于高校科研人才的沟通和交流，提升创新绩效[109]。侯震梅和周勇，以及王建军等通过计量分析还进一步证实了生活和工作满意度对科技型人才集聚有显著影响[161,162]。

此外，影响科技型人才集聚的因素还包含制度环境和文化环境[268~270]。如牛冲槐等论述了制度环境、文化环境对科技型人才集聚的作用机制，提出制度激励和文化创新对提升科技型人才集聚具有显著作用，并提出科技型人才集聚的具体优化路径[270]。另外，休闲文化因素和自然环境因素也是影响科技型人才分布的主要因素[57,267]。Glaeser 提出富有内涵的餐馆、剧院、图书馆、博物馆、酒吧、艺术馆等休闲设施能创造独特的文化生活体验，吸引大批高技术人才集聚[57]。苏楚和杜宽旗对江苏科研人才空间分布进行研究，提出人均绿地面积对促进科研人才集聚具有显著正效应[267]。

综上所述，影响科学研究、技术服务和地质勘查业人才集聚的因素主要为科技发展环境、地区经济发展水平、产业结构和制度环境等经济适宜性，交通条件、信息化程度，以及个体生活满意度等社会适宜性，餐馆、剧院、图书馆、博物馆等休闲适宜性，以及人均绿地面积等自然适宜性。

4. 城市适宜性对文化、体育、娱乐业人才集聚影响的研究现状

文化、体育、娱乐业是指涵盖文化艺术、广播电视电影、新闻出版、体育娱

乐等相关行业的产业[105]，而文化、体育、娱乐业人才主要指从事新闻出版、广播电视电影制作、文化艺术创作及表演、体育健身、文化娱乐等相关产业的人才。国内外关于文化、体育、娱乐业人才集聚的研究文献较少，仅有少量的学者通过具体案例分析提出自然环境、文化环境和信息化便利条件等是影响文化、体育、娱乐业人才集聚的主要因素。如黄鹭新等提出北京的艺术家倾向于集聚在城郊和文化园区，因为那里拥有自由的创作环境、清新的空气质量且房租便宜[271]。Christy等也发现澳大利亚的文化、娱乐业人才倾向于集聚在信息化便利的城郊，主要是由于那里有宁静自由的创作环境，可以远离都市的拥堵、喧闹和污染，且信息化的便利也有助于他们与城中心紧密联系[272]。Fu对迁移到济州岛的文化艺术家进行调查，也发现他们沉迷于济州岛的旅游景观，并被济州岛开放和多元的文化环境所吸引[236]。

大部分学者主要从文化、娱乐、体育业集聚的角度进行研究。一般来说，文化、娱乐、体育业主要集中在城市中心区和老城区，且其集聚与生态景观区、城郊区[271,273]、创意社区、文化园区[274]、创意产业园区[275~277]密切相关。影响文化、体育、娱乐业分布的因素主要包括良好的政策支持、完善的基础设施、强大的生产网络和消费市场。如Brown等对新崛起的谢菲尔德和曼彻斯特的音乐产业园区进行分析，提出音乐器材供应、唱片设计与摄影等完善的生产网络，区域内便捷的交通、信息服务等，以及政府对产业转型的政策支撑对音乐产业园的发展至关重要[278]。陈倩倩和王缉慈也提出强大的消费市场对文化和娱乐业的发展有重要影响[279]。王珏晗和周春山在分析了广州市商业型健身房空间分布后，提出教育和科研机构越集聚的区域，健身房越多[280]，这可能是由于教育机构和科研机构能为其提供强大的消费市场。此外，黄永兴和徐鹏提出了政府财政支持对文化、娱乐业集聚也有重要影响[281]。然而，黄斌通过对北京市文化、体育、娱乐业分布进行研究，发现财政支出对北京文化、体育、娱乐业分布影响比较弱，第三产业增加值是影响文化、体育、娱乐业分布的主要因素[105]。

文化、体育、娱乐业的分布影响着文化、体育和娱乐业人才分布。综上来看，影响文化、体育和娱乐业人才集聚的因素主要为自然适宜性（自然环境等）、社会适宜性（大学分布、信息化程度、完善的基础设施等）、休闲适宜性（创意社区、文化园区、旅游景区等），以及经济适宜性（生产网络、消费市场、房租、第三产业增加值等）。

5. 城市适宜性对教育业人才集聚影响的研究现状

Cowling和Lee通过定量分析英国教师等创新型人才的分布，提出大学的分布对教师等创新型人才分布有显著的正影响[41]。国内的研究成果则普遍显示地区经济发展水平、薪资和政策支撑是影响教育资源和教育业人才分布的主要因素[282~284]。如况红和彭露调查了重庆的教师分布，提出地区经济发展水平和薪资待遇是影响重庆教师分布的主要因素[285]。邱均平和温芳芳对我国东、中、西部地区高校教育资源空间分布进行研究，提出我国高校资源分布严重不均衡。49%的高校主要分布在东部地区，中部和西部地区高校分别占25%左右。此外，60%的重点大学也分布在东部地区，而中部地区的重点大学数量不足全国的17%。邱均平和温芳芳指出影响我国高校分布的最主要因素为经济因素，即地区经济发展的不平衡性造就了高校资源分布的不均衡性[283]。王英利等对我国大学城空间分布进行分析，其研究结果与邱均平和温芳芳的研究结果基本一致，认为高校资源的分布与地区经济发展水平呈显著的正相关关系。他们提出我国高校资源主要分布在东部沿海地区，其中长三角、珠三角、京津地区和山东半岛地区尤为突出，大学城的数量占全国的83%[284]。另外，高校资源分异也与政治因素显著相关。省会城市的大学数量较多，且规模较大，而非省会城市的大学数量较少，且学校规模一般较小[286]。高校的分布和高校的质量也决定了我国教育业人才的分布。此外，影响我国教育业人才分布的因素还包括交通设施、自然环境等[98]。

综上所述，影响教育业人才集聚的因素主要为地区经济、薪资、政策支撑等经济适宜性，交通条件、高校数量等社会适宜性，以及自然环境等自然适宜性。

6. 城市适宜性对房地产业人才集聚影响的研究现状

房地产是房产和地产的总称。房地产业是国民经济中的一个重要产业[287]。房地产业的集聚主要依赖于地区的经济水平，尤其是人均收入[287,288]和市场因素[289]，而房地产业的集聚也影响房地产业人才的集聚。国内外关于房地产业人才集聚的研究文献屈指可数，大部分学者主要从房地产业集聚的角度进行研究。邓必荣通过分析我国房地产业的发展现状，指出影响我国房地产业集聚的因素主要为经济因素、政策因素和社会文化因素。其中，经济因素为地区经济发展水平和市场开放程度；政策因素主要指国家的产业政策和金融政策；社会文化因素包含文化公共设施、社会治安情况等[289]。高敬超对我国的房地产业空间布局和影响因素进行分析，提出我国房地产在大多数城市都展现出较高的集中度，其中房地产业集中度较高的地区主要为京津冀、长三角、珠三角等。此外，重庆、贵阳和昆明的房地产业集中度也较高，领先于周边地区。运用空间杜宾模型，高敬超指出影响我国房地产业集聚的因素主要为制造业规模、人均收入、市场潜能等。具体到各个地区，人均收入、市场潜能对中东部地区房地产业集聚均有显著影响，但人均收入对西部地区房地产业集聚影响较小。制造业规模对西部地区房地产业集聚有显著影响，但对中部地区房地产业集聚影响较小[287]。樊立惠等对北京房地产中介公司的空间分布进行研究，发现北京房地产中介主要集聚在城六区，整体空间布局不均衡性较大，空间集聚性较强。通过运用GWR模型，樊立惠等发现影响北京房地产中介布局的因素主要为地区经济发展水平、政府政策、路网密度等[290]。

此外，空气质量也是吸引房地产业集聚的因素之一[291]。自20世纪90年代开始，伦敦、纽约、香港、东京等城市的部分商务办公楼和商务小区逐步偏离城市中心区而迁往市郊[292]。Wu等分析了深圳的房价，发现越偏离CBD房价越高[293]。这主要是因为自然环境对租金等房地产价格有决定性的作用[294]。

房地产业的集聚也影响房地产业人才的集聚。因此，综上所述，影响房地产业人才集聚的因素主要为经济适宜性，包含制造业规模、人均收入、市场潜能、经济发展水平和政府政策等因素；社会适宜性，包含文化公共设施、社会治安情况和路网密度等因素；自然适宜性，包括空气质量等因素。

7. 城市适宜性对水利、环境和公共设施管理业人才集聚影响的研究现状

水利、环境和公共设施管理业人才主要是指从事水资源管理、水库管理、防洪治理、环境保护，以及城市市政设施的维护、抢险和管理等的创新型人才。国内外关于水利、环境和公共设施管理业人才分布的研究文献较少，尤其是关于环境人才分布的研究文献几乎没有。仅有少量研究对公共服务设施的分布进行研究。Teitz是最早提出公共服务设施选址理论的，他强调公共设施的配置要兼顾公平和效率[295]。Bigman和ReVelle也强调了效率原则，提出公共设施的配置要考虑居住区的空间距离[296]。Pinch和Talen在研究教育等公共设施的集聚时，进一步强调了公平和效率的重要性，将交通、可达性和公平配置作为影响公共服务设施集聚的重要因素[297,298]。此外，公共设施的布局除了要考虑可达性和公平性因素外，还应充分考虑居民需求和偏好[299]。公共设施管理业的分布决定了公共设施管理业人才的分布，综观国内外研究，影响公共设施管理业人才分布的因素主要为经济因素（地区经济发展水平和产业结构）[300]、社会因素（交通、区位因素和公平性）[295~298]和人文因素（需求偏好、需求层次等）[299,301,302]。

关于水利人才的分布，张伟兵等对我国水利人才分布进行了研究，提出影响我国水利人才的因素主要为区域经济发展因素、区位因素、交通因素和教育因素，其中教育因素是影响水利人才分布最直接的因素，正是由于长三角和京津拥有诸多图书馆和土木工程专业的高等学府，才导致水利人才多集中于这两个地区[303]。

综上所述，影响水利、环境和公共设施管理业人才集聚的因素主要为经济适宜性，包含区域经济发展水平、产业结构等，以及社会适宜性，包含需求因素、交通因素和教育因素等。

8. 城市适宜性对公共管理和社会组织行业人才集聚影响的研究现状

公共管理是政府部门及非营利组织为实现公共福利，运用经济、政治和法律等手段提升管理绩效和服务品质的管理。公共管理人才是公共管理的实践者，既包含政府部门人员，也包含各种非营利组织人员[304]。广义的社会组织是人们参与共同活动的所有组织形式。狭义的社会组织是指人们为实现特定目标而组建的非营利组织，具有非政府性和公益性特征[305]。狭义的社会组织人才与政府人员相辅相成，共同构成了公共管理的两大主体成员[304]。国内外关于公共管理人才分布影响因素的文献较少，大多数学者都将焦点聚焦在了社会组织人才分布及其影响因素分析上。一些学者认为影响社会组织及其人才分布的因素主要为经济因素，如王玉珍和王李浩通过对中国省域社会组织进行分析，也提出地区经济水平是影响社会组织及其人才分布的主要因素[306]。中国行政管理学会课题组认为中国社会组织分布严重不平衡，这主要是由于地区经济发展不平衡，经费资源不一致造成的[307]。李国武通过分析中国 31 个省份的社会组织分布，也认为影响社会组织及其人才空间分布的因素主要为经济因素，即城市的 GDP[308]。另一些学者则提出社会因素才是影响社会组织及其人才分布的主要因素，如 Epperly 和 Lee通过研究前共产主义国家的社会组织，提出腐败会影响社会组织及其人才的分布和发展[309]。还有一些学者提出社会组织及其人才的分布受社会、经济等因素的共同影响，如赖先进和王登礼通过分析中国社会组织，提出其分布主要受地区经济发展水平、公益文化（慈善捐赠、志愿服务等）、政府管理（政府评估）等因素的共同影响[310]。

综上所述，影响公共管理和社会组织行业人才分布的因素主要为地区经济发展水平等经济适宜性，以及腐败等社会氛围、公益文化、政府管理等社会适宜性。

9. 城市适宜性对职业医师和职业助理医师集聚影响的研究现状

自 Kleiman 和 Newhouse 提出地区经济发展影响地区医疗卫生的支出[311,312]以来，国内外的学者对医院及医师的分布与地区经济发展之间的关系进行了大量实证研究。Wang 研究了 31 个国家 21 年的数据（1986～2007 年）后发现，经济增长将会导致医疗卫生支出的降低[313]，从而导致医疗卫生人员的削减。杜凤姣研究了我国 31 个省份 2002～2011 年的医疗卫生资源分布状况，提出经济发展水平是影响地区医疗卫生资源配置的主要因素[314]。吴凌放对上海医生空间分布及其影响因素进行分析，提出上海医生空间分布的公平性有待进一步提升。通过运用面板回归分析方法，他提出经济发展水平、薪资待遇、医疗基础设施的布局等都对医生空间分布有显著的正影响[315]。

此外，Rosenthal 等认为市场也是影响医生分布的重要因素。他提出医生人力资本的竞争会促使一些职业医师分散到较小的市场中去。以美国为例，内科和儿科职业医师的增多，让小城镇拥有专科医师的比例上升[316]。Egeraat 和 Curran 对爱尔兰的生物医药产业进行研究，他们也提出消费市场促使爱尔兰生物医药产业在一些城市形成集聚产业[317]。医药产业的布局也会影响职业医师和职业助理医师的布局。

还有一些学者从公平性的角度考虑，认为医生的配置应与人口的分布相一致。如 Anand 对我国和印度的医生空间分布进行比较，提出医生的配置应考虑服务的公平性[318]。胡宏伟也提出医生的数量和质量在分布上应与区域内的人口相匹配[319]。

综上所述，影响职业医师和职业助理医师集聚的因素主要为经济发展水平、薪资待遇、市场需求等经济适宜性，以及医疗基础设施、知识外部性，以及人口总量等社会适宜性。

10. 城市适宜性对租赁和商业服务业人才集聚影响的研究现状

租赁和商业服务业隶属于生产性服务业[320]，是贯穿企业生产、物流运输、广告售后等价值链环节的现代服务业的重要组成部分[321]，对各个服务环节具有重要的"黏合"作用[322]。同时租赁和商业服务业也属于知识密集型行业，依赖专业能力和知识为客户提供专业服务。克拉克是最早研究租赁理论的学者，20世纪 70 年代，他就提出租赁就是通过融物来扩大产品销售，提高投融资水平[323]，因此租赁和商业服务业的空间集聚具有高度的产业关联性和要素密集性。租赁和商业服务业侧重于生产性服务业中价值链的前向环节（以提供器械、信息设备等租赁服务为主）和后向环节（以提供企业管理、投资与资产管理等商业服务为主）[324]。受信息外部性和规模效应的驱使，租赁和商业服务业往往集聚在商贸业和服务业发达的区域。商贸业的发达为租赁和商业服务业的集聚奠定了市场基础[322,325]，而服务业（第三产业）高度发达的区域所产生的产业规模效应对人力和物质资源有一定的黏性[326]，能够显著而持续地促进租赁和商业服务业及其人才的空间集聚。

刘莹莹对天津租赁和商业服务业的发展现状进行了分析，提出天津租赁和商业服务业主要分布在天津中心城区和滨海新区，主要是因为这两个区域拥有良好的金融生态环境和商贸流通环境，因此大多数的租赁和商业服务业总部集聚在此。此外，天津租赁和商业服务业还分布在会展城和航运城，主要是因为会展城有丰富的会展公司和文化娱乐公司，对租赁和商业服务的需求较大。航运城的天津港、东疆港保税区能利用便利的交通优势提供国际航运、国际物流等商贸服务。近几年来，天津租赁和商业服务业发展较慢，要提升天津租赁和商业服务业的发展，还需要不断地加强集聚区内的基础设施建设，完善政策法规，完善租赁体系，逐渐形成规模集聚效应[324]。由此可知，天津的租赁和商业服务业的集聚与区域经济发展水平、基础设施、法律法规、休闲文化业的集聚等密切相关。

此外，Contino 研究了一些国家的税收情况，认为税收有利于降低租赁和商贸成本，提高租赁和商贸利润。因此，一个国家或地区的税收政策对租赁和商业服务业的发展和集聚有重要影响[327]。胡军伟对比分析了国内外的飞机租赁业，也提出国外航空租赁发达的根源是拥有良好的税收优惠政策。他指出国际租赁业发达的国家主要是美国、日本、法国、英国和韩国。飞机租赁市场，我国的租赁公司仅占 10% 的份额，与国外租赁公司差距较大。我国的税收政策上虽给予租赁和商务服务业一定的支持，但优惠政策与国外还有较大的差距。而且我国的法律监管还需要进一步的加强，当前繁多的审批手续也严重制约了我国航空租赁业的发展[328]。

租赁和商业服务业分布决定租赁和商业服务业人才的分布。因此，影响租赁和商业服务业人才集聚的城市适宜性主要有经济适宜性，包含第二、第三产业规模，信息外部性、区域经济发展水平，税收政策等；社会适宜性，包含完善的基础设施等。

第三节　现有研究的总结与述评

国内外关于城市适宜性与创新型人才集聚的研究已经非常丰富了，然而基于城市适宜性理论、"推—拉"理论、人力资本理论、产业集群理论，探究城市适宜性对创新型人才集聚影响的研究目前还较少。大多数研究是关于创新型人才集聚影响因素的研究，这类研究主要是从经济、社会和自然等方面探究影响创新型人才集聚的因素。研究方法主要是定量分析，也有定性分析，但是基于不同的研究区域、研究数据和研究角度，学者们也形成了丰富但不统一的结论。虽然关于城市适宜性对创新型人才集聚的研究目前还没有形成完善的理论框架，但是已经达成了一些研究共识。

一、城市适宜性与创新型人才空间集聚的研究总结

（1）关于城市适宜性的研究，学者们的研究主要集中在其对创新型人才迁移和城市经济发展的影响方面。城市适宜性不仅能通过硬件设施吸引创新型人才集聚，也能通过软性环境影响创新型人才迁移，从而影响城市发展。

（2）创新型人才集聚所产生的集聚效应主要包含三种：一是能提升自身能力；二是提升地区经济实力；三是提升城市或地区整体创新能力。然而创新型人才集聚在对经济发展产生正向影响的同时，也能产生负向影响。只有不断引导创

新型人才朝着有利的方向发展，才能充分发挥创新型人才集聚效应。

（3）影响创新型人才集聚的因素主要包含经济因素、教育因素、环境因素、个体心理因素、休闲因素等。其中，经济因素包含科技发展环境、科技财政投入、地区经济发展水平、工资待遇、产业集聚等；教育因素包含教育投资、高等教育资源等；环境因素包含宽容的社会环境等；个体心理因素主要指精神驱动、生活和工作满意度等；休闲因素主要包含休闲参与体验、休闲文化氛围等。

二、城市适宜性对创新型人才集聚影响的研究总结

（1）影响创新型人才集聚的城市适宜性主要为：①自然适宜性，包含气温、降雨，以及自然环境等因素；②经济适宜性，主要包含产业因素、地区经济发展规模、工资水平等；③社会适宜性，主要包括教育因素、交通便利性、宽容与包容（如宗教、包容社区等）、当地公民素质、低犯罪率、官方语言普及等；④休闲适宜性，包括图书馆、博物馆、歌剧院、休闲步行街等。

（2）工业革命之前，影响创新型人才集聚的关键因素是自然适宜性。工业革命之后的200年，经济适宜性成为影响创新型人才集聚的重要因素。在21世纪的今天，当城市发展成熟或进入后工业社会后，迁移地对创新型人才的吸引更多通过社会适宜性和休闲适宜性产生作用。

（3）城市适宜性对不同职业类别的创新型人才空间分布的影响不同。综合来看，影响信息传输、计算机服务和软件业人才集聚的因素主要为高校、高新技术企业集聚带来的知识外溢等社会适宜性。

（4）影响金融业人才集聚的因素主要为知识外溢、规模经济、消费市场、生产要素供给、区域经济发展水平、产业结构、政府财政支持等经济适宜性，信息化程度等社会适宜性，以及城市绿化环境等休闲适宜性。

（5）影响科学研究、技术服务和地质勘查业人才集聚的因素主要为科技发展环境、地区经济发展水平、产业结构和制度环境等经济适宜性，交通条件、信息化程度，以及个体生活满意度等社会适宜性，餐馆、剧院、图书馆、博物馆等休闲适宜性，以及自然环境等自然适宜性。

（6）影响文化、体育和娱乐业人才集聚的因素主要为自然适宜性，如自然环境；社会适宜性，包含大学分布、信息化程度、完善的基础设施等因素；休闲适宜性，如创意社区、文化园区、旅游景区等；经济适宜性，如生产网络、消费市场、房租等。

（7）影响教育业人才集聚的因素主要为地区经济、薪资、政策支持等经济适宜性，交通条件、高校数量等社会适宜性，以及自然环境等自然适宜性。

（8）影响房地产业人才集聚的因素主要为经济适宜性，包含制造业规模、

人均收入、市场潜能、经济发展水平和政府政策等因素；社会适宜性，包含文化公共设施、社会治安情况和路网密度等因素；自然适宜性，包括空气质量等因素。

（9）影响水利、环境和公共设施管理业人才集聚的因素主要为经济适宜性，包含区域经济发展水平、产业结构等，以及社会适宜性，包含需求因素、交通因素和教育因素等。

（10）影响公共管理和社会组织行业人才的因素主要为地区经济发展水平等经济适宜性，以及腐败等社会氛围、公益文化、政府管理等社会适宜性。

（11）影响职业医师和职业助理医师集聚的因素主要为经济发展水平、薪资待遇、市场需求等经济适宜性，以及医疗基础设施、知识外部性和人口总量等社会适宜性。

（12）影响租赁和商业服务业人才集聚的城市适宜性主要为经济适宜性，包含第二和第三产业规模、信息外部性、区域经济发展水平、税收政策等；社会适宜性，包含完善的基础设施等。

三、现有研究的不足

当前关于城市适宜性，以及创新型人才集聚的研究已经取得了一定进展，对于城市适宜性的内涵、创新型人才集聚的效应、创新型人才集聚的影响因素等方面的研究已经形成了一定具有普遍意义的结论，为本书研究提供了深厚的文献积累，但是也存在一些不足，主要表现在以下几个方面：

（1）在研究区域上，关于城市适宜性对创新型人才集聚影响的研究，研究区域大都在欧美国家或城市，而关于中国城市适宜性对创新型人才集聚研究的文献少之又少。中国的经济发展背景和文化欣赏背景与欧美截然不同，且各个城市发展水平也不均衡，欧美国家的研究结论在中国很难有普适性。而且中国当前正处在传统经济向知识经济转型的过程中，"人口红利"也在逐渐消失，中国迫切需要从城市适宜性的视角探寻吸引创新型人才集聚的策略，以形成新的经济发展动能。因此，研究中国城市适宜性对创新型人才集聚的影响更有针对性，更有意义。

（2）在研究内容上，首先，大多数文献倾向于研究经济因素、社会文化因素对创新型人才集聚的影响，而关于自然环境和休闲文化因素对创新型人才集聚影响的研究较少，更鲜有全面、系统地剖析城市适宜性对创新型人才集聚影响的研究。其次，大多数文献侧重于研究某一类创新型人才集聚的影响要素，或者仅讨论了其所在行业的空间分布和影响因素，难以更全面地分析创新型人才的空间集聚及其影响因素。

（3）在研究视角上，创新型人才的空间分布和城市适宜性的空间格局是随时间不断动态变化的。当前针对创新型人才的空间分布或城市适宜性的空间格局的研究大都采用静态分析的研究视角，难以全面地解释创新型人才分布的时空变革，以及城市中各个适宜性的空间变异。

（4）在研究方法上，部分文献定性分析了城市适宜性对创新型人才集聚的影响，主要采用文字描述的方式分析其作用机制。也有部分文献采用截面回归或面板回归，通过线性方程的形式研究城市适宜性对创新型人才集聚的影响。实际上，城市适宜性对创新型人才的影响，不仅涉及城市中各类适宜性对创新型人才集聚的影响，还涉及创新型人才对城市的选择策略或选择效用，因此，在构建线性方程分析的同时，还需要构建选择模型，以更全面、更系统地分析城市适宜性对创新型人才集聚的作用机制。

针对当前的研究不足，本书将侧重分析中国城市适宜性对创新型人才集聚的影响，以及城市适宜性对各职业类别创新型人才集聚的影响。在研究视角上，本书会动态分析创新型人才分布的时空变革，各职业类别创新型人才分布的时空变革，以及城市各个适宜性的时空分异，剖析它们的演化规律。在研究方法上，本书会将定量和定性方法相结合，一方面构建城市适宜性模型和创新型人才城市适宜性选择模型，从宏观尺度更系统地定量分析城市适宜性对创新型人才集聚的作用机制；另一方面从中微观尺度，定性描述城市适宜性对创新型人才集聚的影响，使本书研究的结果更具可靠性。

第三章　中国创新型人才空间分布及城市适宜性的空间格局

借鉴 Florida 关于创新型人才的分类[2,20]，结合我国职业的分类[94]，以及数据的可得性，本书将创新型人才分为两大类：核心创新型人才和专业创新型人才。核心创新型人才包含信息传输、计算机服务和软件业人才，金融业人才，科学研究、技术服务和地质勘查业人才，文化、体育、娱乐业人才和教育业人才；专业创新型人才包含房地产业人才，水利、环境和公共设施管理业人才，公共管理和社会组织行业人才，职业医师和职业助理医师，以及租赁和商业服务业人才。同时借鉴前人的经验[24,40,55]，本书将城市内生适宜性划分为四种：经济适宜性、社会适宜性、休闲适宜性和自然适宜性。

本书研究的主要目的是揭示城市适宜性对中国创新型人才空间集聚的作用机制，借鉴前人的研究经验[2,20,329,330]，本书用"创新型人才密度"来衡量某一城市范围内创新型人才空间的集聚情况，具体的计算公式如下：

$$Cd_{it} = \frac{\dfrac{T_{it}}{A_{it}}}{\dfrac{P_{it}}{A_{it}}} = \frac{T_{it}}{P_{it}} \qquad (3-1)$$

其中，Cd_{it} 为第 i 个城市第 t 年的创新型人才密度，T_{it} 表示第 i 个城市第 t 年创新型人才数量，A_{it} 表示第 i 个城市第 t 年的城市行政区面积，P_{it} 表示第 i 个城市第 t 年的城市常住人口数量。从这个角度来看，创新型人才密度具有"区位熵"的含义，但是本书关于创新型人才密度的计算方法比单纯照搬传统区位熵的计算方法①更有意义，这主要是由于创新型人才是人口的一部分，若某一城市每平方千米的创新型人才数量小于该城市每平方千米的人口数量，则该城市不是创

---

① 基于 Haggett 区位熵计算公式[331]，城市创新型人才的区位熵 =（城市创新型人才数量/城市面积）/（全国创新型人才数量/全国面积）。

新型人才的集聚区，而仅是人口的集聚区。若某一城市每平方千米的创新型人才数量大于该城市每平方千米的人口数量，即使该城市相较于全国其他城市，每平方千米的人口数量不大，但每平方千米的创新型人才数量较大，那该城市也是创新型人才集聚区。

本章主要采用自然断裂法，对2006年、2011年和2016年创新型人才以及全国272个城市的城市适宜性空间格局进行分析。需要特此说明的是：

（1）中国共有293个地级市，但是基于数据的可得性和有效性，本书的研究范围共包含272个地级市。272个城市中，2016年共有创新型人才存量6051万人，覆盖全国十大行业。同时，272个城市2016年常住人口数量为118310万人，占全国人口总量的85.56%。此外，272个城市的GDP总量、公园个数、博物馆数量、星级饭店数量分别约占全国总数量的99%、96%、99%和99%①。总之，这272个城市对研究中国创新型人才空间分布及城市适宜性的空间格局极具代表性。

（2）本书中关于中国四大区域的划分依据为李克强总理《2015年政府工作报告》②，即东部地区包括七个省份的城市，分别是冀、苏、浙、闽、鲁、粤和琼等省份的城市，以及三个直辖市京、津和沪；中部地区包括六个省份的城市，即晋、皖、赣、豫、湘和鄂等省份的城市；西部地区的省份数量是中部地区的两倍，包括内蒙古、桂、川、黔、滇、藏、陕、甘、青、宁、新等省份的城市，以及直辖市渝；东北地区只有黑、吉、辽三个省份的城市。

（3）本书研究的数据选用的是2006～2016年的面板数据（详细的数据和指标描述见第四章第四节），本章主要选取2006年、2011年和2016年三个时间断面来分析全国272个城市创新型人才的空间集聚特征，以及全国272个城市的城市适宜性的空间格局演变。由于2006年是我国"十一五"规划的第一年，2011年是我国"十二五"规划的第一年，2016年为我国"十三五"规划的第一年，选取这三个时间断面研究中国创新型人才的空间分布格局，以及城市适宜性的空间格局，更有助于丰富中国城市发展和创新型人才空间集聚的相关内容。

（4）本书研究的城市数据用的均是含乡村的城市地区数据，但是由于创新型人才多集中在中心城市，因此，用城市地区的数据和用中心城市的数据得出的结论基本一致。

---

① 创新型人才数量、常住人口数量、城市GDP等数据均来源于2007～2017年《中国城市统计年鉴》、中国劳动就业与经济社会发展统计数据，以及2007～2017年各地级市统计年鉴。博物馆数据主要来源于2006～2016年中国272个城市《国民经济和社会发展统计公报》。星级饭店数量、公园个数主要来源于宏观经济数据库CEIC。

② 李克强：《政府工作报告——2015年3月5日在第十二届全国人民代表大会第三次会议上》，《新华社》2015年，http://www.gov.cn/guowuyuan/2015－03/16/content_2835101.htm，2015年3月5日。

第一节　中国创新型人才总体空间分布格局

根据《中国城市统计年鉴2007》、《中国城市统计年鉴2017》和中国劳动就业与经济社会发展统计数据，2006年中国共有创新型人才39934851人，其中，东部地区的创新型人才数量居全国四大区域之首，2006年占全国的比例为44.35%。中部、西部和东北地区创新型人才数量占全国的比例分别为24.96%、21.01%和9.68%。2011年，全国创新型人才总量为47644999人，其中，东部、中部、西部和东北地区创新型人才数量占全国的比例分别为45.67%、24.38%、20.64%和9.31%，相比2006年，除东部有所增长外，中部、西部和东北地区均有所下降。2016年，全国创新型人才总量增加至60227809人，是2006年人才总量的1.51倍。其中，东部和西部创新型人才数量占全国的比例分别上涨到47.63%和21.94%，而中部和东北地区这一比例则分别降至22.58%和7.85%。

从人才密度来看，2006年我国创新型人才密度排名全国前20的城市，分别为深圳、北京、海口、珠海、广州、上海、乌鲁木齐、厦门、克拉玛依、呼和浩特、银川、盘锦、太原、杭州、兰州、天津、武汉、昆明、乌海和贵阳，其中共有9个东部城市，8个西部城市，2个中部城市和1个东北城市（见表3–1）。2016年，我国创新型人才密度排名全国前20的城市分别为北京、深圳、克拉玛依、珠海、上海、广州、海口、厦门、杭州、东莞、成都、三亚、舟山、乌鲁木齐、南京、西安、嘉峪关、兰州、天津和呼和浩特，其中共有13个东部城市，7个西部城市。

具体来看，2006年、2011年和2016年创新型人才总体分布格局呈现以下特征：

表3–1　2006年、2011年和2016年创新型人才密度排名前20名的城市

2006年		2011年		2016年	
城市	创新型人才密度（人/万人）	城市	创新型人才密度（人/万人）	城市	创新型人才密度（人/万人）
深圳	2658	深圳	2823	北京	3281
北京	2034	北京	2696	深圳	3067
海口	1112	珠海	1219	克拉玛依	1686
珠海	1035	广州	1177	珠海	1620
广州	890	杭州	1098	上海	1617

续表

2006 年		2011 年		2016 年	
城市	创新型人才密度（人/万人）	城市	创新型人才密度（人/万人）	城市	创新型人才密度（人/万人）
上海	866	海口	1072	广州	1584
乌鲁木齐	842	上海	1023	海口	1426
厦门	811	克拉玛依	970	厦门	1358
克拉玛依	810	厦门	909	杭州	1352
呼和浩特	750	乌鲁木齐	883	东莞	1253
银川	728	银川	786	成都	1220
盘锦	706	西安	773	三亚	1139
太原	700	呼和浩特	772	舟山	1129
杭州	676	太原	761	乌鲁木齐	1128
兰州	665	济南	728	南京	1088
天津	628	盘锦	710	西安	1008
武汉	612	沈阳	694	嘉峪关	985
昆明	609	昆明	689	兰州	923
乌海	589	兰州	681	天津	912
贵阳	578	舟山	669	呼和浩特	904

（1）2006 年、2011 年和 2016 年我国创新型人才分布均呈现"片状"分布的不均衡特征，2016 年，全国的创新型人才空间布局不均衡特征相比 2006 年和 2011 年有所改善，但创新型人才密度在 589 人/万人以上的城市仍主要集中在各省会城市和直辖市，而创新型人才密度在 343～589 人/万人的城市则集聚在其周边地区，形成明显的中心—外围模式。

（2）2006 年我国创新型人才主要集聚在京津地区的北京、长三角的上海和杭州，珠三角地区的深圳和广州，呼包鄂地区的呼和浩特，滇中地区的昆明，兰西地区的兰州等。2011 年和 2016 年我国创新型人才集聚区逐步扩散至各省会城市和直辖市。其中，北京和深圳是我国创新型人才密度最大的两座城市，2006 年、2011 年和 2016 年人才密度全国排名始终稳居前两名，遥遥领先我国其他城市。杭州、上海等城市虽然也确立了打造人才高地的战略目标，但是与北京和深圳相比还有较大差距。

（3）东部地区是我国创新型人才主要集聚区，人才密度排名前 20 的城市中，2006 年东部占 9 席，2011 年东部占 10 席，2016 年更是增加到 13 席。此外，创新型人才密度超过 589 人/万人的城市中，2006 年东部城市占比 47%，2016 年这一比例虽有所下降，但占比仍为 42%，远高于中部、西部和东北城市占比。

（4）中西部地区是我国创新型人才薄弱区，创新型人才密度排名前 20 的城市，中西部城市从 2006 年的 10 个减少到 2016 年的 7 个。而创新型人才密度排名靠后的城市，中西部城市则占据多数。此外，创新型人才密度低于 343 人/万人的城市中，2006 年中西部城市占比 63%，2016 年这一比例增至 68%，远高于东部和东北城市占比。

（5）我国东北地区的创新型人才总体增长最为缓慢，且主要城市的创新型人才密度占全国排名呈下降趋势，另有部分城市人才流失严重。2006～2016 年，东北地区创新型人才密度年均增长率仅为 2.00%，低于东部地区的 3.21%、中部地区的 2.38% 和西部地区的 3.34%。此外，东北地区主要城市如长春、哈尔滨、盘锦等的创新型人才密度年均增长率远低于中西部城市，人才密度占全国排名均呈现下降趋势。如长春创新型人才密度年均增长率仅为 2.51%，哈尔滨创新型人才密度年均增长率也仅为 2.89%，盘锦则仅为 0.46%，远低于成都的 13.82%、郑州的 5.04%，以及西安的 6.65%。长春的创新型人才密度的排名从 2006 年的第 30 名降到 2016 年的第 43 名；哈尔滨的人才密度的排名也从 2006 年的第 38 名降到 2016 年的第 49 名；而盘锦的人才密度的排名也从 2006 年的第 12 名降到 2016 年的第 32 名。与其他城市相比，沈阳的创新型人才密度在 2011～2016 年则呈负增长态势，人才流失较为严重。沈阳 2006 年创新型人才密度为 544 人/万人，2011 年增加到 694 人/万人，而 2016 年则下跌至 655 人/万人，人才密度也从 2006 年的第 25 名降到 2016 年的第 40 名。

（6）我国创新型人才在向东部地区集聚的同时，也呈现了向西部地区流动的趋势。2006～2016 年，创新型人才密度增长速度排名前 20 的城市分别为成都、六安、三亚、嘉峪关、克拉玛依、东莞、舟山、宜昌、襄阳、苏州、上海、杭州、南京、重庆、西安、宿州、鄂尔多斯、厦门、中山和攀枝花，其中东部城市有 9 个，西部城市有 7 个。此外，2006～2016 年，创新型人才密度年均增长率西部地区高达 3.34%，高于东部地区的 3.21%、中部地区的 2.38% 和东北地区的 2.00%。另外，创新型人才数量占全国的比例 2016 年西部地区也呈增长趋势，增长幅度仅次于东部地区；而中部和东北地区这一比例则呈下降趋势。

（7）我国创新型人才空间极化现象持续扩大。2006 年创新型人才密度极差为 2508，2016 年增大至 3114。城市与城市之间人才密度的差距也在拉大，如 2006 年第一名深圳和第二名北京差距为 624，北京与第三名海口的差距为 922。2016 年北京与第二名深圳的差距为 213，而深圳与第三名克拉玛依的差距则为 1381。此外，2006 年创新型人才密度排名前 20 的城市人才密度差距的平均值为 109，而

2016 年则增加至 125。这表明创新型人才空间极化现象一直存在，且呈现逐步扩大的态势，创新型人才在省会城市和直辖市局部集聚的态势越来越明显。

第二节　中国各职业类别创新型人才空间分布格局

一、信息传输、计算机服务和软件业人才空间分布格局

从人才总量来看，2006 年，我国共有 1311400 位信息传输、计算机服务和软件业人才。其中，东部地区的信息传输、计算机服务和软件业人才数量居全国四大区域之首，2006 年占全国的比例为 55.24%。中部、西部和东北地区信息传输、计算机服务和软件业人才数量占全国的比例分别为 18.69%、16.76% 和 9.31%。2016 年，全国信息传输、计算机服务和软件业人才总量增加至 3721466 人，是 2006 年人才总量的 2.84 倍。其中，东部和西部信息传输、计算机服务和软件业人才数量占全国的比例分别上涨到 61.14% 和 19.03%，而中部和东北地区这一比例则分别降至 12.95% 和 6.88%。

从人才密度来看，2006 年，我国信息传输、计算机服务和软件业人才密度排名全国前 20 的城市分别为北京、深圳、海口、珠海、广州、杭州、武汉、新余、上海、呼和浩特、昆明、乌鲁木齐、厦门、西宁、太原、佛山、天津、长春、大连和兰州，其中共有 10 个东部城市，5 个西部城市，3 个中部城市和 2 个东北城市。2016 年，我国信息传输、计算机服务和软件业人才密度排名全国前 20 的城市分别为北京、深圳、成都、南京、珠海、上海、杭州、广州、济南、厦门、舟山、大连、西安、海口、苏州、东莞、无锡、南昌、合肥和太原，其中共有 14 个东部城市，2 个西部和 3 个中部城市，而东北城市仅有 1 个（见表 3 - 2）。

表 3 - 2　2006 年、2011 年和 2016 年信息传输、计算机服务和软件业人才密度排名前 20 名的城市

2006 年		2011 年		2016 年	
城市	人才密度（人/万人）	城市	人才密度（人/万人）	城市	人才密度（人/万人）
北京	178	北京	384	北京	508
深圳	178	深圳	195	深圳	479
海口	115	白山	112	成都	224

续表

2006 年		2011 年		2016 年	
城市	人才密度 （人/万人）	城市	人才密度 （人/万人）	城市	人才密度 （人/万人）
珠海	66	珠海	108	南京	213
广州	62	杭州	106	珠海	200
杭州	43	广州	76	上海	185
武汉	41	西安	65	杭州	175
新余	36	上海	58	广州	150
上海	32	大连	51	济南	126
呼和浩特	30	南京	49	厦门	123
昆明	29	海口	47	舟山	112
乌鲁木齐	29	厦门	45	大连	107
厦门	28	太原	40	西安	102
西宁	27	呼和浩特	40	海口	84
太原	27	济南	37	苏州	57
佛山	25	克拉玛依	37	东莞	57
天津	24	乌鲁木齐	34	无锡	55
长春	23	中山	32	南昌	53
大连	23	东营	30	合肥	51
兰州	22	昆明	30	太原	50

具体来看，2006 年、2011 年和 2016 年信息传输、计算机服务和软件业人才总体分布格局呈现以下特征：

（1）2006 年、2011 年和 2016 年我国信息传输、计算机服务和软件业人才分布均呈现"片状"特征，人才密度在 14 人/万人以上的城市主要分布在"胡焕庸线"以东的地区，呈现从东向西递减的态势。人才密度在 36 人/万人以上的城市主要以省会城市和直辖市为主，"零星点状"地散落在我国东、中、西和东北地区。而人才密度在 14～36 人/万人的城市则集聚在这些省会城市和直辖市周围，形成中心—外围的空间分布格局。

（2）2006 年和 2011 年，我国信息传输、计算机服务和软件业人才主要集聚在京津地区的北京、长三角的上海和杭州，以及珠三角地区的深圳和广州。2016年我国信息传输、计算机服务和软件业人才集聚区逐步扩散至各省会城市和直辖市。其中北京和深圳是我国信息传输、计算机服务和软件业人才密度最大的两座城市，2006 年、2011 年和 2016 年人才密度全国排名始终稳居前两名，遥遥领先我国其他城市。杭州、上海等城市虽然也在大力发展现代信息技术等新兴产业，但是信息传输、计算机服务和软件业人才的数量和密度，相比北京和深圳还有较大差距。

（3）东部地区是我国信息传输、计算机服务和软件业人才的主要集聚区，人才密度排名前 20 的城市中，2006 年东部占 10 席，2011 年东部占 12 席，2016 年更是增加到 14 席。此外，信息传输、计算机服务和软件业人才密度超过 36 人/万人的城市中，2006 年东部城市占比 86%，2016 年这一比例虽有下降，但占比仍为 50%，远高于中部、西部和东北城市占比。

（4）西部地区是我国信息传输、计算机服务和软件业人才薄弱区，人才密度排名前 20 的城市，西部城市从 2006 年的 5 个减少到 2016 年的 2 个。而人才密度排名靠后的城市，西部城市则占据多数。

（5）东北地区的信息传输、计算机服务和软件业人才总体增长最为缓慢。2006～2016 年，东北地区信息传输、计算机服务和软件业人才密度年均增长率仅为 9.07%，低于东部地区的 10.55%，中部地区的 10.39% 和西部地区的 12.72%。此外，东北地区的沈阳、长春、大连等城市的信息传输、计算机服务和软件业人才密度增长速度相较中西部城市还有较大差距。如沈阳的信息传输、计算机服务和软件业人才密度年均增长率仅为 7.28%，长春的信息传输、计算机服务和软件业人才密度年均增长率仅为 8.88%，而大连的信息传输、计算机服务和软件业人才密度年均增长率也仅为 18.38%，远低于成都的 82.41%、西安的 28.57% 以及郑州的 20.37%。

（6）我国信息传输、计算机服务和软件业人才呈现向西部地区流动的趋势。2006～2016 年，人才密度增长速度排名前 20 的城市分别为成都、陇南、上海、舟山、广元、南京、攀枝花、泰安、连云港、景德镇、白银、周口、十堰、六安、防城港、济南、重庆、贵阳、西安、丽江，其中西部城市有 10 个，东部城市仅有 6 个。此外，2006～2016 年，信息传输、计算机服务和软件业人才密度年均增长率，西部地区高达 12.72%，远高于其他三大区域。另外，信息传输、计算机服务和软件业人才数量占全国的比例，西部地区也增长较快，从 2006 年的 16.76% 增长到 2016 年的 19.03%，而中部和东北地区这一比例则呈下降态势。

（7）我国信息传输、计算机服务和软件业人才空间极化现象持续扩大。2006 年信息传输、计算机服务和软件业人才密度极差为 178，2016 年增大至 505。城市与城市之间人才密度的差距也在不断拉大，如 2006 年第一名北京和第二名深圳差距为 0，但深圳与第三名海口的差距为 63，而 2016 年北京与第二名深圳的差距为 28，而深圳与第三名成都的差距为 256。此外，2006 年信息传输、计算机服务和软件业人才密度排名前 20 的城市人才密度差距的平均值为 9，而 2016 年则增加至 24。这表明信息传输、计算机服务和软件业人才空间极化现象一直存在，且呈现逐步扩大的态势，信息传输、计算机服务和软件业人才在省会城市和直辖市局部集聚的态势越来越明显。

二、金融业人才空间分布格局

2006 年，我国金融业人才总量为 3433800 人，其中东部、中部、西部和东北地区金融业人才数量占全国的比例分别为 49.00%、22.11%、18.15% 和 10.74%。2011 年，我国金融业人才增加至 4692600 人，其中全国四大区域除东部地区的金融业人才数量占全国的比例有所上升外（增长至 52.55%），中部、西部和东北地区均有所下降，分别跌至 20.69%、17.31% 和 9.45%。2016 年，我国金融业人才总量增加至 6312358 人。与 2006 年相比，全国四大区域仅有东部地区的金融业人才呈增长态势，占全国的比例增至 53.60%，中部、西部和东北地区金融业人才数量占全国的比例均有所下降，分别降至 19.69%、17.70% 和 9.01%。

从人才密度来看，2006 年，我国金融业人才密度排名全国前 20 的城市分别为深圳、北京、上海、东莞、银川、珠海、佛山、呼和浩特、广州、中山、大连、厦门、杭州、乌鲁木齐、乌海、克拉玛依、包头、嘉峪关、济南和太原，其中共有 11 个东部城市，7 个西部城市，1 个中部城市和 1 个东北城市。2016 年，我国金融业人才密度排名全国前 20 的城市分别为北京、深圳、上海、三亚、海口、杭州、厦门、珠海、天津、银川、济南、东莞、宁波、广州、大连、郑州、克拉玛依、西安、大庆和晋中，其中共有 13 个东部城市、3 个西部城市、2 个中部城市和 2 个东北城市（见表 3-3）。

表 3-3　2006 年、2011 年和 2016 年金融业人才密度排名前 20 名的城市

2006 年		2011 年		2016 年	
城市	人才密度（人/万人）	城市	人才密度（人/万人）	城市	人才密度（人/万人）
深圳	289	深圳	477	北京	377
北京	154	北京	257	深圳	273
上海	125	上海	196	上海	245
东莞	112	东莞	152	三亚	177
银川	111	珠海	132	海口	170

2006 年		2011 年		2016 年	
城市	人才密度（人/万人）	城市	人才密度（人/万人）	城市	人才密度（人/万人）
珠海	96	杭州	115	杭州	163
佛山	92	广州	114	厦门	159
呼和浩特	84	银川	109	珠海	155
广州	83	宁波	105	天津	153
中山	75	乌鲁木齐	100	银川	151
大连	72	济南	97	济南	151
厦门	70	中山	92	东莞	145
杭州	69	大连	92	宁波	137
乌鲁木齐	69	包头	89	广州	135
乌海	69	厦门	87	大连	117
克拉玛依	65	呼和浩特	85	郑州	110
包头	64	海口	83	克拉玛依	109
嘉峪关	62	佛山	81	西安	109
济南	61	长沙	79	大庆	107
太原	61	天津	77	晋中	100

具体来看，2006 年、2011 年和 2016 年我国金融业人才总体分布格局呈现以下特征：

（1）2006 年、2011 年和 2016 年我国金融业人才分布呈现中心—外围的空间格局。2006 年和 2011 年金融业人才全国中心为京津地区、长三角地区和珠三角地区。2016 年金融业人才在每个区域又会形成区域中心，主要以省会城市和直辖市为主。如哈长地区以长春为中心，呼包鄂地区以呼和浩特为中心，成渝地区以成都为中心，山陕地区以太原和西安为中心，当然还有酒嘉玉地区以嘉峪关为中心等。这些中心不断向外围扩散，最终形成中心—外围的金融业人才分布格局，其中中心城市的金融业人才密度明显高于外围城市。

（2）北京、深圳和上海是我国金融业人才密度最大的三座城市，2006 年、2011 年和 2016 年，人才密度全国排名始终稳居前三名，遥遥领先我国其他城市。杭州虽然也在大力发展金融业，但是与北京、深圳和上海还有一定的差距。

（3）东部地区仍然是我国金融业人才主要集聚区，人才密度排名前 20 的城市中，2006 年东部占 11 席，2011 年东部占 14 席，2016 年增加到 13 席。此外，金融业人才密度超过 65 人/万人的城市中，2006 年东部城市占比 66%，2016 年这一比例虽有所下降，但占比仍为 53%，始终高于中部、西部和东北城市占比。

（4）中西部地区则是我国金融业人才薄弱区，人才密度排名前 20 的城市，中西部城市从 2006 年的 8 个减少到 2016 年的 5 个，且金融业人才密度排名偏后的城市，中西部城市也占据多数。

（5）我国东北地区的金融业人才密度总体增长最为缓慢，年均增长率仅为 4.14%，低于东部的 5.90%、西部地区的 4.70% 和中部地区的 4.47%。此外，东北地区的主要城市沈阳、长春、哈尔滨等城市的金融业人才密度，在伴随着常住人口过慢增长甚至负增长的同时也呈现出不同程度的缓慢增长。2006～2016 年，沈阳的金融业人才密度年均增长率仅为 3.76%，长春的金融业人才密度年均增长率仅为 5.83%，而哈尔滨的金融业人才密度年均增长率也仅为 8.57%。在金融业人才密度的增长速度上，东北地区的主要城市相比东部、西部和中部城市，如北京（9.49%）、天津（11.43%）、成都（9.85%）、西安（9.21%）、郑州（11.19%）、武汉（9.15%）等城市，还有较大差距。

（6）我国金融业人才仍呈现向东部地区集聚的趋势。2006～2016 年，金融业人才密度增长速度排名前 20 的城市分别为三亚、海口、承德、阜阳、六安、贺州、南充、固原、定西、天津、郑州、嘉峪关、河源、大庆、重庆、泰安、惠州、岳阳、宜春和聊城，其中东部城市有 8 个，西部城市有 6 个，中部城市有 5 个，东北城市仅有 1 个。此外，2006～2016 年，金融业人才密度年均增长率，东部地区高达 5.90%，远高于其他三大区域。另外，金融业人才数量占全国的比例，东部地区保持高速增长状态，从 2006 年的 49.00% 增长到 2016 年的 53.60%，而中部、西部和东北地区这一比例则在 2006～2016 年呈下降态势。

（7）我国金融业人才空间极化现象持续扩大。2006 年金融业人才密度极差为 284，2016 年增加至 371。城市与城市之间人才密度的差距也在逐渐增加，2006 年金融业人才密度排名前 20 的城市人才密度差距的平均值为 11.96，而 2016 年则增加至 14.58。这表明我国金融业人才空间极化现象一直存在，且呈现逐步扩大的态势，金融业人才在省会城市和直辖市等中心城市局部集聚的态势越来越明显。

三、科学研究、技术服务和地质勘查业人才空间分布格局

2006 年，我国共有 2198900 位科学研究、技术服务和地质勘查业人才。其中，东部、中部、西部和东北地区科学研究、技术服务和地质勘查业人才数占全国的比例分别为 47.10%、19.11%、22.87% 和 10.92%。2011 年，全国科学研究、技术服务和地质勘查业人才总量为 2408600 人，其中，东部、中部、西部和

东北地区科学研究、技术服务和地质勘查业人才数量占全国的比例分别为
50.30%、17.52%、21.22%、10.95%，相比 2006 年，除东部和东北地区有所
增长外，中部和西部地区均有所下降。2016 年，全国科学研究、技术服务和地
质勘查业人才总量增加至 4082824 人，是 2006 年的 1.86 倍。其中，东部和西部
地区科学研究、技术服务和地质勘查业人才数量占全国的比例增长至 53.85% 和
21.85%，而中部和东北地区这一比例则跌至 16.84% 和 7.46%。

从人才密度来看，2006 年，我国科学研究、技术服务和地质勘查业人才密度
排名全国前 20 的城市分别为北京、深圳、大庆、西安、上海、广州、杭州、成都、
南京、兰州、天津、太原、珠海、乌鲁木齐、武汉、昆明、厦门、海口、呼和浩
特、西宁，其中共有 10 个东部城市，7 个西部城市，2 个中部城市和 1 个东北城
市。2016 年，我国科学研究、技术服务和地质勘查业人才密度排名全国前 20 的城
市分别为北京、深圳、大庆、西安、上海、广州、杭州、成都、南京、兰州、天
津、太原、珠海、乌鲁木齐、武汉、昆明、厦门、海口、呼和浩特和西宁，其中共
有 10 个东部城市、7 个西部城市、2 个中部城市和 1 个东北城市（见表 3 - 4）。

表 3 - 4　2006 年、2011 年和 2016 年科学研究、技术服务和
地质勘查业人才密度排名前 20 名的城市

2006 年		2011 年		2016 年	
城市	人才密度（人/万人）	城市	人才密度（人/万人）	城市	人才密度（人/万人）
北京	506	北京	396	北京	506
深圳	243	深圳	206	深圳	243
大庆	165	大庆	179	大庆	165
西安	161	杭州	133	西安	161
上海	160	西安	131	上海	160
广州	158	广州	97	广州	158
杭州	156	上海	87	杭州	156
成都	124	太原	86	成都	124
南京	124	兰州	80	南京	124
兰州	117	乌鲁木齐	78	兰州	117
天津	110	西宁	75	天津	110
太原	107	沈阳	74	太原	107
珠海	102	南京	73	珠海	102
乌鲁木齐	99	武汉	71	乌鲁木齐	99

续表

2006 年		2011 年		2016 年	
城市	人才密度（人/万人）	城市	人才密度（人/万人）	城市	人才密度（人/万人）
武汉	97	东营	69	武汉	97
昆明	94	成都	65	昆明	94
厦门	91	银川	63	厦门	91
海口	90	昆明	62	海口	90
呼和浩特	88	长沙	62	呼和浩特	88
西宁	77	呼和浩特	61	西宁	77

具体来看，2006 年、2011 年和 2016 年我国科学研究、技术服务和地质勘查业人才总体分布格局呈现以下特征：

（1）2006 年我国科学研究、技术服务和地质勘查业人才分布呈现"零星点状"分布的不均衡特征，2011 年和 2016 年，科学研究、技术服务和地质勘查业人才空间布局不均衡特征相比 2006 年有所改善，呈现出"片状"分布特征，但科学研究、技术服务和地质勘查业人才密度在 75 人/万人以上的城市仍呈零星点状分布在各省会城市和直辖市。

（2）我国科学研究、技术服务和地质勘查业人才主要集聚在京津地区、长三角、珠三角地区，以及中西部地区省会城市。其中，北京和深圳是我国科学研究、技术服务和地质勘查业人才密度最大的两座城市，2006 年、2011 年和 2016 年人才密度全国排名始终稳居前两名，遥遥领先我国其他城市。北京和深圳是我国名副其实的科研人才高地，也是我国创新资源最集中的城市[332]。然而，近年来，大庆等东北城市，成都等西部城市也在加大生物医药、科技研发等的投入力度，大庆的科学研究、技术服务和地质勘查业人才密度全国排名从 2006 年的第18 名飙升至 2016 年的第 3 名，仅次于深圳。成都人才密度排名也从 2006 年的全国第 16 名跃升至 2016 年的全国第 8 名，与深圳和北京的差距逐渐减小。

（3）东部地区仍然是我国科学研究、技术服务和地质勘查业人才的主要集聚区，人才密度排名前 20 的城市中，2006 年东部占 8 席，2011 年东部占 7 席，2016 年增加到 10 席。此外，科学研究、技术服务和地质勘查业人才密度超过 75 人/万人的城市中，2006 年东部城市占比 50%，2016 年这一比例仍维持在 50%，始终高于中部、西部和东北城市占比。

（4）中部地区则是我国科学研究、技术服务和地质勘查业人才薄弱区，人才密度排名前20的城市，中部城市从2006年的3个减少到2016年的2个。人才密度排名偏后的城市，中部城市则占据多数。

（5）东北地区的科学研究、技术服务和地质勘查业人才总体增长最为缓慢，且主要城市人才外流较为严重。2006～2016年，东北地区的科学研究、技术服务和地质勘查业人才密度年均增长率仅为3.82%，远低于东部地区的8.75%、中部地区的6.82%以及西部地区的6.92%。此外，东北地区除大庆的科学研究、技术服务和地质勘查业人才密度增长较快之外，哈尔滨、沈阳、大连等城市的人才密度均呈下降趋势。如哈尔滨的科学研究、技术服务和地质勘查业人才密度2006年为36人/万人，2011年增加到46人/万人，而2016年下降到43人/万人。哈尔滨人才密度的排名也从2006年的第28名降到2016年的第39名；沈阳的科学研究、技术服务和地质勘查业人才密度2006年为53人/万人，2011年增加到74人/万人，2016年则下降到70人/万人，人才密度的排名也从2006年的第17名降到2016年的第23名。

（6）我国科学研究、技术服务和地质勘查业人才仍呈现向东部地区集聚的趋势。2006～2016年，科学研究、技术服务和地质勘查业人才密度增长速度排名前20的城市分别为六安、沧州、东莞、乌鲁木齐、中卫、威海、德州、白城、宣城、南通、岳阳、资阳、常德、大庆、苏州、金昌、东营、嘉峪关、宜昌和扬州，其中东部城市有8个，西部和中部城市分别有5个，东北城市仅有2个。此外，2006～2016年，科学研究、技术服务和地质勘查业人才密度年均增长率，东部地区高达8.75%，远高于其他三大区域。另外，科学研究、技术服务和地质勘查业人才数量占全国的比例，东部地区保持高速增长状态，从2006年的47.10%增长到2016年的53.85%，而中部、西部和东北地区这一比例则在2006～2016年呈下降态势。

（7）我国科学研究、技术服务和地质勘查业人才空间极化现象持续扩大。2006年科学研究、技术服务和地质勘查业人才密度极差为279.52，2016年增大至504。城市与城市之间人才密度的差距也在拉大，如2006年北京和深圳的差距为114，而2016年北京与深圳的差距为263，深圳与第三名大庆的差距为77。这表明我国科学研究、技术服务和地质勘查业人才空间极化现象一直存在，且呈现逐步扩大的态势，科学研究、技术服务和地质勘查业人才在省会城市和直辖市局部集聚的态势明显。

四、文化、体育、娱乐业人才空间分布格局

我国文化、体育、娱乐业人才总量为1156300人，其中东部、中部、西部和东北地区文化、体育、娱乐业人才占全国的比例分别为46.27%、22.91%、

19.57%和11.25%。2011年，我国文化、体育、娱乐业人才总量增至1274000人，与2006年相比，增幅为10.1%。其中东部、中部和西部文化、体育、娱乐业人才数占全国的比例增长到47.61%、23.18%和19.61%，而东北地区这一比例却有所下降，且降至9.60%。2016年，全国文化、体育、娱乐业的人才数量增加至1519273人。其中中部和西部文化、体育、娱乐业人才数量占全国的比例相比2011年均有所上升，分别增长为23.26%和22.43%，而东部和东北地区这一比例则分别下跌至46.68%和7.63%。

从人才密度来看，2006年，我国文化、体育、娱乐业人才密度排名全国前20的城市分别为北京、深圳、海口、广州、珠海、呼和浩特、乌鲁木齐、太原、上海、郑州、厦门、长沙、银川、兰州、三亚、贵阳、石嘴山、南昌、杭州和武汉，其中共有9个东部城市，6个西部城市，5个中部城市。2016年，我国文化、体育、娱乐业人才密度排名全国前20的城市分别为北京、深圳、成都、舟山、海口、广州、乌鲁木齐、呼和浩特、厦门、太原、上海、南京、南昌、银川、东莞、杭州、武汉、三亚、长沙和兰州，其中共有11个东部城市、5个西部城市、4个中部城市（见表3-5）。

表3-5　2006年、2011年和2016年文化、体育、娱乐业人才密度排名前20名的城市

2006年		2011年		2016年	
城市	人才密度 （人/万人）	城市	人才密度 （人/万人）	城市	人才密度 （人/万人）
北京	115	北京	129	北京	137
深圳	78	深圳	61	深圳	75
海口	62	海口	50	成都	61
广州	46	乌鲁木齐	47	舟山	58
珠海	45	广州	43	海口	46
呼和浩特	43	珠海	42	广州	46
乌鲁木齐	41	太原	39	乌鲁木齐	44
太原	38	呼和浩特	38	呼和浩特	44
上海	33	长沙	37	厦门	42
郑州	33	上海	36	太原	42
厦门	32	西安	33	上海	42
长沙	30	宣城	32	南京	40
银川	30	兰州	31	南昌	39
兰州	28	嘉峪关	31	银川	34

续表

2006 年		2011 年		2016 年	
城市	人才密度 （人/万人）	城市	人才密度 （人/万人）	城市	人才密度 （人/万人）
三亚	27	厦门	31	东莞	33
贵阳	26	银川	30	杭州	33
石嘴山	25	杭州	30	武汉	33
南昌	25	昆明	28	三亚	32
杭州	24	三亚	28	长沙	31
武汉	24	济南	27	兰州	30

具体来看，2006 年、2011 年和 2016 年我国文化、体育、娱乐业人才总体分布格局呈现以下特征：

（1）2006 年、2011 年和 2016 年我国文化、体育、娱乐业人才分布总体呈现小集聚、大分散的空间格局。文化、体育、娱乐业人才全国中心为京津地区和珠三角地区。在每个区域又会形成文化、体育、娱乐业的区域中心，主要以省会城市和直辖市为主。如京津冀地区以北京为中心，长三角地区以上海、杭州为中心，珠三角地区以深圳、广州为中心，哈长地区以长春为中心，呼包鄂地区以呼和浩特为中心，成渝地区以成都为中心，当然还有酒嘉玉地区以嘉峪关为中心。这些中心向外围扩散，又在周边形成与中心城市相比人才密度较小的集聚区。

（2）2006 年、2011 年和 2016 年，文化、体育、娱乐业人才主要集聚在我国各省会城市及直辖市。其中，北京和深圳是我国文化、体育、娱乐业人才密度最大的两座城市，2006 年、2011 年和 2016 年人才密度全国排名始终稳居前两名，遥遥领先我国其他城市。然而，近年来，成都、克拉玛依、鄂尔多斯、乌鲁木齐等西部城市也在加大文化创意产业的发展，尤其是成都，2016 年其文化、体育、娱乐业人才总量已超越深圳，仅次于北京。人才密度全国排名也从 2006 年的第 45 名飙升至 2016 年的第 3 名，仅次于深圳。

（3）东部地区仍然是我国文化、体育、娱乐业人才主要集聚区，人才密度排名前 20 的城市中，2006 年东部占 9 席，2011 年东部占 11 席，2016 年占到 10 席。此外，文化、体育、娱乐业人才密度超过 19 人/万人的城市中，2006 年东部城市占比 41%，2016 年这一比例虽有下降，但占比仍为 37%，远高于中部、西部和东北城市占比。

（4）中西部地区则是我国文化、体育、娱乐业人才薄弱区，人才密度排名前20的城市，中西部城市从2006年的11个减少到2016年的9个，且文化、体育、娱乐业人才密度排名靠后的城市，中西部城市也占据多数。

（5）东北地区的文化、体育、娱乐业人才总体增长最为缓慢，且主要城市人才外流较为严重。2006～2016年，东北地区的文化、体育、娱乐业人才密度增长率仅为0.75%，远低于东部地区的3.28%、中部地区的5.35%，以及西部地区的4.09%。此外，东北地区的哈尔滨、沈阳、长春等主要城市的文化、体育、娱乐业人才密度均呈下降趋势。如哈尔滨文化、体育、娱乐业人才密度2006年为16人/万人，2011年增加到18人/万人，而2016年下降到17人/万人。哈尔滨人才密度的排名也从2006年的第39名降到2016年的第47名；沈阳文化、体育、娱乐业人才密度2006年为22人/万人，2011年增加到24人/万人，2016年则下降到21人/万人，人才密度的排名也从2006年的第27名降到2016年的第37名；长春文化、体育、娱乐业人才密度2006年为23人/万人，2011年下降到22人/万人，而2016年又下降至21人/万人。长春文化、体育、娱乐业人才密度的排名也从2006年的第22名降到2016年的第38名。

（6）我国文化、体育、娱乐业人才呈现向中西部地区流动的趋势。2006～2016年，文化、体育、娱乐业人才密度增长速度排名前20的城市分别为宿州、宣城、湘潭、克拉玛依、东莞、成都、嘉峪关、张家界、巴中、舟山、武威、连云港、淄博、中卫、陇南、株洲、黄石、岳阳、白山和丽江。其中，西部城市占8席，中部城市占7席，东部城市仅占4席。此外，2006～2016年，文化、体育、娱乐业人才密度年均增长率，中部地区和西部地区分别高达5.35%和4.09%，远高于东部和东北地区。文化、体育、娱乐业人才数量占全国的比例，中部和西部地区分别从2006年的22.91%和19.57%稳步增长至2016年的23.26%和22.43%，而东北地区这一比例则从2006年的11.25%持续下跌至2016年的7.63%。东部地区的这一比例在2011～2016年也呈下降趋势。

（7）我国文化、体育、娱乐业人才空间极化现象持续扩大。2006年文化、体育、娱乐业人才密度极差为113，2016年增加至136。城市与城市之间人才密度的差距也在逐渐增加，如2006年北京和深圳的差距为37，而2016年北京与深圳的差距则增加至62。2006年文化、体育、娱乐业人才密度排名前20的城市人才密度差距的平均值为4.54，而2016年则增加至5.64。这表明我国文化、体育、娱乐业人才空间极化现象一直存在，且呈现逐步扩大的态势，文化、体育、娱乐业人才在省会城市和直辖市等中心城市局部集聚的态势越来越明显。

五、教育业人才空间分布格局

2006年，我国教育业人才总量为13550700人，其中东部、中部、西部和东北地区教育业人才总量占全国的比例分别为 40.41%、27.36%、23.10% 和 9.12%。2011 年，我国教育业人才总量增加到 14599200 人，与 2006 年相比，我国东部、中部、西部和东北地区教育业人才数量占全国的比例变化幅度较小。2016 年，我国教育业人才总量增加到 15594949 人。这一时期相比 2006 年和 2011 年，东部和西部地区教育业人才总量占全国的比例增长至 41.27% 和 24.14%，而中部和东北地区这一比例则有所下降，分别降至 26.70% 和 7.89%。

从人才密度来看，2006 年，我国教育业人才密度排名全国前 20 的城市分别为北京、深圳、呼和浩特、广州、太原、乌鲁木齐、武汉、珠海、上海、南京、克拉玛依、西安、天津、海口、厦门、白城、兰州、长春、延安和银川，其中共有 9 个东部城市，7 个西部城市，2 个中部城市和 2 个东北城市。2016 年，我国教育业人才密度排名全国前 20 的城市分别为北京、海口、广州、厦门、珠海、深圳、杭州、克拉玛依、南京、太原、武汉、昆明、呼和浩特、兰州、西安、佛山、上海、乌鲁木齐、嘉峪关和东莞，其中共有 11 个东部城市，7 个西部城市、2 个中部城市（见表 3-6）。

表 3-6 2006 年、2011 年和 2016 年教育业人才密度排名前 20 名的城市

2006 年		2011 年		2016 年	
城市	人才密度 （人/万人）	城市	人才密度 （人/万人）	城市	人才密度 （人/万人）
北京	315	北京	333	北京	357
深圳	280	深圳	333	海口	283
呼和浩特	211	海口	274	广州	278
广州	209	广州	241	厦门	274
太原	205	杭州	219	珠海	259
乌鲁木齐	203	珠海	213	深圳	258
武汉	195	西安	213	杭州	246
珠海	193	佛山	211	克拉玛依	239
上海	188	厦门	210	南京	224
南京	183	太原	209	太原	218
克拉玛依	179	呼和浩特	204	武汉	217
西安	178	武汉	200	昆明	213
天津	177	上海	195	呼和浩特	213
海口	175	乌鲁木齐	194	兰州	213
厦门	174	克拉玛依	193	西安	210

续表

2006 年		2011 年		2016 年	
城市	人才密度 （人/万人）	城市	人才密度 （人/万人）	城市	人才密度 （人/万人）
白城	170	南京	188	佛山	206
兰州	169	兰州	187	上海	205
长春	169	昆明	174	乌鲁木齐	203
延安	167	长沙	173	嘉峪关	190
银川	166	济南	173	东莞	188

具体来看，2006 年、2011 年和 2016 年我国教育业人才总体分布格局呈现以下特征：

（1）2006 年、2011 年和 2016 年我国教育业人才分布均呈现"片状"分布的不均衡特征，2016 年，教育业人才空间布局不均衡特征相比 2006 年和 2011 年有所改善，但教育业人才密度在 170 人/万人以上的城市"零星点状"分布在我国各省的省会城市和直辖市，而教育业人才密度在 125 人/万人和 97 人/万人的城市则呈片状地集聚在这些省会城市和直辖市周边，形成明显的中心—外围模式。

（2）2006 年、2011 年和 2016 年，我国教育业人才主要集聚在京津地区（北京、天津）、长三角地区（上海、杭州、南京等）、珠三角地区（深圳、珠海、广州等），以及呼包鄂地区（呼和浩特、包头、鄂尔多斯）、酒嘉玉地区（如酒泉、嘉峪关），哈长地区（哈尔滨、长春），成渝地区（重庆、成都）和滇中地区（昆明、玉溪等）。其中，北京是我国教育业人才密度最大的城市，2006 年、2011 年和 2016 年人才密度全国排名始终稳居第一，遥遥领先我国其他城市。虽然上海和深圳也确立了打造人才高地的战略目标，但是教育业人才密度与北京还有较大差距。

（3）教育业人才重心在我国北方。2016 年北方教育业人才密度在 125 人/万人以上的城市有 63 个，如内蒙古（呼和浩特、鄂尔多斯、包头、赤峰、通辽等）、山西（太原、长治等）、甘肃（酒泉、嘉峪关等）、陕西（西安、咸阳等）、黑龙江（哈尔滨等）、吉林（长春等）等，以及北京和天津等城市。南方教育业人才密度在 125 人/万人以上的城市仅有 37 个，基本上为福建、浙江、四川、云南、广东、广西等省份的省会城市。

（4）中部地区是我国教育业人才薄弱区，2006 年、2011 年和 2016 年人才密度排名前 20 的城市中中部城市仅占 2 席，而人才密度排名偏后的城市中中部城市则占据多数。

（5）我国东北地区的教育业人才总体增长最为缓慢，且主要城市人才外流较为严重。2006~2016 年，东北地区的教育业人才密度年均增长率仅为 0.27%，低于东部地区的 0.78%、中部地区的 1.56% 以及西部地区的 1.20%。此外，东北地区的哈尔滨、沈阳、长春等主要城市的人才密度均呈下降趋势。如哈尔滨教育业人才密度 2006 年为 146 人/万人，2011 年增加到 166 人/万人，而 2016 年下降到 151 人/万人。哈尔滨人才密度的排名也从 2006 年的第 34 名降到 2016 年的第 45 名；沈阳教育业人才密度 2006 年为 158 人/万人，2011 年增加到 172 人/万人，2016 年则下降到 168 人/万人，人才密度的排名也从 2006 年的第 25 名降到 2016 年的第 32 名；长春教育业人才密度 2006 年为 169 人/万人，2011 年下降到 166 人/万人，而 2016 年仍保持在 166 人/万人。长春教育业人才密度的排名则从 2006 年的第 18 名降到 2016 年的第 33 名。

（6）我国教育业人才空间极化现象有减小趋势。2006 年教育业人才密度极差为 299.15，2016 年减小至 291.75。城市与城市之间教育业人才密度的差距也在缩小，如 2006 年北京与深圳的差距为 34，深圳与第三名呼和浩特的差距为 70，而 2016 年北京与第二名海口的差距为 73，但海口和第三名广州的差距仅为 5.6，广州与第四名的差距仅为 3.9。这表明教育业人才空间极化现象呈现逐步减小的态势，教育业人才在省会城市和直辖市局部集聚的同时，也带动周边城市教育业人才密度的增加。

六、房地产业人才空间分布格局

2006 年，我国房地产业人才数量为 1503100 人。其中东部、中部、西部和东北地区房地产业人才数量占全国的比例分别为 59.86%、15.52%，14.68% 和 9.95%。2011 年，我国房地产业人才数量增加至 2408600 人。全国四大地区除中部和西部房地产业人才比例增长至 17.31% 和 15.10% 外，东部和东北地区人才数量占全国比例均有所下降，且分别降至 58.49% 和 9.09%。2016 年，全国的房地产业人才达到 4255266 人，是 2006 年的 2.83 倍。中部、西部房地产业人才数量占全国的比例分别增至 17.32% 和 20.24%，而东部地区和东北地区的房地产业人才数量占全国的比例却降至 56.83% 和 5.61%。

从人才密度来看，2006 年，我国房地产业人才密度排名全国前 20 的城市分别为深圳、北京、海口、厦门、珠海、广州、贵阳、上海、黑河、乌鲁木齐、长沙、大连、杭州、克拉玛依、武汉、济南、哈尔滨、银川、兰州和舟山，其中共有 10 个东部城市，5 个西部城市，2 个中部城市和 3 个东北城市。东北城市的人才密度排名主要集中在全国前 200 名以内。2016 年，我国房地产业人才密度排名全国前 20 的城市分别为深圳、北京、海口、珠海、克拉玛依、厦门、广州、三亚、上海、杭州、东莞、成都、中山、贵阳、舟山、佛山、西安、兰州、苏州和南京，其中共有 15 个东部城市和 5 个西部城市（见表 3 – 7）。

表 3 – 7　2006 年、2011 年和 2016 年房地产业人才密度排名前 20 名的城市

2006 年		2011 年		2016 年	
城市	人才密度 （人/万人）	城市	人才密度 （人/万人）	城市	人才密度 （人/万人）
深圳	544	深圳	486	深圳	530
北京	203	北京	275	北京	322
海口	170	厦门	173	海口	283
厦门	147	广州	157	珠海	269
珠海	125	珠海	147	克拉玛依	257
广州	79	海口	133	厦门	240
贵阳	65	上海	109	广州	222
上海	57	克拉玛依	106	三亚	215
黑河	40	杭州	95	上海	175
乌鲁木齐	39	三亚	79	杭州	149
长沙	39	贵阳	75	东莞	132
大连	37	长沙	64	成都	128
杭州	32	大连	61	中山	126
克拉玛依	31	西安	57	贵阳	119
武汉	31	昆明	50	舟山	95
济南	30	沈阳	45	佛山	94
哈尔滨	30	济南	45	西安	89
银川	29	乌鲁木齐	44	兰州	89
兰州	28	嘉兴	43	苏州	83
舟山	28	本溪	43	南京	82

具体来看，2006 年、2011 年和 2016 年我国房地产业人才总体分布格局呈现以下特征：

（1）2006 年和 2011 年我国房地产业人才分布均呈现"零星点状"分布的不均衡特征，2016 年，我国的房地产业人才空间布局不均衡特征相比 2006 年和 2011 年有所改善，呈现出"片状"分布特征，但房地产业人才密度在 79 人/万人以上的城市仍主要集中在各省会城市和直辖市，而房地产业人才密度在 20 ~ 79

人/万人的城市则集聚在其周边地区，形成明显的中心—外围模式。

（2）2006年我国房地产业人才主要集聚在北京、深圳、上海、广州等一线城市。2011年和2016年，我国房地产业人才集聚区逐步扩散至各大省会城市和直辖市。其中深圳和北京是我国房地产业人才密度最大的两座城市，2006年、2011年和2016年人才密度全国排名始终稳居前两名，遥遥领先我国其他城市。然而，近年来，克拉玛依、成都等西部城市也加大房地产业的发展力度，克拉玛依房地产业人才密度全国排名从2006年的第14名跃升至2016年的第5名，而成都也从2006年的全国第43名飙升至2016年的第12名，两座城市与北京和深圳的差距逐渐缩小。

（3）东部地区是我国房地产业人才的主要集聚区，人才密度排名前20的城市中，2006年东部占10席，2011年占11席，2016年更是增加到15席。此外，房地产业人才密度超过79人/万人的城市中，2006年东部城市占比100%，2016年这一比例虽有所下降，但仍高达71%，远高于中西部和东北城市。

（4）中西部地区是我国房地产业人才薄弱区，人才密度排名前20的城市中中西部城市从2006年的7个减少到2016年的6个。而人才密度排名靠后的城市，中西部城市则占据多数。

（5）东北地区的房地产业人才总体增长最为缓慢，且主要城市房地产业人才密度占全国排名均呈下降趋势。2006~2016年，东北地区房地产业人才密度年均增长率仅为10.41%，远低于东部地区的21.63%、中部地区的18.27%以及西部地区的28.04%。此外，房地产业人才密度排名前20的城市中，2006年东北占3席，2011年东北占2席，2016年东北无一席。东北地区的主要城市大连、哈尔滨、沈阳等城市房地产业人才密度排名也均呈下降态势。如大连房地产业人才密度排名从2006年的第12名降到2016年的第28名；哈尔滨人才密度排名从2006年的第17名降到2016年的第60名；而沈阳人才密度排名也从2006年的第32名降到2016年的第59名。

（6）我国房地产业人才呈现向西部地区流动的趋势。2006~2016年，房地产业人才密度增长速度排名前20的城市分别为东莞、鄂尔多斯、定西、莱芜、武威、陇南、玉溪、朔州、萍乡、庆阳、嘉峪关、宣城、新余、临沧、曲靖、资阳、商丘、德阳、苏州和宿州。其中西部城市有12个，东部城市仅有3个。此外，2006~2016年，房地产业人才密度年均增长率西部地区高达28.04%，远高于其他三大区域。另外，房地产业人才数量占全国的比例西部地区也增长较快，从2006年的14.68%增长到2016年的20.04%，而东部和东北地区这一比例则呈下降态势。

（7）我国房地产业人才空间极化现象有减小趋势。2006年房地产业人才密度极差为 543.78，2016 年减小至 528.65。城市与城市之间房地产业人才密度的差距也在缩小，如 2006 年深圳与北京的差距为 340.88，而 2016 年深圳与北京的差距为 208.37，而北京和海口的差距仅为 38.79。这表明房地产业人才空间极化现象呈现逐步减小的态势，房地产业人才在省会城市和直辖市局部集聚的同时，也带动周边城市房地产业人才密度的增加。

七、水利、环境和公共设施管理业人才空间分布格局

2006 年，我国水利、环境和公共设施管理业人才总量为 1700700 人，其中东部、中部、西部和东北地区水利、环境和公共设施管理业人才数量占全国的比例分别为 41.11%、24.15%、20.82%% 和 13.92%。2011 年，我国共有 2106500 位水利、环境和公共设施管理业人才。全国四大区域，除东部和中部地区水利、环境和公共设施管理业人才数量占全国的比例相比 2006 年分别下降了 0.46% 和 1.13% 外，西部和东北地区这一比例均有所增长，分别增长至 21.90% 和 14.43%。2016 年，我国水利、环境和公共设施管理业人才总量增长到 2486491 人。然而相比 2011 年，全国四大区域，除东部和西部地区的水利、环境和公共设施管理业人才占全国的比例呈增长态势，并增长至 41.30% 和 23.91% 外，中部和东北地区均呈下降态势，并下跌至 22.56% 和 12.23%。

从人才密度来看，2006 年，我国水利、环境和公共设施管理业人才密度排名全国前 20 的城市分别为深圳、三亚、珠海、北京、呼和浩特、乌海、鹤岗、厦门、银川、辽阳、嘉峪关、海口、上海、武汉、石嘴山、太原、天津、沈阳、鄂尔多斯和广州，其中共有 9 个东部城市，6 个西部城市，2 个中部城市和 3 个东北城市。2016 年，我国水利、环境和公共设施管理业人才密度排名全国前 20 的城市分别为三亚、嘉峪关、呼和浩特、珠海、北京、乌海、鄂尔多斯、盘锦、厦门、鸡西、海口、石嘴山、上海、舟山、广州、丽江、白城、太原、兰州和金昌，其中共有 8 个东部城市、8 个西部城市、1 个中部城市和 3 个东北城市（见表 3 - 8）。

表 3 - 8　2006 年、2011 年和 2016 年水利、环境和公共设施
管理业人才密度排名前 20 名的城市

2006 年		2011 年		2016 年	
城市	人才密度（人/万人）	城市	人才密度（人/万人）	城市	人才密度（人/万人）
深圳	87	三亚	88	三亚	125
三亚	72	珠海	85	嘉峪关	88

续表

2006 年		2011 年		2016 年	
城市	人才密度 （人/万人）	城市	人才密度 （人/万人）	城市	人才密度 （人/万人）
珠海	71	白城	75	呼和浩特	80
北京	64	北京	70	珠海	79
呼和浩特	62	呼和浩特	69	北京	76
乌海	60	盘锦	68	乌海	73
鹤岗	46	深圳	66	鄂尔多斯	71
厦门	44	鄂尔多斯	66	盘锦	67
银川	44	杭州	65	厦门	66
辽阳	41	嘉峪关	62	鸡西	64
嘉峪关	40	乌海	61	海口	62
海口	40	鹤岗	56	石嘴山	59
上海	39	沈阳	53	上海	59
武汉	38	本溪	47	舟山	59
石嘴山	38	太原	45	广州	59
太原	38	黑河	45	丽江	58
天津	38	银川	44	白城	54
沈阳	37	上海	44	太原	54
鄂尔多斯	36	佳木斯	44	兰州	54
广州	36	酒泉	43	金昌	53

具体来看，2006 年、2011 年和 2016 年我国水利、环境和公共设施管理业人才总体分布格局呈现以下特征：

（1）2006 年、2011 年和 2016 年，我国水利、环境和公共设施管理业人才分布均呈现"片状"分布的不均衡特征。2016 年，水利、环境和公共设施管理业人才空间布局不均衡特征相比 2006 年和 2011 年有所改善，但水利、环境和公共设施管理业人才密度在 27 人/万人以上的城市仍"零星点状"地分布在我国京津地区的北京、呼包鄂地区的鄂尔多斯和呼和浩特，酒嘉玉地区的酒泉和嘉峪关，辽中南地区的沈阳，长三角地区的上海和杭州，珠三角地区的深圳和广州，以及成渝地区的成都等区域中心城市，而水利、环境和公共设施管理业人才密度在 15 ~ 27 人/万人的城市则呈片状地集聚在这些区域中心城市周边，形成明显的中心—外围模式。

（2）2006 年、2011 年和 2016 年，三亚是我国水利、环境和公共设施管理业人才密度最大的城市，2011 年和 2016 年人才密度全国排名稳居第一名，遥遥领先我国其他城市。此外，嘉峪关、呼和浩特等西部城市水利、环境和公共设施管理业人才密度也持续保持良好增长态势，尤其是嘉峪关，水利、环境和公共设施管理业人才密度排名从 2006 年的第 11 名飙升至 2016 年的第 2 名。呼和浩特水利、环境和公共设施管理业人才密度排名也从 2006 年的第 5 名跃升至 2016 年的第 3 名。

（3）我国水利、环境和公共设施管理业人才集聚的重心在北方。2006 年北方水利、环境和公共设施管理业人才密度在 27 人/万人以上的城市有 26 个，而南方仅有 10 个；2016 年北方水利、环境和公共设施管理业人才密度在 27 人/万人以上的城市有 50 个，而南方仅有 21 个。

（4）研究区域内，西部地区是我国水利、环境和公共设施管理业较高人才密度城市的主要分布区。水利、环境和公共设施管理业人才密度超过 27 人/万人的城市中，2006 年西部城市占比 39%，而东部城市占比 31%，东北地区城市占比 22%，中部城市占比 8%；2016 年西部城市占比虽下降至 29% 但仍高于东北地区城市 11%，以及中部地区城市 27% 的占比。此外，东部城市占比有小幅度的增长，2016 年上涨至 32%。

（5）中部地区则是我国水利、环境和公共设施管理业中低人才密度城市的主要分布区。人才密度排名前 20 的城市中，中部城市从 2006 年的 2 个减少到 2016 年的 1 个，此外，水利、环境和公共设施管理业人才密度大于 27 人/万人的城市中，2006 年中部城市占比 8%，2016 年这一比例虽上升至 27%，但仍低于东部和西部地区。

（6）东北地区的水利、环境和公共设施管理业人才密度总体增长最为缓慢，且主要城市人才流失较为严重。研究期内，东北地区水利、环境和公共设施管理业人才密度年均增长率仅为 3.89%，低于东部地区的 4.14%、中部地区的 4.26% 和西部地区的 6.74%。此外，东北地区的主要城市，如辽阳、沈阳、鹤岗等城市的水利、环境和公共设施管理业人才密度，也在伴随着常住人口过慢增长和负增长的同时呈现出先增长后下降的趋势。如辽阳的水利、环境和公共设施管理业人才密度 2006 年为 40.53 人/万人，2011 年增加到 40.57 人/万人，2016 年则下降到 36 人/万人，人才密度的排名也从 2006 年的第 10 名降到 2016 年的第 34 名；沈阳水利、环境和公共设施管理业人才密度 2006 年为 37 人/万人，2011 年增长到 53 人/万人，而 2016 年下降至 49 人/万人。沈阳水利、环境和公共设施管理业人才密度的排名也从 2006 年的第 18 名降到 2016 年的第 22 名；鹤岗水利、环境和公共设施管理业人才密度 2006 年为 46 人/万人，2011 年增长到 56 人/

万人，而 2016 年下降至 39 人/万人。鹤岗水利、环境和公共设施管理业人才密度的排名也从 2006 年的第 7 名降到 2016 年的第 29 名。

（7）我国水利、环境和公共设施管理业人才呈现向西部地区流动的趋势。2006～2016 年，水利、环境和公共设施管理业人才密度增长速度排名前 20 的城市分别为克拉玛依、嘉峪关、六盘水、东莞、广元、六安、宣城、潍坊、陇南、吕梁、金昌、宜昌、丽江、连云港、湘潭、忻州、鸡西、定西、巴中和池州。其中，西部城市占 9 席，中部城市占 7 席，而东部城市仅占 3 席，东北地区仅占 1 席。此外，2006～2016 年，西部水利、环境和公共设施管理业人才密度年均增长率为 6.74%，远高于中部、东部和东北地区。另外，2006～2016 年，四大区域水利、环境和公共设施管理业人才数量占全国比例，西部地区增长较快，涨幅达 3.09%，而中部和东北地区皆呈下降态势，且东北下降幅度最大，降幅约 1.69%。

（8）我国水利、环境和公共设施管理业人才空间极化现象持续扩大。2006 年水利、环境和公共设施管理业人才密度极差为 85，2016 年增加至 122。城市与城市之间人才密度的差距也在逐渐增加，如 2006 年第一名深圳和第二名三亚的差距为 14，而 2016 年第一名三亚与第二名嘉峪关的差距则为 36。2006 年水利、环境和公共设施管理业人才密度排名前 20 的城市人才密度差距的平均值为 2.68，而 2016 年则增加至 3.74。这表明我国水利、环境和公共设施管理业人才空间极化现象一直存在，且呈现逐步扩大的态势，水利、环境和公共设施管理业人才在区域中心城市局部集聚的态势越来越明显。

八、公共管理和社会组织行业人才空间分布格局

2006 年，我国公共管理和社会组织行业人才总量为 11096900 人，其中东部、中部、西部和东北地区公共管理和社会组织人才数量占全国的比例分别为 39.95%、28.57%、22.09% 和 9.38%。2011 年，我国共有 12972000 位公共管理和社会组织行业人才。全国四大区域公共管理和社会组织行业人才数量占全国的比例与 2006 年相比变化较小。中部和西部地区的这一比例仅增长了不足 1%，分别增长到 28.71% 和 22.60%，而东部和东北这一比例下降了不足 1%，分别下跌至 39.92% 和 8.90%。2016 年，我国公共管理和社会组织行业人才增长至 14589025 人。东部、中部、西部和东北四大区域公共管理和社会组织行业人才占全国的比例分别为 39.42%、27.53%、24.58% 和 8.46%，与 2011 年相比，除西部地区有小比例的增长外，其他三大区域的这一比例均有所下降。

从人才密度来看，2006 年，我国公共管理和社会组织行业人才密度排名全国前 20 的城市分别为深圳、珠海、北京、乌鲁木齐、延安、克拉玛依、银川、东莞、呼和浩特、海口、鄂尔多斯、兰州、舟山、白山、昆明、广州、厦门、东

营、乌海和金昌，其中共有 9 个东部城市，10 个西部城市和 1 个东北城市。2016年，我国公共管理和社会组织行业人才密度排名全国前 20 的城市分别为乌鲁木齐、克拉玛依、深圳、北京、三亚、鄂尔多斯、延安、珠海、东莞、海口、嘉峪关、白山、舟山、铜川、银川、乌海、盘锦、白城、呼和浩特和榆林，其中共有7 个东部城市、10 个西部城市和 3 个东北城市（见表 3 - 9）。

表 3 - 9　2006 年、2011 年和 2016 年公共管理和社会组织行业人才密度排名前 20 名的城市

2006 年		2011 年		2016 年	
城市	人才密度（人/万人）	城市	人才密度（人/万人）	城市	人才密度（人/万人）
深圳	480	深圳	477	乌鲁木齐	427
珠海	287	北京	337	克拉玛依	418
北京	260	珠海	305	深圳	350
乌鲁木齐	216	延安	254	北京	345
延安	209	海口	252	三亚	311
克拉玛依	204	克拉玛依	251	鄂尔多斯	304
银川	198	乌鲁木齐	249	延安	301
东莞	196	嘉峪关	246	珠海	300
呼和浩特	191	舟山	241	东莞	281
海口	179	东莞	241	海口	274
鄂尔多斯	179	鄂尔多斯	240	嘉峪关	273
兰州	178	白山	228	白山	268
舟山	173	铜川	222	舟山	266
白山	168	朔州	216	铜川	246
昆明	166	广州	215	银川	238
广州	166	银川	213	乌海	234
厦门	165	吕梁	203	盘锦	231
东营	163	济南	202	白城	224
乌海	161	呼和浩特	200	呼和浩特	218
金昌	158	盘锦	193	榆林	210

具体来看，2006 年、2011 年和 2016 年我国公共管理和社会组织行业人才总体分布格局呈现以下特征：

（1）2006 年、2011 年和 2016 年我国公共管理和社会组织行业人才分布均呈

现"片状"分布的不均衡特征。2016 年，公共管理和社会组织行业人才空间布局不均衡特征相比 2006 年和 2011 年有所改善，但公共管理和社会组织行业人才密度在 140 人/万人以上的城市仍"零星点状"地分布在我国京津地区的北京、呼包鄂地区的鄂尔多斯、酒嘉玉地区的酒泉和嘉峪关、长三角地区的上海和杭州、珠三角地区的深圳和广州、滇中地区的昆明等区域中心城市，而公共管理和社会组织行业人才密度在 90～140 人/万人的城市则呈"片状"地集聚在这些区域中心城市周边，形成明显的中心—外围模式。

（2）公共管理和社会组织行业人才集聚的重心在我国北方。2006 年北方公共管理和社会组织行业人才密度在 140 人/万人以上的城市有 24 个，而南方仅有 10 个；2016 年北方公共管理和社会组织行业人才密度在 140 人/万人以上的城市有 55 个，而南方仅有 26 个。此外，北方 2006 年公共管理和社会组织行业人才密度的均值为 113 人/万人，2016 年增加至 142 人/万人；而南方 2006 年公共管理和社会组织行业人才密度的均值为 94 人/万人，2016 年虽然增加至 118 人/万人，但仍低于北方。

（3）研究区域内，西部地区是我国公共管理和社会组织行业高人才密度城市的主要分布区。人才密度排名前 20 的城市中，2006 年西部占 10 席，2011 年西部占 8 席，但 2016 年再次增加到 10 席。此外，公共管理和社会组织行业人才密度超过 140 人/万人的城市中，2006 年西部城市占比 41%，东部城市占比 35%，中部城市占比 21%，而东北城市占比仅 3%；2016 年西部城市占比虽下降至 36%，但仍高于东部城市 33%、中部城市 17% 和东北城市 14% 的占比。

（4）中部地区是我国公共管理和社会组织行业中低人才密度城市的主要分布区。人才密度排名前 20 的城市中，2006 年和 2016 年中部城市无一席。但公共管理和社会组织行业人才密度排名靠后的城市中，中部城市则较多。此外，公共管理和社会组织行业人才密度小于 140 人/万人的城市中，2006 年中部城市占比 29%，2016 年增加至 32%，均高于东部、西部和东北地区。

（5）东北地区的公共管理和社会组织行业人才总体增长最为缓慢，且主要城市人才外流严重。2006～2016 年，东北地区的公共管理和社会组织行业人才年均增长率仅为 1.73%，低于东部地区的 2.65%、中部地区的 2.42% 和西部地区的 3.96%。此外，东北地区除个别城市，如白山、白城、盘锦等城市公共管理和社会组织行业人才密度增长较快之外，东北地区的主要城市，如沈阳、长春、大庆等城市的公共管理和社会组织行业人才密度，均在伴随着常住人口过慢增长和负增长的同时呈现出下降或缓慢增长的趋势。如沈阳的公共管理和社会组织行业人才密度 2006 年为 121 人/万人，2011 年增加到 126 人/万人，2016 年却下降到 118 人/万人，人才密度的排名也从 2006 年的第 62 名降到 2016 年的第 141 名；

大庆公共管理和社会组织行业人才密度 2006 年为 128 人/万人，2011 年增长到 131 人/万人，而 2016 年却下降至 129 人/万人。大庆公共管理和社会组织行业人才密度的排名也从 2006 年的第 50 名降到 2016 年的第 105 名。长春公共管理和社会组织行业人才密度 2006 年为 100 人/万人，2011 年下降到 99 人/万人，而 2016 年则缓慢增长至 107 人/万人，但长春公共管理和社会组织行业人才密度的排名却从 2006 年的第 123 名降到 2016 年的第 168 名。

（6）我国公共管理和社会组织行业人才呈现向西部地区流动的趋势。2006～2016 年，公共管理和社会组织行业人才密度增长速度排名前 20 的城市分别为六安、三亚、宜昌、潮州、嘉峪关、吴忠、克拉玛依、白城、乌鲁木齐、铜川、襄阳、贺州、宣城、盘锦、萍乡、连云港、鄂尔多斯、武威、平凉和南充。其中，西部城市占 10 席，中部城市占 5 席，而东部城市仅占 3 席，东北城市仅占 2 席。此外，西部公共管理和社会组织行业人才密度年均增长率为 4.66%，远高于中部、东部和东北地区。另外，四大区域水利、环境和公共设施管理业人才数量占全国比例仅西部地区呈现小幅度上涨，东部、中部和东北地区皆呈下降态势。

（7）我国公共管理和社会组织行业人才空间极化现象有减小趋势。2006 年公共管理和社会组织行业人才密度极差为 439，2016 年减小至 385。城市与城市之间公共管理和社会组织行业人才密度的差距也在缩小，如 2006 年第一名深圳与第二名珠海的差距为 192，而 2016 年第一名乌鲁木齐与第二名克拉玛依的差距则为 9。2006 年公共管理和社会组织行业人才密度排名前 20 名的城市人才密度差距的平均值为 18，而 2016 年则减少至 11。这表明公共管理和社会组织行业人才空间极化现象呈现逐步减小的态势，公共管理和社会组织行业人才在区域中心城市局部集聚的同时，也带动周边城市公共管理和社会组织行业人才密度的增加。

九、职业医师和职业助理医师空间分布格局

2006 年，我国职业医师和职业助理医师总量为 1731851 人，其中东部、中部、西部和东北地区职业医师和职业助理医师数量占全国的比例分别为 41.83%、25.49%、21.93% 和 10.75%。2011 年，我国共有 2309822 位职业医师和职业助理医师。其中，全国四大区域，除中部和西部区域职业医师和职业助理医师数量占全国的比例呈增长态势，分别增长到 26.30% 和 22.85% 外，东部和东北地区这一比例均有所下降，分别下跌至 41.20% 和 9.65%。2016 年，我国职业医师和职业助理医师总量增长至 2931145 人。相比 2011 年，全国四大区域中，仅东部地区职业医师和职业助理医师数量占全国的比例呈较快的增长态势，增长为 44.92%，中部、西部和东北地区均有所下降，分别下跌至 25.31%、21.19% 和 8.59%，其中东北地区的降幅最大。

从人才密度来看，2006 年，我国职业医师和职业助理医师人才密度排名全国前 20 的城市分别为深圳、海口、东莞、乌鲁木齐、乌海、太原、厦门、广州、朔州、北京、上海、包头、攀枝花、昆明、白山、珠海、银川、呼和浩特、吕梁和杭州，其中共有 9 个东部城市，7 个西部城市，3 个中部城市和 1 个东北城市。2016 年，我国职业医师和职业助理医师人才密度排名全国前 20 的城市分别为东莞、深圳、北京、舟山、海口、太原、济南、广州、乌鲁木齐、杭州、珠海、厦门、双鸭山、昆明、中山、银川、上海、武汉、佛山和嘉峪关，其中共有 13 个东部城市、4 个西部城市、2 个中部城市和 1 个东北城市（见表 3 - 10）。

表 3 - 10   2006 年、2011 年和 2016 年职业医师和职业助理医师人才密度排名前 20 名的城市

2006 年		2011 年		2016 年	
城市	人才密度（人/万人）	城市	人才密度（人/万人）	城市	人才密度（人/万人）
深圳	81	钦州	87	东莞	83
海口	60	深圳	85	深圳	79
东莞	51	东莞	74	北京	66
乌鲁木齐	45	北京	55	舟山	65
乌海	42	乌鲁木齐	48	海口	63
太原	38	厦门	46	太原	56
厦门	36	太原	46	济南	54
广州	36	黑河	45	广州	54
朔州	34	珠海	44	乌鲁木齐	54
北京	34	广州	44	杭州	52
上海	33	莱芜	41	珠海	50
包头	30	嘉峪关	40	厦门	50
攀枝花	30	运城	40	双鸭山	49
昆明	30	鄂尔多斯	38	昆明	47
白山	30	杭州	37	中山	46
珠海	29	中山	36	银川	45
银川	29	海口	35	上海	45
呼和浩特	29	昆明	35	武汉	42
吕梁	29	成都	34	佛山	41
杭州	28	银川	34	嘉峪关	41

具体来看，2006 年、2011 年和 2016 年我国职业医师和职业助理医师人才总体分布格局呈现以下特征：

（1）2006 年、2011 年和 2016 年，我国职业医师和职业助理医师人才分布呈现小集聚、大分散的空间格局。2006 年职业医师和职业助理医师人才全国中心主要集聚在京津地区、长三角地区、珠三角地区和呼包鄂地区。2011 年和 2016 年扩散至酒嘉玉地区、哈长地区、成渝地区、山陕地区和湘鄂地区等。2011 年和 2016 年职业医师和职业助理医师人才在每个区域又形成区域中心，如哈长地区以长春为中心，呼包鄂地区以呼和浩特为中心，成渝地区以成都为中心，山陕地区以太原和西安为中心，当然还有酒嘉玉地区以嘉峪关为中心等。这些中心不断向外围扩散，最终形成小集聚、大分散的空间格局。

（2）深圳是我国职业医师和职业助理医师人才密度较大的城市，2006 年、2011 年和 2016 年人才密度全国排名始终维持在前两名以内，遥遥领先我国其他城市。北京虽然也在大力发展医疗健康产业，但是与深圳还有一定的差距。

（3）东部地区仍然是我国职业医师和职业助理医师人才的主要集聚区，人才密度排名前 20 的城市中，2006 年东部占 9 席，2011 年东部占 10 席，2016 年增加到 13 席。此外，职业医师和职业助理医师人才密度超过 23 人/万人的城市中，2006 年东部城市占比 43%，2016 年这一比例虽有下降，但占比仍为 42%，远远高于中西部和东北城市。

（4）中西部地区则是我国职业医师和职业助理医师人才薄弱区，人才密度排名前 20 名的城市中，中西部城市从 2006 年的 10 个减少到 2016 年的 6 个且职业医师和职业助理医师人才密度排名靠后的城市，中西部城市占据多数。

（5）东北地区的职业医师和职业助理医师人才总体增长最为缓慢，且主要城市的人才密度排名呈下降趋势。2006~2016 年，东北地区职业医师和职业助理医师人才密度年均增长率仅为 5.21%，低于东部地区的 6.10%、中部地区的 6.02% 和西部地区的 6.26%。此外，东北地区的吉林、长春、沈阳、大连等主要城市的职业医师和职业助理医师人才密度伴随着常住人口过慢增长甚至负增长的同时呈现出不同程度的缓慢增长，但这些城市的人才密度占全国排名均呈下降趋势。如吉林的职业医师和职业助理医师人才密度从 2006 年的 27 人/万人仅增长到 2016 年的 36 人/万人，人才密度排名也从 2006 年的 26 名下降到 2016 年的 61 名；长春的职业医师和职业助理医师人才密度从 2006 年的 21 人/万人仅增长到 2016 年的 28 人/万人，人才密度排名也从 2006 年的 53 名下降到 2016 年的 68 名；沈阳的职业医师和职业助理医师人才密度从 2006 年的 26 人/万人仅增长到 2016 年的 36 人/万人，人才密度排名也从 2006 年的 28 名下降到 2016 年的 35 名；大连的职业医师和职业助理医师人才密度从 2006 年的 26 人/万人仅增长到

2016 年的 33 人／万人，人才密度排名也从 2006 年的 32 名下降到 2016 年的 43 名。

（6）我国职业医师和职业助理医师人才仍呈现向东部地区集聚的趋势。2006 ～ 2016 年，职业医师和职业助理医师人才密度增长速度排名前 20 的城市分别为东莞、深圳、北京、舟山、海口、太原、济南、广州、乌鲁木齐、杭州、珠海、厦门、双鸭山、昆明、中山、银川、上海、武汉、佛山和嘉峪关，其中东部城市有 13 个，西部城市有 4 个，中部城市有 2 个，东北城市仅有 1 个。此外，2006 ～ 2016 年，职业医师和职业助理医师人才密度年均增长率，东部地区为 6.10%，高于其他三大区域。职业医师和职业助理医师人才数量占全国的比例，东部地区保持高速增长状态，从 2006 年的 41.83% 增长到 2016 年的 44.92%，而中部、西部和东北地区这一比例则在 2006 ～ 2016 年呈下降态势。

（7）我国职业医师和职业助理医师人才空间极化现象有减小趋势。2006 年职业医师和职业助理医师人才密度极差为 78，2016 年减小至 74。城市与城市之间职业医师和职业助理医师人才密度的差距也在缩小，如 2006 年第一名深圳与第二名海口的差距为 21，而 2016 年第一名东莞与第二名深圳的差距则为 4。2006 年职业医师和职业助理医师人才密度排名前 20 城市人才密度差距的平均值为 3，而 2016 年则减少至 2。这表明职业医师和职业助理医师人才空间极化现象呈现逐步减小的态势，职业医师和职业助理医师人才在区域中心城市局部集聚的同时，也带动周边城市职业医师和职业助理医师人才密度的增加。

十、租赁和商业服务业人才空间分布格局

2006 年，我国租赁和商业服务业人才总量为 2261200 人，其中东部地区这一行业人才数量明显高于其余三大区域，占全国租赁和商业服务业人才总数的 66.41%，中部、西部和东北占全国的比例分别为 13.91%、12.43% 和 7.25%。2011 年，我国共有 2718200 位租赁和商业服务业人才，其中，东部、中部、西部和东北四大区域中租赁和商业服务业数量占全国的比例分别为 63.28%、14.84%、14.69% 和 7.18%，与 2006 年相比，除中部和西部呈增长态势外，东部和东北部则呈下降的态势。2016 年，我国租赁和商业服务业人才增长至 4996769 人，是 2006 年的 2.21 倍。东部、中部、西部和东北四大区域租赁和商业服务业人才占全国的比例分别为 63.51%、13.14%、18.78% 和 4.56%，其中，东部和西部均呈增长态势，但西部增长较快；而中部和东北地区皆呈下降态势，但东北下降幅度较大。

从人才密度来看，2006 年，我国租赁和商业服务业人才密度排名全国前 20 的城市分别为深圳、北京、盘锦、克拉玛依、海口、上海、广州、珠海、杭州、乌鲁木齐、新余、厦门、东营、天津、大同、金华、兰州、贵阳、昆明和宁波，其中共有 12 个东部城市，5 个西部城市、2 个中部城市和 1 个东北城市。2016年，我国租赁和商业服务业人才密度排名全国前 20 的城市分别为深圳、北京、克拉玛依、上海、广州、东莞、成都、东营、珠海、嘉峪关、舟山、杭州、厦门、南京、西安、昆明、天津、太原、宁波和福州，其中共有 14 个东部城市、5个西部城市和 1 个中部城市（见表 3 – 11）。

表 3 – 11　2006 年、2011 年和 2016 年租赁和商业服务业人才密度排名前 20 名的城市

2006 年		2011 年		2016 年	
城市	人才密度 （人/万人）	城市	人才密度 （人/万人）	城市	人才密度 （人/万人）
深圳	475	北京	459	深圳	748
北京	431	深圳	438	北京	588
盘锦	296	克拉玛依	230	克拉玛依	457
克拉玛依	229	广州	151	上海	360
海口	207	盘锦	134	广州	274
上海	126	上海	130	东莞	247
广州	102	杭州	122	成都	208
珠海	95	海口	97	东营	184
杭州	87	珠海	96	珠海	180
乌鲁木齐	86	宁波	83	嘉峪关	169
新余	82	昆明	80	舟山	167
厦门	80	沈阳	76	杭州	156
东营	73	厦门	74	厦门	152
天津	69	银川	70	南京	120
大同	68	嘉兴	68	西安	100
金华	63	乌鲁木齐	67	昆明	89
兰州	57	天津	64	天津	89
贵阳	46	柳州	64	太原	87
昆明	45	南京	57	宁波	86
宁波	42	龙岩	52	福州	83

具体来看，2006 年、2011 年和 2016 年我国租赁和商业服务业人才总体分布格局呈现以下特征：

　　（1）2006 年、2011 年和 2016 年，我国租赁和商业服务业人才分布均呈现"零星点状"分布特征，人才密度在 126 人/万人以上的城市，主要以省会城市和直辖市为主，"零星点状"地散落在东部、中部和西部地区。

　　（2）我国租赁和商业服务业人才主要集聚在省会城市和直辖市。其中，北京和深圳是我国租赁和商业服务业人才密度最大的两座城市，2006 年、2011 年和 2016 年人才密度全国排名始终稳居前两名，遥遥领先我国其他城市。杭州、上海等城市虽然也在大力发展健康服务业、旅游业、商贸业等现代服务业，但是租赁和商业服务业的人才数量和人才密度，相比北京和深圳还有较大差距。

　　（3）东部地区是我国租赁和商业服务业人才的主要集聚区，人才密度排名前 20 的城市中，2006 年东部占 12 席，2011 年占 13 席，2016 年更是增加到 14 席。此外，租赁和商业服务业人才密度超过 126 人/万人的城市中，2006 年东部城市占比 67%，2016 年这一比例增加至 77%，远远高于中部、西部和东北城市占比。

　　（4）中西部地区是我国租赁和商业服务业人才薄弱区，人才密度排名前 20 的城市中，中部城市从 2006 年的 7 个减少到 2016 年的 6 个。人才密度排名靠后的城市，中西部城市则占据多数。

　　（5）东北地区租赁和商业服务业人才密度总体增长最为缓慢，且部分城市人才外流严重。2006～2016 年，东北地区租赁和商业服务业人才密度年均增长率仅为 10.11%，低于东部地区的 18.51%、中部地区的 10.93% 和西部地区的 23.62%。此外，东北地区的盘锦、沈阳等城市的租赁和商业服务业人才密度伴随着常住人口过慢增长甚至负增长的同时呈现出下降趋势，且这些城市的人才密度占全国排名也呈下降趋势。如盘锦租赁和商业服务业人才密度 2006 年为 296 人/万人，2011 年下降至 134 人/万人，2016 年持续下降至 80 人/万人。人才密度排名也从 2006 年的第 3 位下降到 2016 年的第 22 位；沈阳租赁和商业服务业人才密度 2006 年为 31 人/万人，2011 年虽上涨至 76 人/万人，但是 2016 年却下降至 44 人/万人。人才密度排名也从 2006 年的第 30 名下降到 2016 年的第 42 名。

　　（6）我国租赁和商业服务业人才呈现向西部地区流动的趋势。2006～2016 年，人才密度增长速度排名前 20 的城市分别为东莞、宿迁、成都、上饶、东营、武威、昭通、宿州、铜川、资阳、沧州、南充、随州、宣城、曲靖、苏州、潍坊、吕梁、嘉峪关和抚州，其中西部城市有 8 个，中部城市有 6 个，东部城市有 6 个。此外，西部地区租赁和商业服务业人才密度年均增长率高达 23.62%，远高于东部、中部和东北地区。全国租赁和商业服务业人才数量占全国比重，西部地区增长较快，涨幅高达6.36%，而中部和东北地区皆呈下降态势，且东北下降幅度最大，降幅高达2.69%。

（7）我国租赁和商业服务业人才空间极化现象持续扩大。2006年租赁和商业服务业人才密度极差为475，2016年增大至747。城市与城市之间人才密度的差距也在拉大，如2006年深圳和北京的差距为44，而2016年深圳与北京的差距为161。2006年租赁和商业服务业人才密度排名前20城市人才密度差距的平均值为23，而2016年则增加至35。这表明租赁和商业服务业人才空间极化现象一直存在，且呈现逐步扩大的态势，租赁和商业服务业人才在省会城市和直辖市局部集聚的态势明显。

第三节　中国城市的城市适宜性空间格局

城市适宜性（Urban Amenities）是适宜城市发展，并适宜人类发展和生活的城市环境、设施、服务或情境。本书将城市内生适宜性划分为四种：经济适宜性、社会适宜性、休闲适宜性和自然适宜性。由于熵值法是客观的权重计算方法[333]，而且能有效克服指标间的信息叠加，因此本书运用熵值法来测算每类城市适宜性各个评价指标的权重，进而测算出每类城市的适宜性。具体的计算公式如下：

第一，在确定指标的基础上，对数据矩阵采用极值法进行标准化处理：

$$y_{mn} = \frac{y_n - y_{min}}{y_{max} - y_{min}}，\text{其中 } y_{mn} \text{ 为正向指标} \tag{3-2}$$

$$y_{mn} = \frac{y_{max} - y_n}{y_{max} - y_{min}}，\text{其中 } y_{mn} \text{ 为负向指标} \tag{3-3}$$

其中，y_{mn} 为 m 城市第 n 项指标的标准化数值，y_{min} 和 y_{max} 则分别为第 n 项指标的最小值和最大值。

第二，计算每个指标的熵：

$$E_n = -K \sum_{m=1}^{n} B_{mn} \ln B_{mn} \quad (0 \leqslant E_n \leqslant 1；m = 1，2，\cdots，272) \tag{3-4}$$

$$B_{mn} = \frac{y_{mn}}{\sum_{m=1}^{z} y_{mn}} \tag{3-5}$$

其中，$K = \frac{1}{\ln z}$，z 为城市数量。

第三，计算信息熵冗余度 C_n：

$$C_n = 1 - E_n \qquad\qquad (3-6)$$

第四，根据 C_n，计算出 n 指标的权重 w_n：

$$w_n = \frac{C_n}{\sum\limits_{m=1}^{z} C_n} \qquad\qquad (3-7)$$

第五，根据数据矩阵与各个适宜性的权重计算各城市的适宜性，其中式（3-8）、式（3-9）、式（3-10）、式（3-11）中的 Em、Sm、Lm、Nm 分别代表经济适宜性、社会适宜性、休闲适宜性和自然适宜性。w_{En}、w_{Sn}、w_{Ln}、w_{Nn} 则分别表示经济适宜性、社会适宜性、休闲适宜性和自然适宜性第 n 个指标的权重，计算公式为：

$$Em = \sum_{m=1}^{z} y_{mn} w_{En} (m = 1,2,3,\cdots,272;n = 1,2,3,\cdots,10) \qquad (3-8)$$

$$Sm = \sum_{m=1}^{z} y_{mn} w_{Sn} (m = 1,2,3,\cdots,272;n = 1,2,3,\cdots,16) \qquad (3-9)$$

$$Lm = \sum_{m=1}^{z} y_{mn} w_{Ln} (m = 1,2,3,\cdots,272;n = 1,2,3,\cdots,11) \qquad (3-10)$$

$$Nm = \sum_{m=1}^{z} y_{mn} w_{Nn} (m = 1,2,3,\cdots,272;n = 1,2,3,\cdots,5) \qquad (3-11)$$

本节选取 2006 年、2011 年和 2016 年三个时间断面（选取依据请参照本章第二页），采用自然断裂法，对我国 272 个城市的经济、社会、休闲和自然适宜性的空间格局进行分析，并采用峰度、偏度、核密度估计、变异系数和基尼系数对 2006~2016 年中国 272 个城市的经济适宜性、社会适宜性、休闲适宜性和自然适宜性的时空格局分异进行分析。

峰度是空间数据在均值附近的集聚程度。偏度是空间数据不对称分布的情况，主要以平均值为中心，刻画其偏向情况[334]。核密度估计是基于数据本身估计数据概率密度分布的非参数检验方法[335]。由于核密度估计不预先设定函数形式，且对未知密度函数估计有很强的适应性，因此非常适用于研究不均衡分布[336]。变异系数则是用标准差除以均值，以消除时间等因素的影响，主要用于衡量数据的相对离散程度[337]。基尼系数（Gini Coefficient）一般是用来反映国家或地区，或同一区域不同时间财富分配的差异化。当前，基尼系数被广泛用于资源配置的公平性测评中[118,315,338,339]，本书也沿用基尼系数的评价标准对各类适宜性的时空格局分异进行测评（具体方法解析见表 3-12）。

表 3 - 12　本节统计分析方法解析

统计方法	方法解析
峰度	峰度等于 3，则数据分布为正态分布；峰度大于 3，则数据分布有过度的峰度，且峰比正态分布陡峭，为尖峰分布；反之，则数据分布具有不足的峰度，且峰比正态分布要扁平，为扁平分布[340]
偏度	偏度等于 0，则数据分布左右对称；偏度大于 0，表明数据分布为右偏分布，且偏度越高，右偏程度越大；反之，偏度小于 0，表明数据分布为左偏分布，偏度越小，表明左偏程度越高[334]
核密度估计	基于数据本身估计数据概率密度分布的非参数检验方法，主要是通过核密度曲线来研究数据总体分布特征的方法[335]
变异系数	主要用于衡量数据的相对离散程度。变异系数越大，说明地区间差异越大；反之，变异系数越小，则地区间差异越小[337]
基尼系数	基尼系数国际通用的评价标准为：①Gini≤0.2，代表绝对平均，或绝对公平；② 0.2 < Gini ≤0.3，代表差距很小，配置或分配比较平均；③ 0.3 < Gini ≤0.4，代表差距较小，配置或分配相对合理；④ 0.4 < Gini ≤0.5，代表配置或分配差距较大；⑤ 0.5 < Gini，代表配置或分配差距悬殊，不公平性很大

资料来源：根据相关文献自行整理。

一、中国城市经济适宜性空间格局

经济适宜性，即适宜城市发展，并适宜人类发展和生活的经济环境。工业革命以来，经济因素一直是影响人才集聚的重要因素[44,45,59,96]。Laing 等和李瑞等将吸引高科技、高技术人才集聚的经济因素归纳为工资水平、人均 GDP 及经济发展水平（GDP）[97,98]。此外，城市创新能力（如专利数量[99,100]）、人均收入水平[101]、外商企业份额[102]、房价[103]、产业结构[104]、政府财政支出[100,105]、城市消费活力（零售业等）[106]、失业率[107] 等也都是影响人才集聚，以及创新型人才集聚的重要因素。由于大部分城市的人均可支配收入、失业率等数据缺失严重，因此综合前人的研究，基于数据的可得性，本书研究的经济适宜性主要包含城市经济发展水平（人均 GDP）、生活成本（城市住宅房价/月工资）、城市创新活力（城市专利授权量）、城市消费活力（批发业零售企业份额）、产业结构、政府财政支出、外商企业份额、港澳台企业份额等要素（见表 3 - 13）。

此外，政策或制度因素（Institution Factors）也是影响创新型人才集聚的重要因素。然而政策或制度因素主要通过影响产业发展[196~197]、产业结构[198]、企业选址[164,199] 或保障人才收入[174,200~202] 等来影响人才集聚，从这个角度看，本研究将对产业结构、房价或人才收入有影响的政策或制度因素内隐在产业结构、生活水平等因素中进行研究。

表 3 – 13　城市经济适宜性指标权重

	适宜性指标	指标权重	功效性
经济适宜性	第二产业占 GDP 比重（Industry）	0.0143	正向指标
	第三产业占 GDP 比重（Tindustry）	0.0131	正向指标
	生活成本（Lcost）	0.0210	正向指标
	人均 GDP（Pgdp）	0.0900	正向指标
	外商投资企业份额（Finvest）	0.1232	正向指标
	港澳台投资企业份额（Hinvest）	0.1846	正向指标
	批发零售业份额（Wholesale）	0.0720	正向指标
	科学技术支出占总财政支出比（Sexpend）	0.0972	正向指标
	教育支出占总财政支出比（Eexpend）	0.0171	正向指标
	每万人拥有的专利授权量（Patent）	0.3675	正向指标

注：生活成本 = 城市住宅房价/月工资，人均 GDP 是以 2006 年为基年，对每个城市 2007 ~ 2016 年的 GDP 进行不变价处理获得。外商投资企业份额 = 外商投资企业数量/企业总数量，港澳台投资企业份额 = 港澳台投资企业数量/企业总数量，批发业零售业份额 = 批发业零售企业数量/企业总数量。

资料来源：工资、人均 GDP、外商投资企业、港澳台投资企业数据均来源于 2007 ~ 2017 年《中国城市统计年鉴》；企业数量主要来源于宏观经济数据库 CEIC；年末专利授权量数据来源于 Patent Cloud 专利检索平台和 2006 ~ 2016 年中国 272 个城市《国民经济和社会发展统计公报》。

借鉴前人的研究经验[98,100,102,106,153]，人均 GDP、城市专利数量、产业结构、政府科研经费支出、外商投资、港澳台投资等都对吸引人才集聚有显著正影响，因此，本书将这些指标作为正向指标来衡量经济适宜性。而对于生活成本，虽然房价和工资分别对人才集聚有显著正影响[50,97]，但是在高适宜性的城市房价的增速要高于工资的增速，而高技术和高学历人才宁愿选择较低的工资也要集聚到高适宜性高房价的城市[50]。此外，创新型人才倾向在高房价的地区购买房屋，不仅是因为其地理位置独特，更因为投资这些房子还会带来更高的利润回报[103]。基于此，本书也将生活成本作为正向指标来衡量经济适宜性。

2006 ~ 2016 年，我国城市经济适宜性总体上呈现先上升后略微下降的发展态势，城市之间存在较大差距。城市经济适宜性的最小值由 254.8791 升至 264.9070，而后降至 256.8402，最大值由 8816.1220 上升至 9156.0270，而后又降至 8866.7060，平均值也由 1677.0700 上升至 1748.5630，而后又降至 1703.7270（见表 3 – 14），这意味着我国城市经济适宜性在 2006 ~ 2011 年呈现较快较好的发展态势，而 2011 ~ 2016 年发展速度减慢，但依然保持着较好的发展态势，这与我国的经济发展态势相一致[341]。

表 3 - 14 城市经济适宜性描述性统计

年份	城市数量	均值	标准差	偏度	峰度	最小值	最大值
2006	272	1677.0700	1342.3940	2.1501	8.3650	254.8791	8816.1220
2011	272	1748.5630	1392.3010	2.1305	8.2753	264.9070	9156.0270
2016	272	1703.7270	1365.8960	2.1281	8.2358	256.8402	8866.7060

此外，从峰度、偏度和核密度曲线来看，2006 ~ 2016 年，峰度从 8.3650 下降到 8.2358，而偏度从 2.1501 下降到 2.1281，说明波动和偏离的幅度有所降低。但是峰度始终大于 3，偏度始终大于 0，且直方图始终呈现"尖峰"状态，与正态分布曲线偏离，因此 272 个城市经济适宜性总体分布始终为"尖峰分布"和"右偏分布"（见图 3 - 1）。此外，核密度曲线始终呈现倒 U 形形式，且经济适宜性在 446.4643 ~ 1369.7836 的城市数量偏多（核密度曲线位于正态分布密度曲线之上），2006 年、2011 年和 2016 年这些较低经济适宜性城市数量分别约占 272 个城市的比例为 54.04%、51.84% 和 53.68%；经济适宜性在 1369.7836 ~ 4399.1584 的城市数量较少（核密度曲线位于正态分布曲线之下），2006 年、2011 年和 2016 年这些中等和较高经济适宜性城市数量分别约占 272 个城市的比例为 35.66%、39.34% 和 36.03%；经济适宜性在 4399.1584 以上的城市数量更少（核密度曲线位于正态分布曲线之上），2006 年、2011 年和 2016 年这些高经

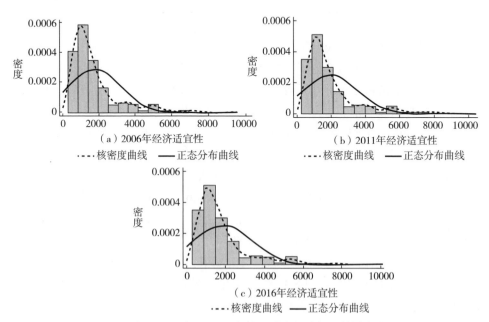

图 3 - 1 2006 年、2011 年和 2016 年中国城市经济适宜性核密度曲线分布

济适宜性城市数量分别约占 272 个城市的比例为 6.25%、6.99% 和 6.99%（见图 3-1 和表 3-17）。因此，2006 年、2011 年和 2016 年，我国 272 个城市经济适宜性总体分布为"尖峰分布"和"右偏分布"，且我国大多数城市经济适宜性水平较低，只有少部分城市拥有较高的经济适宜性，经济适宜性有待进一步提升。

从空间分异来看，2006 年、2011 年和 2016 年的基尼系数分布在 0.3~0.4，根据基尼系数通用标准，0.3~0.4 表示差异较小，这说明我国 272 个城市之间的经济差异较小。此外，经济适宜性的基尼系数和变异系数皆呈现先减少后增大的趋势，但幅度较小。变异系数从 2006 年的 0.8004 下降至 2011 年 0.7963，而后又增加到 2016 年的 0.8017。基尼系数也由 2006 年的 0.3815 减少至 2011 年的 0.3808，后又增加到 2016 年的 0.3830（见表 3-15）。这两个系数的变化趋势均表明，在 2006~2016 年我国城市经济适宜性的地区差异呈现先减小后增大的趋势。

表 3-15　城市经济适宜性空间分异

年份	城市数量	基尼系数	变异系数
2006	272	0.3815	0.8004
2011	272	0.3808	0.7963
2016	272	0.3830	0.8017

在空间格局方面，2006 年、2011 年、2016 年我国经济适宜性的空间分布格局基本一致。高经济适宜性的城市始终零星点状地分布在我国京津地区、长三角地区、珠三角地区和呼包鄂地区等。具体而言，2006 年和 2011 年高经济适宜性的城市主要为克拉玛依、苏州、东营、无锡、深圳、广州、大庆、上海、威海、鄂尔多斯、珠海、杭州、宁波、嘉峪关、北京、佛山、厦门。2016 年成都成功挤进高经济适宜性城市的行列。2016 年高经济适宜性城市中，东部城市共有 14 个，西部城市有 4 个，东北城市仅有 1 个，这表明东部地区依然是我国经济适宜性较高的区域。此外，2006 年、2011 年、2016 年较高经济适宜性的城市主要集聚在我国环渤海地区（如沈阳、大连、天津、烟台、济南等），以及中西部地区的省会城市（包括乌鲁木齐、呼和浩特、太原、郑州、长沙和南昌等）（见表 3-16）。相比高和较高经济适宜性的城市，中等经济适宜性的城市数量和均值均呈现不断增加趋势，但是依然"零星点状"地散落在我国东部、中部、西部和东北地区。

表 3 – 16 2006 年、2011 年和 2016 年中国高经济适宜性的城市

2006 年		2011 年		2016 年	
城市	高经济适宜性	城市	高经济适宜性	城市	高经济适宜性
克拉玛依	8816.1221	克拉玛依	9156.0276	克拉玛依	8866.7061
苏州	7236.6093	苏州	7342.6072	苏州	7573.0470
东营	6803.1855	东营	7065.4528	东营	6841.6020
无锡	6657.5623	无锡	6931.2395	无锡	6728.5026
深圳	6454.8980	深圳	6745.6547	深圳	6542.0279
广州	5800.2817	广州	6033.4324	广州	5860.7797
大庆	5555.6952	大庆	5770.9559	大庆	5585.1257
上海	5300.4160	上海	5508.4036	上海	5340.5298
威海	5038.7845	威海	5235.7168	威海	5074.5430
鄂尔多斯	4881.8947	鄂尔多斯	5069.8726	鄂尔多斯	4907.8785
珠海	4800.8811	珠海	4997.9757	珠海	4859.3632
杭州	4766.3693	杭州	4960.5823	杭州	4817.2381
宁波	4727.0912	宁波	4924.0480	宁波	4788.0730
嘉峪关	4677.6992	嘉峪关	4857.4203	嘉峪关	4711.7206
北京	4637.5275	佛山	4810.5124	北京	4676.7558
佛山	4624.9309	厦门	4798.4680	佛山	4676.0785
厦门	4611.6062	北京	4729.2530	厦门	4663.6960
		包头	4568.7944	包头	4423.9989
		南京	4404.2473	成都	4399.4603

较低经济适宜性城市，相比高和较高经济适宜性的城市则具有数量上的绝对优势，2006 年、2011 年和 2016 年较低经济适宜性城市占全国 272 个城市的比例分别为 54.04%、51.84% 和 53.68%（见表 3 – 17），远远高于高和较高经济适宜性城市占比，这说明我国大部分城市的经济适宜性仍处于较低水平。此外，我国较低经济适宜性城市主要呈"片状"集聚在我国的中西部地区，而且我国低经济适宜性的城市也主要为我国中西部城市，这表明我国中西部地区是我国经济适宜性的薄弱区域。我国东北地区的城市经济适宜性主要集中在较低经济适宜性和较高经济适宜性之间。2006 年、2011 年和 2016 年，东北各城市的经济适宜性空间格局基本未变，但部分城市的经济适宜性占全国排名呈下降趋势，如大连、沈阳、盘锦等，2016 年的城市经济适宜性占全国排名都相对 2006 年和 2011 年下降

了 1 名。总体上，2016 年我国高和较高经济适宜性的城市相对 2006 年呈现逐步上升的趋势，而低和较低经济适宜性的城市则呈现逐步下降的趋势，这表明我国城市的经济适宜性整体在逐步提升。

表 3 – 17 城市经济适宜性等级划分

等级	划分标准	年份	城市数量	平均水平	所占比例（%）	累计占比（%）
高适宜性	Em > 4399. 1584	2006	17	5611. 2679	6. 25	6. 25
		2011	19	5679. 5087	6. 99	6. 99
		2016	19	5607. 6481	6. 99	6. 99
较高适宜性	2596. 8876 < Em ≤ 4399. 1584	2006	26	3340. 1212	9. 56	15. 81
		2011	26	3406. 0443	9. 56	16. 55
		2016	27	3375. 8066	9. 93	16. 92
中等适宜性	1369. 7836 < Em ≤ 2596. 8876	2006	71	1839. 3646	26. 10	41. 91
		2011	81	1830. 5673	29. 78	46. 33
		2016	71	1827. 3170	26. 10	43. 02
较低适宜性	446. 4643 < Em ≤ 1369. 7836	2006	147	933. 9354	54. 04	95. 95
		2011	141	916. 2507	51. 84	98. 17
		2016	146	929. 2810	53. 68	96. 70
低适宜性	Em ≤ 446. 4643	2006	11	385. 7061	4. 04	100
		2011	5	334. 8133	1. 84	100
		2016	9	375. 0643	3. 31	100

综上所述，东部地区依然是我国经济适宜性较高的区域，而中西部地区则是我国经济适宜性的薄弱区域。东北地区的经济适宜性处在较低和较高之间，但东北部分城市经济适宜性占全国排名呈略微下降趋势。我国城市的经济适宜性总体处于稳步上升的态势，尤其是西部部分城市经济适宜性增长较快，但大部分城市的经济适宜性仍处于较低水平。

二、中国城市社会适宜性空间格局

社会适宜性，即满足人类基本生存需求、生活需求、社会需求所需的设施和服务。Cowling 和 Lee 分析了英国创新型人才的分布，提出影响其分布的主要因素为大学的分布[41]。国内学者王全纲和赵永乐也提出教育等公共基础设施对全球高端科研人才的集聚有重要影响[42]。此外，交通和电信等信息化设施也是影响创新型人才集聚的重要因素。袁洪娟研究发现交通的便利性有利于创新型人才的交流和集聚，有利于知识外部效应的发挥[108]。而完善的信息化服务更有利于创新型人才的沟通和交流，提升创新绩效[109]。此外，宽容度[22]和开放度[2,110]也是影响创新型人才集聚的重要社会适宜性指标。但是由于宽容度、开放度的数据难以获得，且这类指标难以量化，因此，本书研究的社会适宜性中不包含宽容度和开放度的指标，后续通过补充数据会进行进一步研究。因此，借鉴前人的研究经验，本书研究的社会适宜性主要包含中小学、大学等教育基础设施，医院、床位等医疗卫生基础设施，出租车、公交车、道路面积等交通设施，电信、移动和互联网等信息化设施，以及水电气供给等市政设施（见表3－18）。

表3－18　城市社会适宜性指标权重

	适宜性指标	指标权重	功效性
社会适宜性	每万人拥有的小学数量（Primary）	0.0360	正向指标
	每万人拥有的中学数量（Middle）	0.0059	正向指标
	每万人拥有的大学数量（Unversity）	0.0969	正向指标
	每万人拥有的医院数量（Hospital）	0.0575	正向指标
	每万人拥有的床位数量（Hbed）	0.0159	正向指标
	每万人拥有的出租车数量（Texi）	0.0903	正向指标
	每万人拥有的公共汽车数量（Bus）	0.0456	正向指标
	每万人拥有的道路面积（Roadway）	0.0326	正向指标
	每万人固定电话用户数量（Fixedl）	0.0474	正向指标
	每万人移动电话用户数量（Mobile）	0.0507	正向指标
	每万人互联网接入用户数量（Internet）	0.0706	正向指标
	每万人生活用水量（Water）	0.1104	正向指标
	每万人生活用电量（Electricity）	0.0994	正向指标
	每万人生活液化石油气用气量（Gas）	0.1974	正向指标
	生活垃圾无公害处理率（Waste）	0.0230	正向指标
	污水处理厂集中处理率（Sewage）	0.0203	正向指标

资料来源：2007～2017年《中国城市统计年鉴》。

此外，借鉴前人的研究经验[41,108,109,110,315]，完善的教育、医疗、交通、信息化服务等基础设施对吸引人才集聚有显著影响，即为了吸引人才集聚，一座城市不仅要满足人才的经济发展需求，也要满足其生活所需，即拥有完善的教育、医疗、交通、水电、电信、互联网等基础设施[106]。基于此，本书将衡量社会适宜性的教育、医疗、交通、水电、电信、互联网等指标均定为正向指标。

我国城市社会适宜性整体呈现增长趋势，城市间差距则呈现先增加后减小的趋势。2006~2016年，城市社会适宜性的最大值由5946.1730上升至6561.6800，而后又降至5774.5920。标准差也由532.9139增长至641.0889，而后又下降至601.3056。然而，最小值却由95.3002升至223.2311，平均值也由473.7375上升至823.9414（见表3-19），这意味着全国272个城市的社会适宜性总体水平在不断提升，但城市间差距呈现先增加后减小的趋势。

表3-19　城市社会适宜性描述性统计

年份	观察值	均值	标准差	偏度	峰度	最小值	最大值
2006	272	473.7375	532.9139	7.3584	70.5692	95.3002	5946.1730
2011	272	692.4910	641.0889	6.0087	51.9861	130.3564	6561.6800
2016	272	823.9414	601.3056	4.6735	34.4748	223.2311	5774.5920

此外，从峰度、偏度来看，2006~2016年，峰度从70.5692下降到34.4748，偏度也从7.3584降至4.6735，而且波动幅度有减小的趋势，而偏离幅度则有增大态势。峰度始终大于3，偏度始终大于0，且直方图始终呈现"尖峰"状态，与正态分布曲线偏离，因此，272个城市社会适宜性总体分布始终为"尖峰分布"和"右偏分布"，但是2016年城市社会适宜性总体分布相对2006年和2011年陡峭程度和右偏程度有所缓和（见图3-2）。此外，核密度曲线始终呈现倒U形，且社会适宜性在176.4188~539.7535的城市数量逐渐减少（核密度曲线位于正态分布密度曲线之上），2006年、2011年和2016年这些较低社会适宜性城市数量分别约占272个城市的比例为70.59%、50.00%和27.21%；而社会适宜性在539.7535~2313.8916的城市数量则不断增多（核密度曲线位于正态分布曲线之下），2006年、2011年和2016年这些中等和较高社会适宜性城市数量分别约占272个城市的22.06%、47.43%和70.22%；社会适宜性在2313.8916以上的城市数量也在逐渐增多（核密度曲线位于正态分布曲线之上），2006年、2011年和2016年这些高社会适宜性城市数量分别约占272个城市的0.74%、2.21%和2.57%（见图3-2和表3-22）。因此，总体来看，2006年、2011年和2016年，我国272个城市社会适宜性总体分布为"尖峰分布"和"右偏分布"，但是2016年城市社会适宜性总体分布陡峭程度和右偏程度有所缓和。

此外，我国大部分城市社会适宜性由较低水平上升至中等和较高水平，社会适宜性整体水平在不断提升。

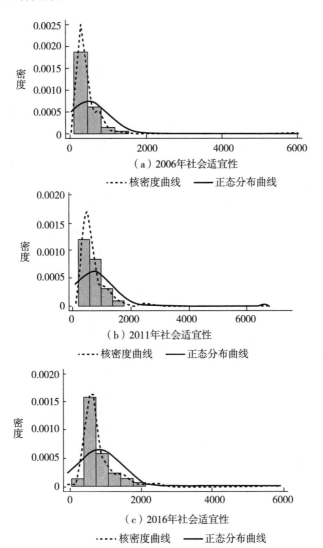

（a）2006年社会适宜性

······核密度曲线　　——正态分布曲线

（b）2011年社会适宜性

······核密度曲线　　——正态分布曲线

（c）2016年社会适宜性

······核密度曲线　　——正态分布曲线

图 3 - 2　2006 年、2011 年和 2016 年中国城市社会适宜性核密度曲线分布

从空间分异来看，2006 年、2011 年和 2016 年的基尼系数分布在 0.2~0.4，根据基尼系数通用标准，0.3~0.4 表示差异较小，0.2~0.3 表示差异相对合理，这说明我国 272 个城市之间的社会适宜性差异较小。此外，2006~2016 年的基尼系数呈下降趋势，变异系数也一直在减小（见表 3 - 20），这两个指标均表明我国城市之间的社会适宜性差异在逐渐减小。

表3-20 城市社会适宜性空间分异

年份	城市数量	基尼系数	变异系数
2006	272	0.3620	1.1249
2011	272	0.3379	0.9258
2016	272	0.2905	0.7298

从空间格局来看，2006年全国高社会适宜性城市主要为深圳和东莞（见表3-21）。这两座城市的社会适宜性远高于全国其他城市，且其社会适宜性得分分别为5946.1730和5462.8850。较高社会适宜性的城市主要呈"点状"聚集在我国京津地区（如北京）、珠三角地区（如中山、广州、佛山和厦门）和长三角地区（如上海和苏州）。中等社会适宜性的城市则主要呈"零星点状"分布在我国东部、中部、西部和东北地区，主要为我国东部沿海经济相对发达的城市，以及中部、西部和东北地区的省会城市，如惠州、杭州、无锡、西安、宁波、珠海、温州、嘉兴、武汉、兰州、南京、舟山、成都、常州、福州、天津等52座城市。此外，全国还有77.20%的城市社会适宜性属于较低和低等级，这些城市呈片状分布在我国东部、中部、西部和东北地区。

表3-21 2006年、2011年和2016年中国高社会适宜性的城市

2006年		2011年		2016年	
城市	高社会适宜性	城市	高社会适宜性	城市	高社会适宜性
深圳	5978.60	东莞	6598.71	东莞	5806.21
东莞	5494.20	深圳	6523.54	深圳	5671.74
		广州	2608.93	中山	3174.99
		中山	2563.15	珠海	2577.44
		佛山	2452.79	广州	2526.92
		厦门	2426.61	佛山	2446.93
				厦门	2391.97

2011年，我国高社会适宜性的城市除东莞、深圳外，还包括广州、中山、佛山和厦门，这6个高社会适宜性的城市主要集聚在我国珠三角地区。此外，较高适宜性的城市在2011年也增长为31个，包括京津地区的北京，环渤海地区的大连、青岛、济南等，珠三角地区的珠海，长三角地区的苏州、上海、杭州、宁波、无锡、南京、舟山等，中西部地区的省会城市武汉、成都、西安、太原、银川、乌鲁木齐、贵阳等，以及克拉玛依、鄂尔多斯、乌海、嘉峪关等西部节点城

市，总体呈现从东部沿海地区向中西部地区和东北地区扩散的趋势。中等社会适宜性的城市相比 2006 年也增长了近两倍，主要呈带状分布在我国东北地区、东部沿海地区和中西部地区，如沈阳、哈尔滨、大庆、吉林、长春、丹东、抚顺、呼和浩特、西宁、兰州、郑州、长沙、南宁、昆明以及镇江、湖州、泉州、惠州等。此外，全国仍有 50.36% 的城市社会适宜性属于较低和低等级，这些城市呈"片状"分布在我国中、西部地区。但与 2006 年相比，这一比例有所降低，这表明全国城市的社会适宜性水平在不断提升（见表 3-22）。

表 3-22　城市社会适宜性等级划分

等级	划分标准	年份	城市数量（个）	平均水平	所占比例（%）	累计占比（%）
高适宜性	Sm > 2313.8916	2006	2	5704.5291	0.74	0.74
		2011	6	3862.2873	2.21	2.21
		2016	7	3513.7420	2.57	2.57
较高适宜性	1074.8739 < Sm ≤ 2313.8916	2006	8	1532.9782	2.94	3.68
		2011	31	1337.5458	11.40	13.60
		2016	40	1466.8271	14.71	17.28
中等适宜性	539.7535 < Sm ≤ 1074.8739	2006	52	751.2739	19.12	22.80
		2011	98	719.0629	36.03	49.64
		2016	151	719.2462	55.51	72.79
较低适宜性	176.4188 < Sm ≤ 539.7535	2006	192	331.3824	70.59	93.39
		2011	136	391.0446	50.00	99.64
		2016	74	443.3932	27.21	100
低适宜性	Sm ≤ 176.4188	2006	18	158.6885	6.62	100
		2011	1	131.0621	0.37	100
		2016	0	147.3063	0	100

2016 年，我国城市社会适宜性的空间格局与 2011 年较为接近。这一时期，全国高社会适宜性的城市增长为 7 个，珠海成功挤进了全国高社会适宜性城市的行列。高社会适宜性的城市仍主要集聚在我国珠三角地区。较高社会适宜性的城市在数量和顺序上均有些许变化，在数量上从 2011 年的 31 个增加为 40 个城市；在顺序上，克拉玛依、北京、杭州、苏州、上海、西安、武汉、乌鲁木齐、南京等东、中、西部省会城市和直辖市的排名更为靠前。此外，天津、郑州、沈阳、昆明、长沙、贵阳、福州等城市的社会适宜性均从中等提升到了较高等级。这一

时期，中等社会适宜性的城市主要呈"片状"集聚在高和较高社会适宜性城市周围，与其形成中心—外围模式。较低社会适宜性的城市数量也有所下降，从2011年的136个下降至2016年的74个，低社会适宜性的城市则下降为0个（见表3-22）。较低适宜性城市仍呈"片状"分布在我国中西部地区。总体上，与前两个时期相比，我国城市的社会适宜性有较大幅度提升，大多数城市的社会适宜性升级为中等和较高等级。

综上所述，东部地区依然是我国社会适宜性较高的区域，而中西部地区则是我国社会适宜性薄弱区域。东北地区的社会适宜性则处在较低和较高之间。我国城市的社会适宜性整体上有较大幅度提升，较高和高社会适宜性的城市空间分布总体呈现从东部沿海地区向中西部地区和东北地区扩散的趋势。

三、中国城市休闲适宜性空间格局

休闲适宜性，即满足人类自我实现需求的设施、服务、情境等。Glaeser通过研究欧美一些城市的发展路径后，发现高素质和高技能人才倾向于集聚到餐馆、剧院、图书馆、博物馆、酒吧、艺术馆等休闲适宜性较高的城市[57]。在我国，能够提供的高品质休闲娱乐服务的城市逐渐也显现出能吸引人才集聚的优势[70]。依据Clark等和Glaeser等的研究[23,40,57]，本书研究的休闲适宜性主要包含休闲公园、星级饭店、图书馆、博物馆、电影院、文化馆、艺术团等要素（见表3-23）。

表3-23　城市休闲适宜性指标权重

	适宜性指标	指标权重	功效性
休闲适宜性	每万人拥有公园绿地面积（Parka）	0.0718	正向指标
	每万人拥有绿地面积（Greenl）	0.0652	正向指标
	建成区绿地覆盖率（Greenc）	0.0044	正向指标
	每万人拥有的公园个数（Parkn）	0.1579	正向指标
	每万人拥有的星级饭店数量（Restaurant）	0.0563	正向指标
	每万人拥有的电影院数量（Cinema）	0.0698	正向指标
	每万人拥有的博物馆数量（Museum）	0.0590	正向指标
	每万人拥有的图书馆数量（Library）	0.2112	正向指标
	每万人公共图书馆藏书数量（Books）	0.0641	正向指标
	每万人拥有的文化馆数量（Gallary）	0.0564	正向指标
	每万人拥有的艺术团数量（Art）	0.1840	正向指标

资料来源：电影院、博物馆、图书馆、文化馆、艺术团数据主要来源于2006~2016年中国272个城市《国民经济和社会发展统计公报》和2007~2017年《中国城市统计年鉴》；星级饭店、公园个数主要来源于宏观经济数据库CEIC；每万人拥有的公园绿地面积、绿地面积和建成区绿化率来源于2007~2017年《中国城市统计年鉴》。

依据 Glaeser 等的研究，富有内涵的餐馆、剧院、图书馆、博物馆等休闲设施丰富的城市更易吸引高素质和高技能人才集聚[50,57]，因此，本书将休闲公园、星级饭店、图书馆、博物馆、电影院、文化馆、艺术团等要素定义为正向指标来衡量城市休闲适宜性。

我国城市的休闲适宜性整体展现出良好的发展态势，但城市之间仍具有一定的差距。2006~2016 年，城市休闲适宜性的最大值由 50.8729 下降至 38.8816，而后又上升至 45.6999。同样，标准差也由 3.4137 下降至 3.3081，而后又上升至 4.1887。然而最小值和均值却呈持续增长态势。最小值由 0.0473 持续上升至 0.1263，均值也由 1.4770 持续上升至 2.6001（见表 3-24），这表明城市休闲适宜性水平总体呈现良好的增长态势，但城市之间仍存在较大差距。

表 3-24　城市休闲适宜性描述性统计

年份	观察值	均值	标准差	偏度	峰度	最小值	最大值
2006	272	1.4770	3.4137	11.6215	163.7247	0.0473	50.8729
2011	272	1.9635	3.3081	6.9101	66.6595	0.0641	38.8816
2016	272	2.6001	4.1887	5.8312	49.7072	0.1263	45.6999

此外，从峰度、偏度来看，2006~2016 年，峰度从 70.5692 下降到 34.4748，偏度也从 7.3584 降至 4.6735，波动幅度和偏离幅度均呈现下降态势。但是峰度始终大于 3，偏度始终大于 0，且直方图始终呈现"尖峰"状态，与正态分布曲线偏离，因此，272 个城市休闲适宜性总体分布始终为"尖峰分布"和"右偏分布"，但是 2016 年城市休闲适宜性总体分布相对 2006 年和 2011 年陡峭程度和右偏程度有所缓和（见图 3-3）。此外，核密度曲线始终呈现倒 U 形，且休闲适宜性在 0.9515~2.9914 的城市数量较多（核密度曲线位于正态分布密度曲线之上），2006 年、2011 年和 2016 年这些较低休闲适宜性城市数量分别约占 272 个城市的比例为 32.35%、43.38% 和 49.26%；而休闲适宜性在 2.9914~14.7554 的城市数量则较少（核密度曲线位于正态分布曲线之下），2006 年、2011 年和 2016 年这些中等和较高休闲适宜性城市数量分别约占 272 个城市的 8.82%、10.66% 和 18.75%；休闲适宜性在 14.7554 以上的城市数量则更少（核密度曲线位于正态分布曲线之上），2006 年、2011 年和 2016 年这些高休闲适宜性城市数量分别约占 272 个城市的 0.37%、1.10% 和 1.47%（见图 3-3 和表 3-27）。因此，总体来看，2006 年、2011 年和 2016 年，我国 272 个城市休闲适宜性总体分布为"尖峰分布"和"右偏分布"，但是 2016 年城市休闲适宜性总体分布陡峭程度和右偏程度有所缓和。此外，我国大多数城市休闲适宜性水平较

低，只有少部分城市拥有较高的休闲适宜性。

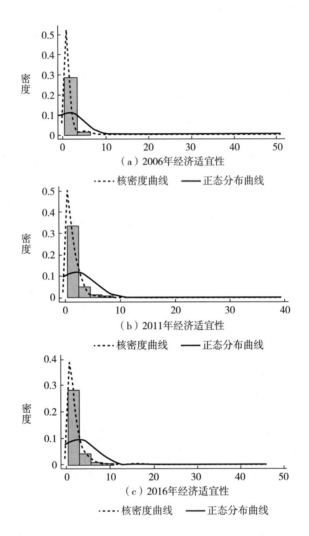

图 3 - 3　2006 年、2011 年和 2016 年中国城市休闲适宜性核密度曲线分布

　　从空间分异来看，我国城市之间休闲适宜性水平差异较大。根据基尼系数的通用标准，大于 0.5 则表示差距悬殊。2006~2016 年的基尼系数虽然先减小后增大，但整体系数仍大于 0.5。此外，与 2006 年相比，2016 年的基尼系数在减小，而变异系数则一直呈现减小趋势（见表 3 - 25），这两个指标均表明我国城市的休闲适宜性整体差异较大，但随着时间的推移，城市之间的休闲适宜性差异在逐渐减小。

表3-25 城市休闲适宜性空间分异

年份	城市数量	基尼系数	变异系数
2006	272	0.5537	2.3112
2011	272	0.5303	1.6848
2016	272	0.5378	1.6110

从空间格局来看,2006年,我国高休闲适宜性的城市仅有深圳。深圳的休闲适宜性得分为50.8729(见表3-26),遥遥领先于国内其他城市。较高休闲适宜性的城市也仅有广州和南京,它们的休闲适宜性得分分别为14.7554和12.2150。这一时期,中等休闲适宜性的城市共有22个,主要呈"零星点状"分散在我国的东、中、西部和东北地区,如东部地区的北京、上海、珠海、厦门、东莞、无锡等,东北地区的沈阳、伊春、大庆、本溪等,西部地区的银川、克拉玛依、嘉峪关、包头、南宁等,以及中部地区的随州、十堰等城市。较低休闲适宜性水平的城市共有88个,主要呈块状分散在中西部省会城市和直辖市,长江中下游地区、山东半岛以及东北地区,主要包含的城市有乌鲁木齐、呼和浩特、大连、杭州、济南、贵阳、苏州、南昌、郑州、太原、武汉、西宁、福州等。此外,全国还有58.46%的城市的休闲适宜性处于低适宜性水平(见表3-27),其中65%以上的城市为中西部城市,由此可知,中西部地区是我国休闲适宜性较薄弱区域。

表3-26 2006年、2011年和2016年中国高休闲适宜性的城市

2006年		2011年		2016年	
城市	高休闲适宜性	城市	高休闲适宜性	城市	高休闲适宜性
深圳	50.8729	深圳	38.8816	东莞	45.6999
		东莞	23.6013	深圳	28.1491
		广州	16.1731	广州	17.8483
				克拉玛依	16.4921

表3-27 城市休闲适宜性等级划分

等级	划分标准	年份	城市数量	平均水平	所占比例(%)	累计占比(%)
高适宜性	Lm > 14.7554	2006	1	50.8729	0.37	0.37
		2011	3	26.2187	1.10	1.10
		2016	4	27.0474	1.47	1.47

续表

等级	划分标准	年份	城市数量	平均水平	所占比例（%）	累计占比（%）
较高适宜性	8.0084 < Lm ≤ 14.7554	2006	2	13.4852	0.73	1.10
		2011	8	9.6564	2.94	4.04
		2016	10	10.8675	3.68	5.15
中等适宜性	2.9914 < Lm ≤ 8.0084	2006	22	4.5789	8.09	9.19
		2011	21	4.5273	7.72	11.76
		2016	41	4.4568	15.07	20.22
较低适宜性	0.9515 < Lm ≤ 2.9914	2006	88	1.5898	32.35	41.54
		2011	118	1.7658	43.38	55.15
		2016	134	1.6699	49.26	69.49
低适宜性	Lm ≤ 0.9515	2006	159	0.5236	58.46	100
		2011	122	0.6125	44.85	100
		2016	83	0.6729	30.51	100

　　2011 年，我国高休闲适宜性的城市增长为 3 个，除深圳外，东莞和广州也进入高休闲适宜性行列。较高休闲适宜性的城市在这一时期也有所增多，主要包括南京、嘉峪关、石嘴山、厦门、上海、乌鲁木齐、克拉玛依等城市。需要特别说明的是石嘴山和克拉玛依，与 2006 年相比，石嘴山和克拉玛依的休闲适宜性增长较快，都从中等休闲适宜性城市跃升至较高休闲适宜性城市行列。这主要归功于"十二五"期间石嘴山和克拉玛依产业转型持续推进，从倚重能源到重视文创和科创。如克拉玛依在"十二五"期间加快文化基础设施建设，先后规划建设了多个公共公园、文化创意园、会展中心以及文体中心等。2011～2013 年，克拉玛依的文化产业增加值从一亿多元增加到四亿多元，呈快速增长态势[342]。石嘴山也不甘落后，近年来也加快新建和培育了多个文创基地和科创基地。这一时期，中等休闲适宜性的城市也增长到了 21 个，但仍呈零星点状分散在我国的东、中、西部和东北地区，主要包含的城市有东部地区的北京、无锡、杭州、三亚、连云港等，中部地区的随州和十堰等，西部地区的鄂尔多斯、南宁、乌海、包头等，以及东北地区的大庆、沈阳和大连等。较低休闲适宜性的城市在这一时期也有所增长，但依然以"块"状形态分散在省会城市或直辖市，长江中下游地区、环渤海地区以及东北中部地区，主要包含的城市有昆明、天津、武汉、成都、济南、贵阳、辽阳、合肥、呼和浩特、西安、兰州等。此外，这一时期，全国仍有 44.85% 的城市休闲适宜性处于低适宜性水平，其中 60.49% 的城市仍为中西部城市，6% 为东北地区的城市。

2016 年，我国高休闲适宜性的城市增长至 4 个，分别为东莞、深圳、广州和克拉玛依（见表 3-26）。与 2011 年相比，克拉玛依休闲适宜性排名跃居第四。这与"一带一路"倡议的发展相关。近年来，新疆文化设施和基础设施建设出现井喷式发展[343]。克拉玛依也在积极加快文化设施建设，重组歌舞团，开发新文化项目，并将加大文化设施投入和建设列入《转型期克拉玛依城市总体规划》[344]中。近年来，克拉玛依立足本市特色资源，先后开发了恐龙园、魔鬼城、野生动物标本馆等[342]。这一系列举措促使克拉玛依的文化产业飞速发展，也使克拉玛依的休闲适宜性不断提升。

这一时期，较高和中等休闲适宜性的城市都有所增长，但依然呈"零星点状"分布在我国东部、中部、西部和东北地区的省会城市和直辖市。较低休闲适宜性的城市则呈"片"状环绕在高、较高和中等休闲适宜性城市周围。此外，这一时期，全国低休闲适宜性水平的城市占比下降至 30.51%。与前两个时期相比，这一时期，全国 272 个城市的休闲适宜性水平整体有所提升。然而，低休闲适宜性水平的城市中，中西部城市仍占比 60%，相对 2006 年和 2011 年，这一比例有所下降。但是东北地区城市占比却在逐步升高，由 2011 年的 6% 上升至 2016 年的 8%，这说明东北地区城市的休闲适宜性增长相对缓慢。此外，东北地区主要城市，如大庆、大连、伊春、鹤岗、辽阳、哈尔滨、齐齐哈尔等城市的休闲适宜性占全国排名均呈下降趋势，尤其是大连，从 2006 年的第 30 名下降到 2016 年的第 42 名，而哈尔滨则从 2006 年的第 97 名下降到 2016 年的第 109 名。

综上所述，我国高和较高休闲适宜性的城市主要集聚在珠三角和长三角等东部地区以及西部部分城市（如克拉玛依），而低和较低休闲适宜性城市则主要集聚在我国中部和西部大部分地区。东北地区的城市休闲适宜性则主要处在较低和较高之间。我国休闲适宜性整体上有所提升，尤其是西部部分城市休闲适宜性增长较快，而东北地区城市的休闲适宜性增长却相对缓慢，且东北主要城市的休闲适宜性占全国排名均呈下降趋势。

四、中国城市自然适宜性空间格局

自然适宜性，即舒适的气候、良好的空气质量等。自然适宜性是人居环境的基础，人类的生产生活离不开自然适宜性。Clark 和王宁等将吸引人才集聚的自然适宜性归纳为舒适的气候条件、良好的地貌景观（河流、山川等）和清新的空气质量[40,70]。由于气温、相对湿度是影响人体舒适度①最主要的气候要素[111]，

---

① 人体舒适度，即人在不同气候条件下的舒适程度。气候对人体舒适程度的影响可分为四类，如舒适、稍微不舒适、不舒适和非常不舒适[111]。

且适宜的气温和相对湿度也对人才迁移产生重要影响[118]。此外，四季的气温和湿度差异都会对人体舒适度产生影响，比如冬春寒冷干燥，夏秋炎热多雨等。因此，在气候条件方面，参考相关研究[70,345]，本书选取城市年平均气温、年平均相对湿度作为自然适宜性中气候条件的主要衡量指标。然而气温和湿度并不是越高越舒适，依据相关研究[111]，17℃~25℃被认为是人体感觉最舒适的温度，而40%~60%的相对湿度则是人体感觉最舒服的湿度。因此，人体最适宜温度的临界值应该是（17℃ + 25℃）/2 = 21℃，最适宜相对湿度的临界值应该是（40% + 60%）/2 = 50%。本书将低于21℃的年平均气温定为正指标（当气温低于21℃时，气温越大越好）；高于21℃的年平均气温定为负指标（当气温高于21℃时，气温越小越好）；同理将高于50%的年平均相对湿度定为负指标（年平均相对湿度高于50%时，相对湿度越小越好）；低于50%的年平均相对湿度定为正指标（年平均相对湿度低于50%时，相对湿度越大越好）。

在地貌景观方面，Clark 和王宁等均强调山川、河流等地貌景观要素对城市适宜性的构成产生影响[40,70]，但这些地貌景观要素与城市适宜性的具体关系尚不明确[93]，且不同个体对这些地貌景观要素的偏好也不相同，如有人偏爱山地，有人偏好临近河流等。空气质量则对城市而言至关重要，环境污染等问题严重影响人的身心健康，影响创新型人才的迁移，因此本书研究的自然适宜性不包含地貌景观要素，而选取每平方千米工业烟（粉）尘排放量、每平方千米二氧化硫排放量和每平方千米工业废水排放量作为空气质量的表征指标来衡量城市自然适宜性。由于每平方千米工业烟（粉）尘、二氧化硫和废水排放量越少，空气质量越好[346]，对人的身心健康越好，因此，本书将这三个指标定为负向指标来衡量城市自然适宜性。

基于上述分析，本书研究的自然适宜性主要包含城市年平均气温、年平均相对湿度和每平方千米的烟尘、二氧化硫，以及废水排放量等要素（见表3-28）。

表3-28　城市自然适宜性指标权重

	适宜性指标	指标权重	功效性
自然适宜性	城市年平均气温（Temperature）	0.2765	正/负向指标
	城市年平均相对湿度（Humidity）	0.6662	正/负向指标
	每平方千米工业烟（粉）尘排放量（Smoke）	0.0097	负向指标
	每平方千米二氧化硫排放量（SO_2）	0.0333	负向指标
	每平方千米工业废水排放量（Effluent）	0.0143	负向指标

资料来源：年平均气温和年平均相对湿度数据来源于2007~2017年《中国统计年鉴》以及2007~2017年各省统计年鉴；工业烟（粉）尘、二氧化硫和工业废水排放量的数据主要来源于2007~2017年《中国城市统计年鉴》。

根据综合得分，2006～2016年，我国272个城市的自然适宜性整体表现出先下降后又缓慢上升的态势。2006～2016年，自然适宜性的最小值和最大值波动幅度较小，最小值呈现先略微增长后又略微减少态势；而最大值则呈现先略微减小后又略微增长态势，标准差和均值波动幅度与最大值相似，也呈现先减小后增长的态势（见表3-29），这表明我国272个城市的自然适宜性总体呈现先下降后又缓慢增长的态势，且城市间的差距也呈现先略微减小后又略微增大的趋势。

此外，从峰度、偏度来看，峰度呈现先上升后下降态势，而偏度则呈现持续减小的态势，但波动幅度和偏离幅度均呈现减小趋势。峰度始终小于3，偏度始终小于0，这表明我国272个城市自然适宜性总体分布始终为"扁平分布"和"左偏分布"。但是2011年和2016年城市自然适宜性的峰度与2006年相比较大，且较为接近3（见表3-29），这表明2011年和2016年自然适宜性分布与2006年相比比较接近正态分布（见图3-4）。然而，2011年和2016年城市自然适宜性的偏度与2006年相比越来越小，表明自然适宜性的左偏分布程度仍在增加。

此外，核密度曲线始终呈现倒U形，且自然适宜性在21.8900～40.8000的城市数量较少（核密度曲线位于正态分布密度曲线之上），2006年、2011年和2016年这些较低自然适宜性城市数量分别约占272个城市的比例为16.18%、17.28%和15.07%；而自然适宜性在40.8000～54.6461的城市数量则较多（核密度曲线位于正态分布曲线之下），2006年、2011年和2016年这些中等和较高自然适宜性城市数量分别约占272个城市的47.05%、47.79%和48.53%；自然适宜性在54.6461以上的城市数量也较多（核密度曲线位于正态分布曲线之上），2006年、2011年和2016年这些高自然适宜性城市数量分别约占272个城市的36.40%、34.56%和36.03%（见图3-4和表3-32）。因此，总体来看，2006年、2011年和2016年，我国272个城市自然适宜性整体分布始终为"扁平分布"和"左偏分布"，且我国大多数城市的自然适宜性水平处于中等偏高水平，仅有少部分城市具有较低的自然适宜性。

表3-29 城市自然适宜性描述性统计

年份	观察值	均值	标准差	偏度	峰度	最小值	最大值
2006	272	49.9042	7.8473	-0.6404	2.7266	21.8882	63.1969
2011	272	49.6511	7.7499	-0.6564	2.8045	21.8900	63.1895
2016	272	49.7790	7.7762	-0.6599	2.7685	21.8860	63.1970

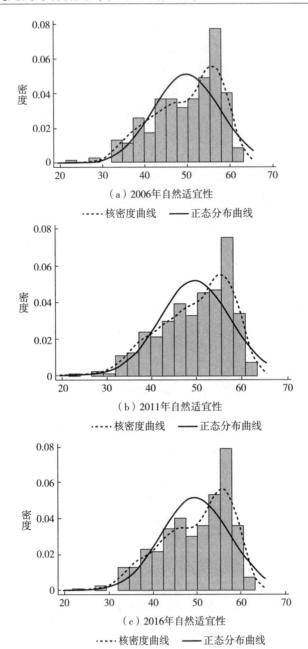

图 3 - 4 2006 年、2011 年和 2016 年中国城市自然适宜性核密度曲线分布

从空间分异来看，全国 272 个研究城市的自然适宜性地区差异相对合理，且差异呈现先减小后增大的趋势。2006 年、2011 年和 2016 年的基尼系数都在 0.08～

0.09 附近波动，依据基尼系数的通用标准，全国 272 个城市的自然适宜性整体差异比较合理。此外，基尼系数和变异系数都是先减小后增大，虽然这两个系数变化的幅度较小（见表 3－30），但仍表明全国 272 个研究城市的自然适宜性地区差异呈现先减小后又有略微增大的趋势。

表 3－30　城市自然适宜性空间分异

年份	城市数量	基尼系数	变异系数
2006	272	0.0881	0.1572
2011	272	0.0874	0.1561
2016	272	0.0875	0.1562

　　从空间格局来看，自然适宜性较高的城市主要分布在我国的东南部，形成了"东南部普遍偏高，西北部偏低"的空间格局，中国城市自然适宜性水平的总体空间差异较为显著。2006 年，高自然适宜性的 99 个城市呈"片状"分布在我国秦岭—淮河以南区域，主要集聚在海南（三亚、海口）、广东（湛江、东莞、韶关、中山、珠海、潮州、佛山、汕头等）、湖南（邵阳、衡阳、永州、岳阳、郴州等）、浙江（湖州、金华、台州、衢州、绍兴等）、福建（三明、漳州、南平、厦门、泉州等）、广西（钦州、北海、玉林、防城港、河池等）、云南（曲靖、昭通、保山、普洱等）、江西（宜春、吉安、景德镇、赣州等）、四川（成都、乐山等）等省市内（见表 3－31）。较高自然适宜性的城市紧邻着高自然适宜性的城市，呈片状分布在我国珠江流域、长江流域、淮河流域、辽河流域，以及东部黄河流域，主要集聚在广西（桂林、柳州、来宾等）、广东（惠州、广州、河源、云浮等）、四川（雅安、巴中、宜宾、资阳、达州等）、湖南（长沙、株洲等）、上海、浙江（杭州、丽水、宁波等）、江苏（南京、连云港、盐城等）、河南（漯河、驻马店、新乡、许昌、南阳、洛阳、开封等）、安徽（阜阳、亳州、黄山等）、山东（青岛、菏泽、潍坊、滨州等）、辽宁（抚顺）等省市。中等自然适宜性城市紧邻较高适宜性，呈片状分布在我国中东部黄河流域、海河流域、辽河流域、松花江流域等，主要集聚在河南（周口、安阳、鹤壁、焦作、郑州等）、山西（太原、吕梁、阳泉、晋中等）和山东（枣庄、泰安、威海、烟台、东营、德州、莱芜等）、天津、河北（邯郸、衡水、保定、石家庄等）、辽宁（沈阳、丹东、营口、盘锦、本溪、葫芦岛、大连等）、吉林（吉林、四平）、黑龙江（齐齐哈尔、鹤岗、伊春、佳木斯等）等地。较低和低自然适宜性的城市主要分布在我国的西部地区。总体上，我国自然适宜性存在显著的地带性差异，尤以南北向地带性梯度为主。

表3-31 2006年、2011年和2016年中国高自然适宜性的城市

2006年		2011年		2016年	
城市	高自然适宜性	城市	高自然适宜性	城市	高自然适宜性
三亚	63.1969	三亚	63.1895	三亚	63.1970
湛江	63.1648	东莞	62.2213	三明	61.5149
东莞	62.3166	三明	61.5484	东莞	61.3585
三明	61.5855	邵阳	61.0132	邵阳	61.0013
中山	61.0829	中山	61.0007	海口	60.9128
邵阳	61.0369	滁州	60.4249	中山	60.5052
滁州	60.4135	漳州	60.3093	滁州	60.3919
北海	60.3682	北海	60.2992	广州	60.2436
衡阳	60.2563	衡阳	60.2767	漳州	60.2103
漳州	60.2376	曲靖	60.1811	衡阳	60.2053
金华	60.0393	金华	60.0747	北海	60.1718
曲靖	60.0214	海口	59.8997	曲靖	60.0857
韶关	59.9734	台州	59.8283	金华	59.9882
台州	59.9042	永州	59.6883	台州	59.7036
海口	59.8317	珠海	59.6801	永州	59.6475
永州	59.6706	钦州	59.5541	长沙	59.5104
珠海	59.5959	潮州	59.5010	钦州	59.5054
钦州	59.5721	防城港	59.1396	潮州	59.3929
潮州	59.3616	六盘水	59.0732	珠海	59.1583
常州	59.2734	常州	58.9806	防城港	59.1255
玉林	59.0604	常德	58.9204	南宁	58.9387
防城港	59.0592	玉林	58.8622	常州	58.9134
阳江	59.0419	新余	58.6442	常德	58.8650
重庆	59.0037	抚州	58.5705	玉林	58.8590
常德	58.9465	南平	58.1971	成都	58.6692
六盘水	58.7932	安庆	58.1146	六盘水	58.6081
抚州	58.5777	嘉兴	58.1087	抚州	58.5233
新余	58.4555	益阳	58.0715	新余	58.4006
嘉兴	58.3261	吉安	58.0395	南平	58.1745
无锡	58.2952	无锡	57.9801	安庆	58.0934
南平	58.2056	宜春	57.9319	吉安	58.0217

续表

2006 年		2011 年		2016 年	
城市	高自然适宜性	城市	高自然适宜性	城市	高自然适宜性
安庆	58.1250	湘潭	57.7950	益阳	57.9318
益阳	58.0972	绍兴	57.7495	宜春	57.8483
吉安	58.0689	郴州	57.5879	无锡	57.7382
厦门	57.9825	湖州	57.5813	湘潭	57.6496
湘潭	57.9700	湛江	57.5338	嘉兴	57.6272
宜春	57.9160	茂名	57.5245	绍兴	57.6033
汕头	57.8785	泉州	57.5135	武汉	57.5997
绍兴	57.7810	保山	57.3454	郴州	57.5198
湖州	57.6467	清远	57.3072	湛江	57.5051
郴州	57.6080	景德镇	57.2832	湖州	57.4977
茂名	57.5383	怀化	57.2523	茂名	57.4344
泉州	57.3694	宁德	57.2366	泉州	57.3568
景德镇	57.3583	荆州	57.2240	保山	57.3464
贵港	57.3501	贵港	57.2177	清远	57.2297
保山	57.3277	六安	57.2108	宁德	57.2261
清远	57.2660	厦门	57.1999	怀化	57.2134
怀化	57.2659	温州	57.0466	景德镇	57.1915
六安	57.2071	贺州	57.0147	六安	57.1885
宁德	57.2038	十堰	56.9118	荆州	57.1079
荆州	57.1762	遵义	56.8969	贵阳	57.0452
娄底	57.1443	普洱	56.8721	温州	56.9615
佛山	57.1189	岳阳	56.8607	贺州	56.9508
温州	57.1167	衢州	56.8550	娄底	56.9472
内江	57.0269	安顺	56.8056	十堰	56.8900
贺州	57.0125	佛山	56.8035	普洱	56.8693
舟山	56.9529	泰州	56.8017	遵义	56.8677
十堰	56.9202	黄石	56.7666	岳阳	56.7672
肇庆	56.9054	娄底	56.7656	厦门	56.7663
扬州	56.8856	内江	56.7622	衢州	56.7425
岳阳	56.8798	扬州	56.7231	福州	56.7213
普洱	56.8710	舟山	56.6326	泰州	56.5622
安顺	56.8387	福州	56.5844	安顺	56.5565
遵义	56.8347	鄂州	56.5723	扬州	56.5243

续表

2006 年		2011 年		2016 年	
城市	高自然适宜性	城市	高自然适宜性	城市	高自然适宜性
福州	56.7988	崇左	56.4362	内江	56.4880
衢州	56.7667	蚌埠	56.2836	崇左	56.4293
泰州	56.7432	汉中	56.2044	黄石	56.3233
黄石	56.7028	宜昌	56.1553	舟山	56.3095
鄂州	56.6919	昭通	56.1083	佛山	56.2992
合肥	56.4276	池州	55.9946	蚌埠	56.2016
梅州	56.3093	芜湖	55.9346	汉中	56.1997
蚌埠	56.2905	韶关	55.8624	昭通	56.1158
汉中	56.2230	九江	55.8377	宜昌	56.0800
梧州	56.1577	江门	55.7817	鄂州	56.0333
宜昌	56.1096	汕头	55.7797	池州	55.9541
昭通	56.1023	泸州	55.7790	芜湖	55.8486
马鞍山	56.0992	汕尾	55.7314	韶关	55.7969
池州	56.0472	上饶	55.7013	九江	55.7568
百色	56.0222	武汉	55.6545	汕尾	55.6847
汕尾	56.0201	马鞍山	55.6258	泸州	55.6813
芜湖	56.0126	贵阳	55.5354	上饶	55.6812
南宁	56.0062	张家界	55.4795	汕头	55.5824
九江	55.8370	鹰潭	55.4137	重庆	55.5596
崇左	55.8095	南宁	55.2416	江门	55.5565
鹰潭	55.7202	宣城	55.1975	张家界	55.4595
江门	55.7105	镇江	55.1597	马鞍山	55.3759
泸州	55.7098	广州	55.0605	鹰潭	55.2954
上饶	55.6987	乐山	55.0604	宣城	55.1477
成都	55.4403	赣州	55.0045	乐山	55.0229
张家界	55.4395	信阳	54.9570	赣州	54.9815
深圳	55.3860	龙岩	54.8690	信阳	54.9007
宣城	55.1521	揭阳	54.8305	龙岩	54.8251
镇江	55.1411	株洲	54.7894	南昌	54.7971
乐山	55.1116	阳江	54.7458	合肥	54.7905
赣州	54.9712			揭阳	54.7854
信阳	54.9657			上海	54.7771
龙岩	54.9062			阳江	54.7185
河池	54.8107			镇江	54.6780
揭阳	54.7663				

2011 年，我国高自然适宜性的城市数量为 94 个（见表 3－32），城市排名顺序与 2006 年的城市相似。总体上，高自然适宜性的城市仍呈片状分布在我国秦岭—淮河以南区域，仍主要集聚在我国海南（三亚、海口）、广东（东莞、中山、珠海、佛山、汕头、广州等）、湖南（邵阳、衡阳、永州、岳阳等）、浙江（金华、台州、衢州、绍兴等）、福建（三明、泉州、厦门、福州等）、广西（北海、钦州、玉林、防城港等）、云南（曲靖、昭通、保山、普洱等）、江西（吉安、宜春、景德镇、赣州等）、四川（泸州、乐山等）等省市。这一时期，较高自然适宜性城市数量为 71 个，相比 2006 年有所增长。分布格局仍以"片状"为主，主要集聚在我国珠江流域、长江流域、淮河流域、辽河流域，以及东部黄河流域，如广东（深圳、惠州、河源、云浮等）、广西（来宾、桂林、柳州等）、四川（雅安、宜宾、资阳、巴中、达州等）、湖北（襄阳、随州、孝感等）、上海、浙江（杭州、丽水、宁波等）、江苏（南京、连云港、徐州、盐城等）、河南（漯河、新乡、洛阳、开封等）、安徽（亳州、阜阳、合肥等）、山东（菏泽、青岛、潍坊、滨州等）、辽宁（抚顺）等省市。中等自然适宜性的城市数量为 59 个，相比 2006 年有所减少，但仍呈"片状"分布在我国中东部黄河流域、海河流域、辽河流域、松花江流域等，主要集聚在河南（周口、安阳、焦作、郑州等）、山西（吕梁、阳泉、晋中等）和山东（枣庄、威海、烟台、东营、德州等）、天津、河北（邯郸、衡水、保定、石家庄等）、辽宁（沈阳、丹东、营口、盘锦等）、吉林（吉林、四平）、黑龙江（齐齐哈尔、鹤岗、伊春、佳木斯等）等省市。这一时期，较低和低自然适宜性的城市仍主要集聚在我国西部地区，如甘肃（金昌、武威、白银、天水、庆阳等）、宁夏（银川、吴忠、中卫等）、山西（大同、朔州、太原等）、内蒙古（鄂尔多斯、乌海、包头等）等省份。

表 3－32　城市自然适宜性等级划分

等级	划分标准	年份	城市数量	平均水平	所占比例（%）	累计占比（%）
高适宜性	Nm > 54.6461	2006	99	57.3625	36.40	36.40
		2011	94	57.4232	34.56	34.56
		2016	98	57.4084	36.03	36.03
较高适宜性	48.1062 < Nm ≤ 54.6461	2006	66	51.8208	24.26	60.66
		2011	71	51.6309	26.10	60.66
		2016	67	51.7612	24.63	60.66

续表

等级	划分标准	年份	城市数量	平均水平	所占比例（%）	累计占比（%）
中等适宜性	40.8000 < Nm ≤ 48.1062	2006	62	45.0528	22.79	83.45
		2011	59	45.2122	21.69	82.35
		2016	65	44.8389	23.90	84.56
较低适宜性	21.8900 < Nm ≤ 40.8000	2006	44	37.1630	16.18	99.63
		2011	47	37.0197	17.28	99.63
		2016	41	36.8158	15.07	99.63
低适宜性	Nm ≤ 21.8900	2006	1	21.8882	0.37	100
		2011	1	21.8900	0.37	100
		2016	1	21.8860	0.37	100

2016年我国自然适宜性的空间格局与2011年的空间格局基本一致，除了高自然适宜性和中等自然适宜性的城市在数量上有些许提升，成都、重庆、南昌和合肥等中西部城市也跃升至高自然适宜性行列。较低自然适宜性的城市在数量上则有所下降，但依然以西部地区的城市为主，如呼和浩特、鄂尔多斯、赤峰、大庆、邢台、乌海、嘉峪关、巴彦淖尔、金昌等。

总体上看，我国自然适宜性的空间格局呈现明显的地带性梯度特征，这种地带性差异在南北向上表现得比较明显，这种空间格局与我国地理环境地带性差异有关。

第四章　城市适宜性对创新型人才集聚作用机制的理论模型构建

前文明确分析了中国创新型人才和各职业类别创新型人才的时空分布特征，以及四种城市适宜性的时空格局。本章基于城市适宜性理论，构建城市适宜性理论模型，并提出相关的研究假设，从理论上梳理城市适宜性对创新型人才集聚的作用机制。

第一节　城市适宜性理论模型简析

传统的城市适宜性模型在"房价—区位"模型中引入外生适宜性，主要探讨从城市中心区到城市郊区，随着自然环境的逐渐变好和房价逐渐降低，富人和穷人如何选择居住地的问题[347,348]。而现代的适宜性理论更强调内生适宜性，即经济适宜性、社会适宜性和休闲适宜性在现代城市发展中的重要作用[23,349]。

为了更为全面地分析创新型人才集聚，本书将经济适宜性、社会适宜性、休闲适宜性和自然适宜性同时引入城市适宜性模型。这种方法在先行文献中较为少见，只发现 Falck 等和 Brueckner 等同时考虑了经济适宜性、休闲适宜性和自然适宜性[64,191]。本书首先借鉴他们的经验构建线性城市适宜性模型（Urban Amenities Model），将四大城市适宜性都纳入线性方程进行分析。而后本书又基于目的地选择模型（Destination Choice Model）构建创新型人才城市适宜性选择模型（Urban Amenities Choice Model），从城市适宜性给创新型人才带来的效用出发来分析创新型人才选择集聚地的概率。

本书旨在揭示城市适宜性对中国创新型人才空间集聚的作用机制，探究当前中国各城市吸引创新型人才集聚的核心要素，因此，本书综合经济适宜性、社会适宜性、休闲适宜性和自然适宜性，并将其同时纳入线性方程和效用方程进行分析。

第二节 模型构建

一、城市适宜性模型构建

基于 Falck 等和 Brueckner 等的适宜性模型[64,191]，本书以创新型人才密度为因变量，以城市经济适宜性、社会适宜性、休闲适宜性和自然适宜性为自变量，构建了城市适宜性模型，方程如下：

$$y_{it} = \beta + \beta_1 x_{1it} + \beta_2 x_{2it} + \beta_3 x_{3it} + \beta_4 x_{4it} + \varepsilon_{it} \tag{4-1}$$

方程（4-1）为跨地区的面板回归方程，y_i 为第 i 个城市的创新型人才密度，$i \in [1, 272]$。t 表示时间，$t \in [1, 11]$。x_1、x_2、x_3、x_4 分别为影响创新型人才集聚的经济适宜性、社会适宜性、休闲适宜性和自然适宜性。创新型人才与各个适宜性存在线性关系，仅仅当 β_i 明显不为零。β_i 为各个适宜性对创新型人才密度的相关系数，β 为常数项，ε 为误差扰动项。

为了进一步探究吸纳创新型人才集聚的核心变量，本书又将经济适宜性、社会适宜性、休闲适宜性和自然适宜性所包含的要素纳入城市适宜性模型，方程如下：

$$y_{it} = \alpha + \alpha_{1h} x_{1hit} + \alpha_{2j} x_{2jit} + \alpha_{3k} x_{3kit} + \alpha_{4m} x_{4mit} + \varepsilon_{it} \tag{4-2}$$

其中，y_i 为第 i 个城市的创新型人才密度，$i \in [1, 272]$。t 表示时间，$t \in [1, 11]$。x_{1h} 表示经济适宜性所包含的各个要素，如产业结构、生活成本、外资企业份额等（具体要素请参见第三章第四节第一部分），$h \in [1, 10]$；x_{2j} 表示社会适宜性所包含的要素，如包含中小学、大学等教育基础设施，医院、床位等医疗卫生基础设施等（具体要素请参见第三章第四节第二部分），$j \in [1, 16]$；x_{3k} 代表休闲适宜性所包含的要素，如休闲公园、星级饭店、图书馆、博物馆等（具体要素请参见第三章第四节第三部分），$k \in [1, 11]$；x_{4m} 代表自然适宜性所包含的要素，如气温、相对湿度等（具体要素请参见第三章第四节第四部分），$m \in [1, 5]$。α_{1h}、α_{2j}、α_{3k}、α_{4m} 分别表示经济适宜性、社会适宜性、休闲适宜性和自然适宜性中各个要素对创新型人才密度的相关系数，α 为常数项，ε 为误差扰动项。

二、创新型人才城市适宜性选择模型构建

目的地选择模型预测了选择某一特定区域作为吸引终点的概率。近年来目的

地选择模型被广泛应用于旅游者对各种类型的旅游目的地的选择，如大都市区购物旅游。通常，大都市区会被划分为若干区域。模型会推演出一个人选择前往某个特定区域的概率。每个区域的选择效用取决于人们在该区域的预期收入或生活成本，再加上各种变量，如公共设施配套和文化设施状况，后面这些变量反映了人们可能想迁移到该区域的原因，称为吸引要素（Attraction Variables）。正是由于人才对吸引变量的选择偏好导致函数进入非线性，因此依托目的地选择模型[350~352]，本书构建了创新型人才城市适宜性选择模型，主要包括经济适宜性、自然适宜性、吸引要素（社会适宜性和休闲适宜性）。创新型人才选择一个有吸引力的集聚地 j 适宜发展和生活的效用 U_{nj}，可以表述为：

$$U_{nj} = \alpha_n E_j + \beta_n N_j + \gamma_n \sum W \cdot A_j + \eta_n D + \varepsilon_{nj} \qquad (4-3)$$

其中，n 代表某一创新型人才，E_j 代表影响创新型人才迁移到集聚地 j 的经济适宜性。N_j 代表包含气温、相对湿度等要素的自然适宜性；A_j 代表集聚地的吸引要素，主要包含社会适宜性（如公共设施配套）和休闲适宜性（如休闲文化设施、幸福感等），D 代表个体的人口统计学特征，如年龄、性别和婚姻状况，α_n、β_n、γ_n 表示创新型人才个体 n 特有的参数，α_n 越高表示创新型人才个体 n 对经济适宜性的偏好越大；同理，β_n 越大表示创新型人才个体 n 对自然适宜性的偏好越大；γ_n 越大表示创新型人才个体 n 对社会和休闲适宜性的偏好越大。η_n 表示创新型人才个体 n 人口统计学特征的相关系数，ε_{nj} 是模型估计中补偿样本误差的修正项，它表示每个备选方案的抽样概率和最终估计概率之间的差异。由于多元 Probit 模型相比较多元 Logit 模型，允许替代形式（Substitution Patterns）和时间相关误差（Temporally Correlated Errors）的存在，且多元 Probit 模型可以处理随机品位的变化（Random Taste Variation）[351]。因此，本书采用多元 Probit 模型进行计量分析。

经济适宜性主要包含预期收入、预期房价、人均 GDP、产业配比等。权重变量 W 和其他所有模型参数一起估算，S_j 为预期收入或预期房价或其他经济因素等：

$$E_j = \log \left(\sum W \cdot S_j \right) \qquad (4-4)$$

在多元 Probit 回归模型的实际操作中，经济变量的替代和等效计算如下所示：

$$S_j = \log \left(\sum \exp (\lambda) \cdot S_j \right) \qquad (4-5)$$

多元 probit 回归会直接给出 λ 的值，而不是 W 的值。

令 $V_{ni} = \alpha_n E_j + \beta_n N_j + \gamma_n \sum W \cdot A_j + \eta_n D$，由于选择概率需要用抽样修正系数进行调整，因此创意型人才 n 选择集聚地 j 的概率为：

$$P_{ni} = \text{Prob} \left(U_{ni} > U_{nj} \quad \forall j \neq i \right)$$

$$= \text{Prob}\left[V_{ni} + \ln\left(\frac{z_i}{Z \times q\ (i)}\right) + \varepsilon_{ni} > V_{nj} + \ln\left(\frac{z_j}{Z \times q\ (j)}\right) + \varepsilon_{nj} \quad \forall j \neq i \right]$$

$$= \int H\left(V_{ni} + \ln\left(\frac{z_i}{Z \times q(i)}\right) + \varepsilon_{ni} > V_{nj} + \ln\left(\frac{z_j}{Z \times q(j)}\right) + \varepsilon_{nj} \right.$$

$$\left. \forall j \neq i \right) \phi(\varepsilon_n) d\varepsilon_n \tag{4-6}$$

这里，$q\ (i)$ 为 Z 个集聚地中选择第 i 个集聚地的可能性（拟绘制可能性）。z_i 为城市样本选择的频率，Z 为城市总量 $Z = \sum_j z_j$。P_{ni} 为创意型人才 n 选择第 i 个集聚地的选择概率。ε_n 为随机扰动项，且对于创新型人才 n 服从正态分布。令 $B_{ni} = \left\{ \varepsilon_n \text{s. t. } V_{ni} + \ln\left(\frac{z_i}{Z \times q\ (i)}\right) + \varepsilon_{ni} > V_{nj} + \ln\left(\frac{z_j}{Z \times q\ (j)}\right) + \varepsilon_{nj} \forall j \neq i \right\}$，且基于创新型人才 n 所面对的变量，$\phi\ (\varepsilon_n)$ 是 ε_n 的密度，Ω 是协方差矩阵，则：

$$P_{ni} = \int_{\varepsilon_i \in B_{nj}} \phi(\varepsilon_n) d\varepsilon_n$$

$$= \int_{\varepsilon_i \in B_{nj}} \frac{1}{(2\pi)^{\frac{1}{2}} |\Omega|^{\frac{1}{2}}} e^{-\frac{1}{2}\varepsilon'_n \Omega^{-1} \varepsilon_n} d\varepsilon_n \tag{4-7}$$

第三节　研究假设

本书研究的目的是揭示城市适宜性对中国创新型人才空间集聚的作用机制，在上述理论模型构建和推导的基础上，立足于城市适宜性理论的研究内容，基于"推—拉"理论、产业集群理论和区域创新理论的分析视角，并借鉴和吸纳人力资本理论的研究思路，提出了具体需要解决的研究问题：

（1）哪种城市适宜性对中国创新型人才集聚的影响较大，提高哪种城市适宜性更能吸引创新型人才集聚？

（2）经济、社会、休闲和自然四大适宜性中，哪些要素是影响中国创新型人才集聚的核心要素？

（3）基于"推—拉"模型，除了拉力的外力因素（四大适宜性中的各个要素）外，拉力的内力因素，即个体心理因素（如预期收入、幸福感等）是否也对创新型人才集聚产生影响？

（4）个体的人口统计学特征是否也会影响创新型人才集聚？

基于上述研究问题，本书提出以下假设，并通过实证部分对其进行证实或证伪。

假设1：中国当前仍然处于工业社会，还未进入后工业社会，创新型人才依然为了"谋求生存"而追逐经济发展高地。因此，创新型人才选择适宜发展和居住的集聚地仍主要依赖城市经济适宜性，即城市经济发展水平、生活水平等，而非社会适宜性和休闲适宜性，即集聚地公共设施配套和休闲文化设施的状况。

假设2：经济适宜性中，政府的财政支出，尤其是科研和教育方面的支出也会影响创新型人才的空间分布，创新型人才更倾向集聚在政府科研、教育财政支出较多的城市。

假设3：我国大部分城市普遍存在交通拥堵的问题，因此，社会适宜性中交通设施的完善程度会影响创新型人才的空间分布，即创新型人才倾向于集聚在交通便利的城市。

假设4：创新型人才相比普通工薪阶层更喜欢逛艺术博物馆、参观文化景观等，因此，创新型人才倾向于集聚在图书馆藏书数量丰富、富有内涵的博物馆或文化馆数量较多等休闲适宜性较高的城市。

假设5：创新型人才的空间分布依然受自然适宜性影响，但由于我国大部分城市处于亚热带和温带，从短期来看（2006～2016年），创新型人才的空间分布受自然气候影响较小，主要受空气质量影响。

假设6：个体心理因素，如预期收入和幸福感也会影响创新型人才的空间分布，即创新型人才倾向于集聚在预期收入和幸福感都较高的地区。

假设7：根据Ravenstein的人口迁移定律，性别和年龄都对人口迁移有重要影响。因此，年龄、婚姻、性别等人口统计学特征也会影响创新型人才的空间分布。

本书研究的实证部分对上述理论假设加以检验，并进一步甄别出城市适宜性对创新型人才集聚的作用机制，以及吸纳创新型人才集聚的核心变量，从而挖掘出上述理论假设的现实意义。

第四节　数据样本描述

本书共采用两套数据来进行实证研究。其中一套数据来源于2007～2017年《中国城市统计年鉴》、中国劳动就业与经济社会发展统计数据、2006～2016年中国272个城市《国民经济和社会发展统计公报》、宏观经济数据库CEIC，以及Patent Cloud专利检索平台。根据数据的可得性和有效性，共选取中国272个地级市作为数据分析对象。在这272个地级市中，2016年，创新型人才存量共为

6051 万人，覆盖全国十大行业。同时，272 个城市 2016 年人口数量为 118310 万人，占全国人口总量的 85.56%。虽然 272 个城市 2016 年行政区总面积为 4329339 平方千米，占全国行政区总面积的 45%，但是其 2016 年 GDP 总量却占全国 GDP 总量的 99%。2016 年 272 个城市共有大学数量 2492 所，占全国总普通高等学校数量的 96%。此外，公园个数、博物馆数量、星级饭店数量分别约占全国总数量的 96%、99% 和 99%。总之，样本框内的地级行政区对研究中国的创新型人才集聚状况均极具代表性。

第二套数据为中国经济生活大调查数据库①。该调查已历时 12 年，由中央电视台财经频道、中国国家统计局和中国邮政集团公司联合执行，是中国规模较大的民生调查。每年由中国邮政集团公司负责发放 10 万张明信片问卷，覆盖全国 31 个省份、260 个城市和 300 个县。调查问卷由邮递员辅导受访者（通常为户主）完成问卷。发放问卷的邮递员由中国国家统计局和中国邮政集团公司进行联合专项培训，所回收的问卷由中国国家统计局数据中心负责数据录入、数据整理和数据清洗。问卷设计和修正由中央电视台财经频道、北京大学国家发展研究院和中国社会科学院财经战略研究院的专家联合担当。并且，每年根据大数据公司、中央电视台的电视和网络平台对问卷问题进行测试、反馈和微调。每年调查 10 万户中国城市典型家庭的生活感受、经济状况、消费投资预期和幸福感等基本数据，同时包含了完整的人才统计特征数据和城市分布数据。

本书研究使用中国经济生活大调查 2006 年、2011 年和 2016 年三年数据。按照创新型人才标准（职业）进行筛选，同时剔除无效问卷、空白选项和缺失值过多的样本后，最终得到有效样本 N = 80915 个，其中东部地区创新型人才有效样本 N = 33014 个、中部地区创新型人才有效样本 N = 20123 个、西部地区创新型人才有效样本 N = 19561 个、东北地区创新型人才有效样本 N = 8217 个。详细的数据信息如表 4-2 所示。

一、基于《中国城市统计年鉴》等数据的变量选取和描述

1. 因变量的选取

本书研究的目的是揭示城市适宜性对中国创新型人才空间集聚的作用机制，因此，因变量为创新型人才的空间集聚度，借鉴前人的研究经验[58,98,329,330]，本书用"创新型人才密度"来衡量某一城市范围内创新型人才的空间集聚情况（创新型人才密度的具体计算方法请参见本书第三章）。此外，本书又将十大职

---

① 魏翔：《有钱而游，还是因梦而旅？——预期收入对旅游消费决策的作用机制研究》，《旅游学刊》2020 年第 7 期。

业类别创新型人才密度分别作为因变量，来分析城市适宜性对各职业类别创新型人才集聚的影响，各职业类别创新型人才密度的计算方法与创新型人才密度的计算方法相同。各城市十大职业类别创新型人才，即信息传输、计算机服务和软件业人才，金融业人才，房地产业人才，租赁和商业服务业人才，科学研究、技术服务和地质勘查业人才，水利、环境和公共设施管理业人才，公共管理和社会组织行业人才，职业医师和职业助理医师，教育业人才，以及文化、体育、娱乐业人才的数据均来源于各城市 2007～2017 年《中国城市统计年鉴》以及中国劳动就业与经济社会发展统计数据。

2."自变量框"的确定

虽然影响我国创新型人才集聚的因素众多，但是迄今为止我国还没有关于城市适宜性，以及创新型人才集聚吸引力的综合衡量体系研究，更没有多少文献涉及城市适宜性对创新型人才集聚作用机制的研究。这些文献的缺乏导致我们对各地区创新型人才分布与空间集聚缺乏系统的认知，进而影响各地区对创新型人才的吸引和培育。研究城市适宜性对创新型人才集聚的作用机制相当困难，一方面源于数据获取方面的困难，另一方面源于区域间的差异，导致建立跨地区的综合衡量难度很大。当前，国外关于城市适宜性对创新型人才集聚影响的测量多集中在一个特定的国家，如德国[64]、美国[23]，还未形成普适性的城市适宜性与创新型人才集聚吸引力的综合衡量指标。国内关于城市适宜性对创新型人才集聚作用机制的研究较少，大多数文献是关于创新型人才集聚吸引要素的研究，且多集中在城市和部分省级层面[61,157,239,353]。还有少量文献涉及了开发区或县级市人才集聚研究[354,355]。也有部分文献从国家层面剖析了我国人才集聚的吸引因素，如吴殿廷等以家庭、周边环境等微观因素和出生地、大学教育等中观因素为指标体系分析了中国两院院士的成长环境，认为文化教育起着至关重要的作用[356]。曹威麟等以产业集聚度为指标，运用格兰杰因果检验方法分析出中国人才集聚与第三产业成互动促进关系，即第三产业吸引人才集聚，人才集聚将进一步推动第三产业发展[357]。但是，这些先行文献通常将人才集聚的指标限定在经济适宜性和社会适宜性层面，但对社会适宜性的考量仅限于大学教育方面。实际上，大学教育只是社会适宜性的一个方面，社会适宜性还包含小学、中学、道路、公共交通等（具体的城市社会适宜性变量选取依据请参见本书第三章第四节第二部分）。此外，以博物馆、剧院、艺术馆等人文设施（Life Amenities）为代表的休闲适宜性（具体的城市休闲适宜性变量选取依据请参见本书第三章第四节第三部分），和以气温、相对湿度等为代表的自然适宜性也是影响创新型人才集聚的重要因素（具体的城市自然适宜性变量选取依据请参见本书第三章第四节第四部分）。

运用城市适宜性理论框架，借鉴国内外学者的研究经验，本书将从四个方面来研究城市适宜性对创新型人才集聚的作用机制：一是经济适宜性对创新型人才集聚的影响；二是社会适宜性对创新型人才集聚的影响；三是休闲适宜性对创新型人才集聚的影响；四是自然适宜性对创新型人才集聚的影响。经济适宜性、社会适宜性、休闲适宜性和自然适宜性具体指标的选取依据请分别参见本书第三章第四节。此外，由于法律或政策因素也是影响创新型人才集聚的重要因素[164,197,202]，但是它们难以量化，且往往是保障人才收入最大化的法律或政策才会对人才集聚起决定作用[174]。因此，本书把法律或政策因素内隐在工资或收入中，纳入经济适宜性进行研究。具体的因变量和自变量如表4-1所示。

表4-1 2006~2016年中国272个地级市样本数据因变量和核心自变量的描述性统计

	变量名	单位	均值	最大值	最小值	标准差
创新型人才	创新型人才密度（Cd）	人/万人	410.4449	3280.5880	143.0441	288.4159
	信息传输、计算机服务和软件业人才密度（Ifd）	人/万人	16.8498	507.8694	0.0000	35.6572
	金融业人才密度（Fid）	人/万人	38.6822	476.6704	4.7780	35.3799
	房地产业人才密度（Esd）	人/万人	21.0463	547.4802	0.0000	44.5878
	租赁和商业服务业人才密度（Ted）	人/万人	24.4989	816.7695	0.0000	58.7575
	科学研究、技术服务和地质勘查业人才密度（Scd）	人/万人	21.1620	506.0536	0.8466	35.5229
	水利、环境和公共设施管理业人才密度（Evd）	人/万人	19.6240	126.5165	1.5657	14.7190
	公共管理和社会组织人员人才密度（Mad）	人/万人	117.2514	479.8331	24.6914	50.6701
	职业医师和职业助理医师人才密度（Dod）	人/万人	19.9344	88.4509	0.0000	10.6425
	教育业人才密度（Edd）	人/万人	120.8460	356.7557	15.3931	36.4723
	文化、体育、娱乐业人才密度（Cud）	人/万人	10.2961	137.5067	0.0000	11.9732
经济适宜性	第二产业占GDP比重（Industry）	%	49.1244	90.9700	14.9500	10.8256
	第三产业占GDP比重（Tindustry）	%	37.2993	80.2300	8.5800	9.1107
	生活成本（Lcost）		1.2460	8.1869	0.0715	0.5289
	人均GDP（Pgdp）	元	18532.2600	100167.8000	2707.0260	14777.1200
	外商投资企业份额（Finvest）	%	0.0483	0.3652	0.0000	0.0547
	港澳台投资企业份额（Hinvest）	%	0.0467	0.5660	0.0000	0.0711

续表

	变量名	单位	均值	最大值	最小值	标准差
经济适宜性	批发零售业份额（Wholesale）	%	0.3577	2.3304	0.0000	2.2968
	科学技术支出占总财政支出比（Sexpend）	%	0.1323	0.1265	0.0000	0.0128
	教育支出占总财政支出比（Eexpend）	%	0.1756	0.7809	0.0034	0.0615
	每万人拥有的专利授权量（Patent）	个/万人	7.8709	360.2573	0.0000	24.2019
社会适宜性	每万人拥有的小学数量（Primary）	所/万人	1.9609	13.0728	0.0000	1.3567
	每万人拥有的中学数量（Middle）	所/万人	0.5350	1.4075	0.0000	1.1414
	每万人拥有的大学数量（Unversity）	所/万人	0.0178	0.1197	0.0000	0.0220
	每万人拥有的医院数量（Hospital）	个/万人	0.6019	10.8691	0.0000	0.7389
	每万人拥有的床位数量（Hbed）	张/万人	38.6437	136.9930	0.0000	16.9410
	每万人拥有的出租车数量（Texi）	辆/万人	7.8264	56.9606	0.0000	9.0398
	每万人拥有的公共汽车数量（Bus）	辆/万人	7.7911	110.5200	0.0000	7.0331
	每万人拥有的道路面积（Roadway）	万平方米/万人	11.3241	108.7673	0.0000	7.9954
	每万人固定电话用户数量（Fixedl）	户/万人	2294.032	29927.6	0.0000	2129.5910
	每万人移动电话用户数量（Mobile）	户/万人	8323.0560	101655.6000	0.0000	8406.5720
	每万人互联网接入用户数量（Internet）	户/万人	1378.7110	18901.9400	0.0000	1511.0670
	每万人生活用水量（Water）	万吨/万人	19.8825	404.1288	0.0000	28.0804
	每万人生活用电量（Electricity）	万千瓦时/万人	285.3039	4507.1000	0.0000	401.5595
	每万人生活液化石油气用气量（Gas）	万克/万人	4.8945	166.5950	0.0000	12.8696
	生活垃圾无公害处理率（Waste）	%	78.1253	362.0000	0.0000	31.7940
	污水处理厂集中处理率（Sewage）	%	69.8428	100.0000	0.0000	27.2413
休闲适宜性	每万人拥有公园绿地面积（Parka）	万平方米/万人	3.5383	71.9204	0.0000	5.7985
	每万人拥有绿地面积（Greenl）	万平方米/万人	16.5168	491.0380	0.0000	32.6926
	建成区绿地覆盖率（Greenc）	%	37.2741	71.8100	0.0000	9.0144
	每万人拥有的公园个数（Parkn）	个/万人	0.1035	7.7381	0.0000	0.4067
	每万人拥有的星级饭店数量（Restaurant）	个/万人	0.1252	2.4230	0.0031	0.1667

续表

	变量名	单位	均值	最大值	最小值	标准差
休闲适宜性	每万人拥有的电影院数量（Cinema）	个/万人	0.0557	1.0870	0.0000	0.0820
	每万人拥有的博物馆数量（Museum）	个/万人	0.0219	0.3514	0.0000	0.0276
	每万人拥有的图书馆数量（Library）	个/万人	0.0473	7.4215	0.0000	0.2894
	每万人公共图书馆藏书数量（Books）	册/万人	0.5425	9.3724	0.0000	0.8112
	每万人拥有的文化馆数量（Gallary）	个/万人	0.0349	0.5185	0.0000	0.0520
	每万人拥有的艺术团数量（Art）	个/万人	0.0461	5.3266	0.0000	0.2374
自然适宜性	城市平均气温（Temperature）	℃	14.5300	28.5000	0.9000	5.3549
	城市年平均相对湿度（Humidity）	%	69.2431	86.0603	33.0000	10.2718
	每平方千米工业烟（粉）尘排放量（Smoke）	吨/平方千米	2.8926	68.5468	0.0000	4.3662
	每平方千米二氧化硫排放量（SO_2）	吨/平方千米	6.1300	67.9590	0.0000	7.6119
	每平方千米工业废水排放量（Effluent）	万吨/平方千米	0.8908	19.9765	0.0000	1.5426

注：生活成本＝城市住宅房价/月工资，人均 GDP 是以 2006 年为基年，对每个城市 2007～2016 年的 GDP 进行不变价处理获得。外商投资企业份额＝外商投资企业数量/企业总数量，港澳台投资企业份额＝港澳台投资企业数量/企业总数量，批发零售业份额＝批发业零售企业数量/企业总数量。

资料来源：常住人口数量、工资、人均 GDP、外商投资企业、港澳台投资企业数据均来源于 2007～2017 年《中国城市统计年鉴》，以及 2007～2017 年各地级市统计年鉴；年末专利授权量数据来源于 Patent Cloud 专利检索平台和 2006～2016 年中国 272 个城市《国民经济和社会发展统计公报》；电影院、博物馆、图书馆、文化馆、艺术团数据主要来源于 2006～2016 年中国 272 个城市《国民经济和社会发展统计公报》和 2007～2017 年《中国城市统计年鉴》；房价、星级饭店数量、批发业零售企业数量、公园个数、企业数量主要来源于宏观经济数据库 CEIC。年平均气温、年平均相对湿度来源于 2007～2017 年《中国统计年鉴》以及 2007～2017 年各省份统计年鉴。

二、基于中国经济生活大调查数据的变量选取和描述

1. 因变量的选取

本书以东部地区、中部地区、西部地区和东北地区创新型人才个体为因变量，来深度探究各地区城市适宜性如何影响创新型人才集聚，并将此结果与第一套数据（《中国城市统计年鉴》等中的数据）的计量结果进行对比分析，以检验第一套数据计量结果的稳健性。本书中关于中国四大区域的划分依据为李克强总

理的《2015 年政府工作报告》①，即东部地区包括七个省份的城市，分别是冀、苏、浙、闽、鲁、粤和琼等省份的城市，以及三个直辖市京、津和沪；中部地区包括六个省份的城市，即晋、皖、赣、豫、湘和鄂等省份的城市；西部地区的省份数量是中部地区的两倍，包括内蒙古、桂、川、黔、滇、藏、陕、甘、青、宁、新等省份的城市，以及直辖市渝；东北地区只有黑、吉、辽三个省的城市。

表 4 - 2　2006 年、2011 年和 2016 年中国四大地区创新型人才个体

样本数据因变量和部分核心自变量的描述性统计　　　　　单位:%

变量		频率		
		2006 年	2011 年	2016 年
创新型人才	东部创新型人才	37.55	41.28	43.58
	中部创新型人才	27.31	24.21	23.13
	西部创新型人才	24.09	26.10	22.02
	东北创新型人才	11.05	8.41	11.27
幸福感	很幸福	20.52	14.28	4.94
	比较幸福	43.55	33.13	11.17
	一般	31.99	39.66	36.79
	比较不幸福	3.94	8.02	31.47
	很不幸福		4.91	15.63
家庭收入	2 万元以下	46.04	21.41	17.66
	2 万 ~ 5 万元	41.38	41.73	19.62
	6 万 ~ 10 万元	9.73	29.32	56.29
	10 万元以上	2.85	7.54	6.45
预期收入	增长 10% 以上	57.04	14.16	5.30
	增长 10% 以内		41.66	8.37
	持平	36.66	31.54	33.44
	减少 10% 以内	6.29	7.99	20.86
	减少 10% 以上		4.65	32.03
房价预期	小幅上涨	53.87	17.35	6.69
	大幅上涨	19.75	8.24	4.45

---

① 参见李克强:《政府工作报告——2015 年 3 月 5 日在第十二届全国人民代表大会第三次会议上》,《新华社》2015 年, http://www.gov.cn/guowuyuan/2015 -03/16/content_ 2835101.htm, 2015 年 3 月 5 日。

续表

变量		频率		
		2006 年	2011 年	2016 年
房价预期	持平	18.00	24.16	25.83
	下跌	8.37	50.26	63.2
总样本量		N = 26042	N = 29510	N = 25363

注：①由于"家庭收入"在不同年份的问卷中选项的个数以及区间存在差异，本书根据数据的实际情况通过重新编码和赋值进行 2006 年、2011 年和 2016 年的统计口径对接，最终的赋值规则为：1 = 2 万元以下、2 = 2 万 ~ 5 万元、3 = 6 万 ~ 10 万元、4 = 10 万元以上。②由于历年预期收入选项的刻度不同，本书将预期收入刻度统一划分为五分刻度，即 1 = 增加 10% 以上、2 = 增加 10% 以内、3 = 持平、4 = 减少 10% 以内、5 = 减少 10% 以上。

资料来源：数据是由本书根据中国经济生活大调查（2006 年、2011 年和 2016 年）数据库计算整理。

2. 核心自变量的选取

工业革命之后，工资、福利等地区间经济利益差异一直被认为是导致劳动力迁移的首要原因[188,189,193,358]。借鉴前人的经验，也与第一套数据选取变量相一致，本书也将家庭收入作为核心自变量之一纳入城市经济适宜性。根据调查问卷，家庭收入变量（Hincome）的取值为：1 = 2 万元以下、2 = 2 万 ~ 5 万元、3 = 6 万 ~ 10 万元、4 = 11 万 ~ 20 万元、5 = 20 万元以上。

本研究和以往研究的不同点在于重点关注到"预期"对创新型人才集聚的作用。大多数研究人才集聚的文献都关注了收入、工资和地区经济发展对人才集聚的关键作用[59,60,98,153]。但是，Sell 和 DeJong 提出劳动力迁移和集聚也会受到欲望、期望等因素的影响[123]。因此，预期收入和预期房价也可能对创新型人才集聚产生影响。然而，目前使用预期收入和预期房价来解释创新型人才集聚的文献很少，更是鲜有相关的实证检验。为此，本书将预期收入（Expectation）和预期房价（Houseprice）作为特有的核心自变量纳入经济适宜性引入模型。本书研究的预期收入和预期房价都是根据中国经济生活大调查问卷测定的，预期收入是个体基于当前财产基数和下一年的宏观环境对下一年收入的主观预期，而预期房价是个体基于地区当年房价和宏观环境对下一年房价的主观预期，都属于理性预期的范畴。预期收入在问卷中体现为："您认为明年你家的收入会比今年变化百分之几？"预期收入变量（Expectation）的取值为：1 = 增加 10% 以上、2 = 增加 10% 以内、3 = 持平、4 = 减少 10% 以内、5 = 减少 10% 以上。"预期房价"在问卷中体现为："您预计明年你所在城市的房价会比今年变化多少？"预期房价变量（Houseprice）问卷的取值为：1 = 小幅上涨、2 = 大幅上涨、3 = 持平、4 =

下跌。

此外，本书也把幸福感作为核心自变量纳入休闲适宜性进行计量分析。关于幸福感问卷问题设计为："您对目前的生活感受是?"被调查者从五个备选项中选择一个自己的生活感受：1 = 很不幸福、2 = 比较不幸福、3 = 一般、4 = 比较满意、5 = 很满意。这种被称为自陈量表法的幸福感测量方法具有简单、方便、易操作等优点，经权威论证成为国际标准的主观幸福感调查方法[359]。国内外许多学者沿用这种方法来衡量幸福感[360,361]。大多数的机构也遵循此种方法来调查幸福感，如世界价值观调查、美国综合社会调查等。本书中，自变量幸福感（Happiness）直接来源于上述问题，变量赋值和题干中的取值保持一致。

由于为了和第一套数据（《中国城市统计年鉴》等中的数据）选取变量相一致，本书也把经济适宜性中的人均 GDP、产业配比等，社会适宜性中的基础设施（如教育、医疗、交通等），休闲适宜性中的休闲设施（如公园、电影院、博物馆等），以及自然适宜性中的气温、相对湿度等变量也纳入计量分析，这些数据均来源于《中国城市统计年鉴》、宏观经济数据库 CEIC、《国民经济和社会发展统计公报》等，经过标准化处理后进入计量方程。

3. 控制变量的设定

由于本书研究的创新型人才样本为个体样本，因此，需要控制住影响创新型人才集聚的个体因素。首先，由于教育对人才集聚具有重大的影响[98,356]，因此，在研究城市适宜性对创新型人才集聚影响时，通常要控制住受教育程度，只选取大专以上教育水平的人才进行研究，且职业也按照十类创新型人才的分类仅限定了行政事业单位人员、企业管理人员和自由职业者。其次，年龄也对创新型人才集聚有一定影响。于是，本书也对个体年龄进行了控制。年龄的赋值为：1 = 18 ~ 25 岁、2 = 26 ~ 35 岁、3 = 36 ~ 45 岁、4 = 46 ~ 59 岁、5 = 60 岁以上。最后，本书也对婚姻状况和性别进行了控制。由于 2006 年的调研问卷中不包含婚姻状况和性别，因此，婚姻状况和性别只在 2011 年和 2016 年的截面分析中作为控制变量进行分析。婚姻状况的赋值为：1 = 未婚无恋人、2 = 未婚有恋人、3 = 已婚、4 = 离异、5 = 丧偶；性别变量的赋值为：1 = 男、2 = 女。

第五章　城市适宜性对中国创新型人才
空间集聚的作用机制分析

基于第四章的理论模型，本章将实证分析城市适宜性对创新型人才集聚的作用机制，并进一步探究吸纳创新型人才集聚的核心变量。本章还将通过验证第四章研究假设，挖掘出其现实意义。

创新型人才个体差异性较大，不确定性较强，一套数据很难完全解释城市适宜性对创新型人才集聚的作用机制。首先，本章采用 2006~2016 年《中国城市统计年鉴》等数据进行实证分析，通过面板计量分析解释城市适宜性对创新型人才集聚的作用机制，以及影响创新型人才集聚的核心要素。其次，本章选取 2006 年、2011 年和 2016 年中国经济生活大调查数据，通过三年的截面分析来深度探究各地区城市适宜性如何影响创新型人才集聚，并将此结果与《中国城市统计年鉴》等数据的计量结果进行对比分析，以检验研究结果的稳健性。最后，本章又进一步基于《中国城市统计年鉴》等数据，分别分析城市适宜性对十大职业类别创新型人才集聚的作用机制。

第一节　城市适宜性对创新型人才
集聚作用机制实证分析

一、基本回归：城市适宜性对创新型人才集聚作用机制

本章首先采用《中国城市统计年鉴》等数据进行检验，探讨城市适宜性对创新型人才集聚的作用机制。由于面板数据集包含横截面和时间维度，因此它不仅可以反映更多个体行为的信息（横截面），还可以反映个体随时间的动态行为变化（时间序列）[362]。计量回归方程如下：

$$Cd_{it} = \beta + \beta_1 Em_{it} + \beta_2 Sm_{it} + \beta_3 Nm_{it} + \beta_4 Lm_{it} + \varepsilon_{it} \qquad (5-1)$$

Cd_i 为第 i 个城市的创新型人才密度，$i \in [1, 272]$。t 表示时间，$t \in [1, 11]$。Em 代表影响创新型人才集聚的经济适宜性，Sm 为影响创新型人才集聚的社会适宜性，Nm 为影响创新型人才集聚的自然适宜性，而 Lm 代表影响创新型人才集聚的休闲适宜性。创新型人才与各个适宜性存在线性关系，仅仅当 β_i 明显不为零。β_i 为各个城市适宜性对创新型人才密度的相关系数，β 为常数项，ε 为误差扰动项。

为了更深入分析影响创新型人才集聚的核心要素，本章也将各个适宜性中包含的变量，如经济适宜性中的人均 GDP（Pgdp）、生活成本（Lcost），休闲适宜性中的电影院（Cinema）、博物馆（Museum）等变量作为自变量，分析这些要素对创新型人才空间分布的影响。各个变量的具体含义请参见第四章表 4 - 1，α_i 为各个自变量对因变量的相关系数，α 为常数项，v 为误差扰动项。由于人均 GDP（Pgdp）存在指数增长趋势，对该变量取对数，可以减小异方差的影响。回归方程如下：

$$\begin{aligned}
Cd_{it} = {} & \alpha + \alpha_1 Industry_{it} + \alpha_2 Tindustry_{it} + \alpha_3 Lcost_{it} + \alpha_4 \ln(Pgdp)_{it} + \alpha_5 Patent_{it} + \\
& \alpha_6 Cinvest_{it} + \alpha_7 Finvest_{it} + \alpha_8 Hinvest_{it} + \alpha_9 Wholesale_{it} + \alpha_{10} Sexpenditure_{it} + \\
& \alpha_{11} Eexpenditure_{it} + \alpha_{12} Primary_{it} + \alpha_{13} Middle_{it} + \alpha_{14} University_{it} + \alpha_{15} Hbed_{it} + \\
& \alpha_{16} Texi_{it} + \alpha_{17} Bus_{it} + \alpha_{18} Roadway_{it} + \alpha_{19} Fixedl_{it} + \alpha_{20} Mobile_{it} + \alpha_{21} Internet_{it} + \\
& \alpha_{22} Water_{it} + \alpha_{23} Electricity_{it} + \alpha_{24} Gas_{it} + \alpha_{25} Waste_{it} + \alpha_{26} Sewage_{it} + \alpha_{27} Parka_{it} + \\
& \alpha_{28} Greenl_{it} + \alpha_{29} Greenc_{it} + \alpha_{30} Parkn_{it} + \alpha_{31} Restaurant_{it} + \alpha_{32} Cinema_{it} + \\
& \alpha_{33} Museum_{it} + \alpha_{34} Library_{it} + \alpha_{35} Book_{it} + \alpha_{36} Gallary_{it} + \alpha_{37} Art_{it} + \\
& \alpha_{38} Temperature_{it} + \alpha_{39} Humidity_{it} + \alpha_{40} SO_{2it} + \alpha_{41} Effluent_{it} + \alpha_{42} Smoke_{it} + v_{it}
\end{aligned}$$

$$(5-2)$$

学术界一般使用三种方法来估计面板数据模型：混合 OLS、固定效应（FE）和随机效应（RE）方法[363]。因此，本章综合考虑三个模型：具有共同截距的混合 OLS、固定效应模型和随机效应模型。

Hausman test 可以有效确定随机效应是否比固定效应更合适[364]。表 5 - 1 中 Hausman test 的结果表明，基于方程（5 - 1）和方程（5 - 2）的面板数据回归在 1% 的置信水平上显著。因此，固定效应比随机效应更适合分析方程（5 - 1）和方程（5 - 2）。同时，本章又进一步采用 F - 检验来检验究竟使用混合回归还是固定效应模型来分析方程。由于 F 检验的 P 值均为 0.000，因此强烈拒绝原假设，故采用固定效应模型来分析方程（5 - 1）和方程（5 - 2）。

表 5-1 Hausman test 和 F-test

A：零假设为随机效应比固定效应更适用于分析方程	Hausman test	检验结果如下	B：零假设为混合 OLS 比固定效应更适用于分析方程	F-test	检验结果如下
创新型人才密度 Cd ［方程 (5-1)]	chi2(5) = 59.16 *** (p = 0.000)	固定效应	创新型人才密度 Cd ［方程 (5-1)]	F = 89.98 *** (p = 0.000)	固定效应
C：零假设为随机效应比固定效应更适用于分析方程	Hausman test	检验结果如下	D：零假设为混合 OLS 比固定效应更适用于分析方程	F-test	检验结果如下
创新型人才密度 Cd ［方程 (5-2)]	chi2(14) = 412.89 *** (p = 0.000)	固定效应	创新型人才密度 Cd ［方程 (5-2)]	F = 39.28 *** (p = 0.000)	固定效应

注：*** 表示在1%的置信水平上显著。

本章的回归分析均采用计量分析软件 Stata12 进行分析。然而，在估计的过程中，模型可能同时存在异方差、同期自相关和自相关：

(1) 设创新型人才 i 的扰动项方差为 $\partial_i^2 = Var\ (\varepsilon_{it})$ 和 $\sigma_i^2 = Var\ (V_{it})$。如果 $\partial_i^2 \neq \partial_j^2$，$\sigma_i^2 \neq \sigma_j^2$，则 $\{\varepsilon_{it}\}$ 和 $\{V_{it}\}$ 均可能存在组间异方差。异方差的产生一般与那些影响创新型人才集聚又不随时间变化的因素有关，如文化归属感等。鉴于这些因素的难衡量性，借鉴前人的研究经验[365~367]本章使用 Likelihood-ratio (LR) test 和 Modified Wald statistic Test 来检验异方差，采用 Drisc-kraay 稳健型标准误来克服组间异方差[367]。

(2) 如果协方差 $Cov\ (\varepsilon_{it},\ \varepsilon_{jt}) \neq 0$ ($i \neq j$, $\forall_t$)，$Cov\ (V_{it},\ V_{jt}) \neq 0$ ($i \neq j$, $\forall_t$)，则扰动项 $\{\varepsilon_{it}\}$ 和 $\{V_{it}\}$ 可能存在组间同期自相关[362]。这主要是由于相邻城市对创新型人才吸引的溢出效应，即相邻城市的适宜性对本地创新型人才有较强的吸引力，进而会对本地创新型人才集聚产生影响。空间面板模型能有效解决组间同期自相关问题，然而空间面板模型依赖平衡面板数据，而本章研究的面板数据为非平衡面板数据（有些年份城市数据缺失）。因此，借鉴 Frideman、Frees 和 Pesaran 等的研究经验[368~372]本章采用 Friedman's test 和 Frees' test 半参数检验和 Pesaran's test 参数检验来检验是否存在同期自相关，并采用面板修正误差标准误（PCSE）来解决组间同期自相关问题。

（3）如果协方差 Cov（ε_{it}，ε_{js}）$\neq 0$（$t \neq s$，$\forall_i$），Cov（V_{it}，V_{js}）$\neq 0$（$t \neq s$，$\forall_i$），则扰动项 $\{\varepsilon_{it}\}$ 和 $\{V_{it}\}$ 可能存在组内自相关。学术界一般采用广义最小二乘法（FGLS）[373,374] 以克服组内自相关。然而，当面板数据的时间维度 t 小于横截面维度 n 的时候，广义最小二乘的方法是不适用的[372]。因此，借鉴前人的研究经验[375]，本章采用 Wooldridge test 来检验组内自相关，采用 Drisc - kraay 稳健型标准误来克服组内自相关。

表 5 -2 和表 5 -3 报告了基于方程（5 -1）和方程（5 -2）的面板数据回归结果。在表 5 -2 中，Modified Wald statistic test 和 LR test 的结果（p = 0.000）均显示固定效应模型（1）存在组间异方差。此外，Wooldridge test 的检验结果也显示固定效应模型（1）存在组内自相关。Pesaran's test、Friedman's test 和 Frees' test 检验的 p 值均小于 0.01，且 Frees' test 检验非主对角线元素绝对值的平均值为 0.436。因此强烈拒绝原假设"无组间同期自相关"，而认为固定效应模型（1）中存在同期自相关。

表 5 -2　基于创新型人才密度的面板数据回归结果（1）

中国城市统计年鉴面板数据　被解释变量：创新型人才密度［方程（5 -1）］			
变量	（1）固定效应 估计 FE	（2）Drisc - kraay 稳健 型标准误估计	（3）面板修正误差 标准误估计 PSCE
Em	0.3353 ***	0.3353 ***	**0.3211 *****
	(13.52)	(8.02)	**(7.31)**
Sm	0.2606 ***	0.2606 ***	**0.2452 *****
	(18.47)	(7.53)	**(5.81)**
Lm	0.1878 ***	0.1878 ***	**0.1574 *****
	(14.91)	(4.45)	**(3.93)**
Nm	0.1693 ***	0.1693 ***	**-0.0769 ****
	(6.27)	(3.46)	**(-6.70)**
常数项	0.0000	0.0000	-0.0189
	(0.00)	(0.00)	(-0.49)
F or Wald statistic	F = 610.87 ***	F = 32.05 ***	chi2(4) = 152.57 ***
R^2	0.4736	0.4736	0.5889
Modified Wald statistic test	270000.00 ***	—	—
LR test	7042.46 ***	—	—

续表

中国城市统计年鉴面板数据　被解释变量：创新型人才密度［方程（5－1）］			
变量	（1）固定效应 估计 FE	（2）Drisc－kraay 稳健 型标准误估计	（3）面板修正误差 标准误估计 PSCE
Wooldridge test	13.58 ***	—	—
Pesaran's test	88.31 ***	—	—
Friedman's test	383.37 ***	—	—
Frees' test	40.03 ***	—	—
观测值	2992	2992	2992
城市数	272	272	272

注：（1）括号中的数字为聚类稳健标准误估计和固定效应估计的 t 值，以及面板修正误差标准误估计的 z 值。

（2）*** 表示在 1% 的置信水平上显著；** 表示在 5% 的置信水平上显著；* 表示在 10% 的置信水平上显著。

（3）Likelihood－Ratio（LR）test 和 Modified Wald statistic test 在面板回归模型中检测组间异方差。

（4）Wooldridge test 在面板数据回归中检测组内自相关。

（5）Pesaran's test、Friedman's test 和 Frees' test 用于检验短面板回归中组间同期自相关。

通过运用 Drisc－Kraay 稳健型标准误估计克服异方差，结果表明城市经济适宜性、社会适宜性、休闲适宜性和自然适宜性影响创新型人才的空间分布。而后，进一步运用面板修正误差标准误估计来克服组间同期自相关，结果进一步证实创新型人才的空间集聚受城市经济适宜性、社会适宜性、休闲适宜性和自然适宜性的共同影响，而其中经济适宜性对创新型人才集聚相关影响最大，这与国内学者的研究结果基本一致[58,59]，即经济因素是影响我国创新型人才集聚最重要的因素。表 5－3 又以创新型人才密度为因变量，以各个适宜性中包含的变量（如人均 GDP、生活成本、电影院、博物馆等）为自变量，来进一步探索吸纳创新型人才的核心要素。

以创新型人才密度为因变量，对基于方程（5－2）的面板数据进行回归。表 5－3 前两列展现了所有自变量回归结果。然而受共线性影响，部分变量回归结果与现实不符，如人均 GDP 的系数为负，即创新型人才喜欢集聚在经济不发达城市，这显然与现实不符。本章通过逐个剔除共线自变量，得到相对客观的估计结果见表 5－3 中的列（1）、列（2）和列（3）。为了使观察系数有直观经济意义，本章对估计的数据进行标准化处理（下文中的估计也均采用标准化处理的数据进行）。

由于 Hausman test 和 F－test 的 p 值均小于 0.05，故表 5－3 中的面板回归采用固定效应模型进行分析。Modified Wald statistic test 和 LR test 的结果（p =

0.000）均显示表5－3中固定效应模型（1）存在异方差。此外，Wooldridge test的检验结果也显示该固定效应模型存在组内自相关。Pesaran's test 和 Friedman's test 两种检验的 p 值均小于 0.05，且 Frees' test 检验非主对角线元素绝对值的平均值高达 0.382。因此强烈拒绝原假设"无组间同期自相关"，而认为该固定效应模型存在同期自相关。本章采用 Drisc－kraay 稳健型标准误估计来克服异方差和组内自相关，采用面板修正误差标准误估计来克服同期组间自相关，详见表5－3中列（2）和列（3）面板数据回归。

表5－3　基于创新型人才密度的面板数据回归结果（2）

《中国城市统计年鉴》面板数据　被解释变量：创新型人才密度［方程（5－2）］					
自变量	固定效应估计	自变量	（1）固定效应估计 FE	（2）Drisc－kraay 稳健型标准误估计	（3）面板修正误差标准误估计 PSCE
Industry	− 0.0313 * （− 1.63）	Lcost	0.0205 *** （2.75）	0.0205 *** （3.09）	**0.0397 ***** **（3.46）**
Tindustry	− 0.0320 * （− 1.66）	Industry	− 0.0353 * （− 1.92）	− 0.0353 *** （− 2.68）	**0.0688 ***** **（4.51）**
Lcost	0.0205 *** （2.71）	Tindustry	− 0.0363 * （− 1.94）	− 0.0363 ** （− 2.37）	**0.0572 *** （2.46）**
ln（Pgdp）	− 0.0156 （− 0.25）	Patent	0.0732 *** （6.62）	0.0732 *** （4.29）	**0.1752 ***** **（5.51）**
Patent	0.0813 *** （6.89）	Wholesale	0.0549 *** （7.38）	0.0549 *** （4.47）	**0.0553 ***** **（5.07）**
Finvest	0.0813 （1.21）	Eexpenditure	− 0.0067 * （− 1.76）	− 0.0067 （− 1.77）	**− 0.0065 * （− 1.78）**
Hinvest	0.0084 （0.44）	Middle	0.0360 *** （3.83）	0.0360 *** （5.52）	**0.0691 ***** **（6.19）**
Wholesale	0.0551 *** （7.22）	University	0.0445 *** （2.91）	0.0445 ** （2.38）	**0.0829 ***** **（6.42）**
Sexpenditure	− 0.0048 （− 0.71）	Hbed	0.0614 *** （5.83）	0.0614 *** （5.94）	**0.0367 ***** **（2.72）**
Eexpenditure	− 0.0057 （− 1.39）	Taxi	0.0403 *** （2.71）	0.0403 ** （2.14）	**0.1714 ***** **（6.67）**
Primary	0.0079 （0.91）	Roadway	0.0234 *** （3.34）	0.0234 * （1.88）	**0.0256 * （1.81）**

续表

《中国城市统计年鉴》面板数据　被解释变量：创新型人才密度［方程（5-2）］					
自变量	固定效应估计	自变量	（1）固定效应估计 FE	（2）Drisc-kraay稳健型标准误估计	（3）面板修正误差标准误估计 PSCE
Middle	0.0299 *** (2.82)	Sewage	-0.0117 ** (-2.46)	-0.0117 *** (-3.35)	-0.0022 (-0.34)
University	0.0434 *** (2.81)	Electricity	0.0620 *** (6.60)	0.0620 *** (5.19)	**0.0286 *** **(1.93)**
Hospital	-0.0031 (-0.66)	Gas	-0.0566 *** (-5.48)	-0.0566 *** (-6.53)	0.0417 (1.53)
Hbed	0.0643 *** (5.88)	Mobile	0.1857 *** (12.41)	0.1857 *** (3.47)	**0.1106 *** **(3.70)**
Taxi	0.0382 *** (2.54)	Internet	0.0332 *** (4.96)	0.0332 * (3.67)	**0.0472 *** **(3.71)**
Roadway	0.0218 *** (2.89)	Parka	0.1454 *** (9.88)	0.1454 *** (6.64)	**0.1561 *** **(4.84)**
Bus	-0.0054 (-0.72)	Greenl	0.0388 *** (5.37)	0.0388 *** (5.89)	**0.0323 *** **(2.56)**
Waste	0.0009 (0.20)	Parkn	-0.0856 *** (-5.09)	-0.0856 *** (-3.22)	-0.1668 (0.84)
Sewage	-0.0101 ** (-2.00)	Restaurant	-0.0766 *** (-5.98)	-0.0766 *** (-3.33)	**0.0468 *** **(3.59)**
Water	-0.0051 (-0.78)	Cinema	0.0189 *** (3.73)	0.0189 * (1.86)	0.0036 (0.19)
Electricity	0.0626 *** (5.99)	Museum	0.0302 *** (4.29)	0.0302 *** (4.24)	**0.0236 *** **(2.03)**
Gas	-0.0614 *** (-5.80)	Books	0.0297 *** (2.51)	0.0297 *** (3.96)	**0.0681 *** **(6.09)**
Fixedl	0.0124 (0.85)	Temperature	0.3375 *** (3.74)	0.3375 (1.52)	—
Mobile	0.1862 *** (12.20)	Humidity	0.0936 *** (4.06)	0.0936 *** (3.71)	**-0.0327 *** **(-3.70)**
Internet	0.0345 *** (5.07)	SO_2	-0.0526 *** (-5.94)	-0.0526 ** (-2.31)	**-0.0724 *** **(-3.63)**
Parka	0.1503 *** (9.86)	Effluent	-0.0157 ** (-1.97)	-0.0157 (-0.98)	—

续表

《中国城市统计年鉴》面板数据			被解释变量：创新型人才密度〔方程（5-2）〕		
自变量	固定效应估计	自变量	（1）固定效应估计 FE	（2）Drisc-kraay稳健型标准误估计	（3）面板修正误差标准误估计 PSCE
Greenl	0.0375*** (5.04)	Smoke	-0.0114** (-2.13)	-0.0114** (-2.12)	-0.0057 (-0.58)
Greenc	-0.0055 (-1.16)	常数项	0.0001 (0.04)	0.0001 (0.02)	0.0035 (0.17)
Parkn	-0.0695*** (-3.55)	For Wald statistic	F=172.52***	F=298.55***	chi2(15) = 3435.44***
Restaurant	-0.0779*** (-5.98)	R^2	0.6423	0.6423	0.8814
Cinema	0.0194*** (3.79)	Hausman test	409.26***	—	—
Museum	0.0302*** (4.10)	F test	43.21***	—	—
Library	0.0126 (1.06)	Modified Wald statistic test	260000.00***	—	—
Books	0.1274*** (12.00)	LR test	5636.48***	—	—
Gallary	0.0108 (0.80)	Wooldridge test	12.088***	—	—
Art	0.0007 (0.16)	Pesaran's test	54.489***	—	—
Temperature	0.3357*** (3.70)	Friedman's test	187.486**	—	—
Humidity	0.0925*** (3.99)	Frees' test	22.330***	—	—
SO_2	-0.0519*** (-5.81)	观测值	2990	2992	2992
Effluent	-0.0140* (-1.73)	城市数	272	272	272
Smoke	-0.0118** (-2.20)	—	—	—	—
常数项	0.0001 (0.04)	—	—	—	—

续表

《中国城市统计年鉴》面板数据　　被解释变量：创新型人才密度［方程（5-2）］					
自变量	固定效应估计	自变量	（1）固定效应估计 FE	（2）Drisc-kraay 稳健型标准误估计	（3）面板修正误差标准误估计 PSCE
F 值	115.12	—	—	—	—
R²	0.4685	—	—	—	—
观测值	2990	—	—	—	—
城市数	272	—	—	—	—

注：（1）括号中的数字为聚类稳健标准误估计和固定效应估计的 t 值，以及面板修正误差标准误估计的 z 值。

（2）＊＊＊表示在 1% 的置信水平上显著；＊＊表示在 5% 的置信水平上显著；＊表示在 10% 的置信水平上显著。

（3）Hausman test 用于检验面板回归中随机效应是否比固定效应更合适。

（4）F test 用于检验面板回归中混合回归是否比固定效应更合适。

（5）Likelihood-Ratio（LR）test 和 Modified Wald statistic test 在面板回归模型中检测组间异方差。

（6）Woolridge test 在面板数据回归中检测组内自相关。

（7）Pesaran's test、Friedman's test 和 Frees' test 用于检验短面板回归中组间同期自相关。

通过克服异方差、组内自相关和同期自相关，表 5-3 第（3）列结果表明影响创新型人才集聚的要素主要为经济适宜性中的生活成本（Lcost），城市第二产业占 GDP 比重（Industry），第三产业占 GDP 比重（Tindustry），每万人拥有的专利授权量（Patent），批发零售业份额（Wholesale），教育支出占总财政支出比（Eexpenditure）；社会适宜性中的每万人拥有的中学数量（Middle），每万人拥有的大学数量（University），每万人拥有的床位数（Hbed），每万人拥有的出租车数量（Texi），每万人拥有的道路面积（Roadway），每万人移动电话用户数（Mobile），每万人互联网接入用户数（Internet），每万人生活用电量（Electricity）；休闲适宜性中的每万人拥有公园绿地面积（Parka），每万人拥有绿地面积（Greenl），每万人拥有的图书馆藏书数量（Books），每万人拥有的星级饭店数（Restaurant）和每万人拥有的博物馆数量（Museum）；以及自然适宜性中的每平方千米二氧化硫排放量（SO_2），年平均相对湿度（Humidity）。

首先，从表 5-3 第（3）列可知，经济适宜性依然是影响创新型人才集聚最主要的因素。而其中，代表城市创新活力的每万人拥有的专利授权量与创新型人才集聚的相关性最高，这说明"创新活力"越高的城市"才气"越足，这证伪了假设 1，即创新型人才选择适宜发展和生活的集聚地虽然主要依赖经济适宜性，但不是为了谋求生存而选择经济发展高地，而是为了追求创意而选择创新活力较高的城市。这与国内外的研究结果有些出入，国内外的研究结果普遍认为，工资水平对人才集聚的相关性最大[58~60,97,188,193]。这主要是由于国外得出此结论的文献的研究期间主要集中在 20 世纪 70 年代以前，而国内得出此结论的文献的研究期间主要集中在 1990 ~ 2005 年。其实在 20 世纪 70 年代以前，欧美大部分国家还处在工业社会发展阶段[376]，吸引欧美国家人才集聚的要素主要为工资水平[188,193]。随着欧美国家逐渐步入后工业社会，优秀的创新型人才不再以追求金钱为目的，而创新和激情成为刺激其工作的主要动力[20]。在中国类似的现象也在发生，虽然中国仍然处于工业社会，但在 1979 ~ 2010 年，中国经济正处于 L 类型增长阶段①，这一阶段的主要特点为有大量剩余的劳动力资源和无限供给的非农部门。这一时期中国经济正经历着从计划经济向市场经济转型的过程中，制度的改革释放了中国丰富的劳动力资源，物质资本和人力资本的激励机制（劳动报酬制度改革、人才考核和晋升制度改革等）促使中国人才迁移，人力资本得到有效配置[71]。因此，这一时期，中国人才集聚与工资水平和地区经济实力密切相关。2010 年之后，中国经济进入 T 类型增长阶段，这一阶段的主要特征为人力资本短缺和普通劳动力工资上涨。这一时期，中国经济逐渐发展成熟（进入了向索洛新古典增长类型②转变的快车道），之前有效的物质资本和人力资本激励机制在吸引人才，尤其是创新型人才集聚方面难以奏效[71]。创新型人才更注重追求创意[20]，更偏好创新活力高的城市。

其次，本章研究的结果也显示生活成本（城市住宅房价/月工资）和产业结构也是影响创新型人才空间分布的重要因素。生活成本越高，越吸引创新型人才集聚，这说明在经济发达城市，高房价是高适宜性的价格反映[191,192]。另外，创新型人才倾向在高房价的城市购买房屋，不仅是因为其地理位置独特，更因为投资这些房子还会带来更高的利润回报[103]。相关产业在一个城市集聚也必然会导致专业人才在该城市集聚[39,104]，本章研究结果也显示第二产业和第三产业的规模会影响创新型人才集聚，而且其与创新型人才集聚的相关性较大，仅次于每万人拥有的专利授权量。然而，本章研究的结果也显示教育支出占总财政支出比对创新型人才集聚呈负影响。这可能是由于当前中国对中小学教育的投入要远高于大学教育[377]，而创新型人才的集聚依赖于高端人才的集聚，且"双一流"高校主要分布在东部城市（如北京大学、复旦大学、南开大学等）。因此，目前来

---

　　①　蔡昉将中国经济发展阶段共分为四个阶段，即 M 类型增长阶段（马尔萨斯式经济增长）、L 类型增长阶段（刘易斯二元经济发展阶段）、T 类型增长阶段（刘易斯转折点），以及 S 类型增长阶段（索洛新古典增长）[71]。

　　②　索洛新古典增长类型，即在一个完全竞争的环境下，经济、劳动和资本投入的增长引发的产出的经济增长类型。虽然在索洛新古典增长类型阶段，经济发展相对成熟，但是索洛新古典增长并非是一种经济稳定均衡增长。在索洛新古典增长类型阶段，经济发展仍然会存在一定的风险[71]。

看，教育支出占总财政支出比对创新型人才集聚呈负影响，这证伪了假设 2，即创新型人才并不倾向于集聚在政府教育财政支出较多的城市。

社会适宜性和休闲适宜性成为影响创新型人才集聚的第二和第三大因素。社会适宜性中的教育、医疗、交通、电力、电信等基础设施，以及休闲适宜性中的博物馆、图书馆藏书数量、星级饭店、公园绿地面积等也成为影响创新型人才集聚的主要要素，这说明创新型人才集聚对人文因素十分敏感，创新型人才喜欢集聚在教育资源丰富等社会适宜性较高，以及博物馆数量较多、图书馆藏书数量丰富等休闲适宜性较高的城市，这证实了假设 4。其实中国的这个现象并不是"新现象"，它印合了国际发展的经验事实。最近 15 年来的最新研究表明，在西方世界，以基础设施和休闲文化设施为代表的社会适宜性和休闲适宜性已经超越经济适宜性和自然适宜性，成为城市吸引高素质和高技术人才集聚的最重要因素[24,40,378]。如 Florida 以及 Cowling 和 Lee 分别分析了英国和美国创新型人才的分布，提出影响其分布的主要因素为大学和研究所分布，以及城市的文化氛围[20,41]。Glaeser 和 Efrat 强调图书馆、博物馆、特色饭店等人文设施对创新型人才分布的重要性[27,379]。国内学者王全纲和赵永乐也提出教育等公共基础设施对全球高端科研人才的集聚有重要影响[42]。苏楚和杜宽旗也发现影响创新型人才的主要要素包括高等学校数量、图书馆等文化场所的数量等[267]。此外，受知识外部性的驱使，创新型人才也喜欢集聚到电信、互联网等信息化发达的城市，本章研究的结果也显示每万人移动电话用户数和每万人互联网接入用户数都对创新型人才集聚有显著正向影响。

最后，值得关注的是，社会适宜性中，每万人拥有的出租车数量对创新型人才集聚的相关性最高，这可能是因为高素质和高技术人才对速度和效率非常敏感，更加关注交通的便利性[24]，这证实了假设 3，即创新型人才倾向于集聚在交通便利的城市。另外，每万人拥有公园绿地面积是休闲适宜性中影响创新型人才最重要的要素，这主要是因为创新型人才比较注重生态环境，喜欢居住在邻近公园或绿化率较高的地区[224,235]。

本研究的结果显示，相对于经济适宜性、社会适宜性和休闲适宜性，自然适宜性对创新型人才集聚影响较小。城市年平均相对湿度和每平方千米二氧化硫排放量对创新型人才集聚均呈现负影响，这说明创新型人才倾向于集聚在气候干燥舒适、空气质量好的城市，而且根据实证结果，目前创新型人才的空间分布受自然气候影响较小，而受空气质量影响较大，这也证实了假设 5。

综上所述，影响创新型人才集聚的主要因素为经济适宜性、社会适宜性、休闲适宜性和自然适宜性。具体到各个影响要素上，即经济适宜性中的生活成本，城市第二产业占 GDP 比重，第三产业占 GDP 比重，每万人拥有的专利授权量，批发零售业份额，教育支出占总财政支出比，社会适宜性中的每万人拥有的中学数量，每万人拥有的大学数量，每万人拥有的床位数，每万人拥有的出租车数量，每万人拥有的道路面积，每万人移动电话用户数和每万人互联网接入用户数以及每万人生活用电量，休闲适宜性中的每万人拥有公园绿地面积，每万人拥有绿地面积、每万人拥有的图书馆藏书数量，每万人拥有的星级饭店数，每万人拥有的博物馆数量，以及自然适宜性中的年平均相对湿度和每平方千米二氧化硫排放量都对创新型人才空间分布有显著影响，代表城市创新活力的每万人拥有的专利授权量与创新型人才集聚的相关性最高。

二、稳健性检验：影响创新型人才集聚的核心要素

本章又选取 2006 年、2011 年和 2016 年中国经济生活大调查数据，通过三年的截面回归分析来深度探究各地区城市适宜性如何影响创新型人才集聚，并将此结果与《中国城市统计年鉴》面板数据的计量结果进行对比分析，以检验《中国城市统计年鉴》面板数据计量结果的稳健性。截面回归分析中，因变量为四大集聚地区创新型人才个体，是多元离散变量，因此本章研究的实证方法采用多元 Probit 模型。本章研究的模型如下所示：

$$
\begin{aligned}
Cd_i = {} & \gamma + \gamma_1\,Hincome_i + \gamma_2\,Expectation_i + \gamma_3\,Houseprice_i + \gamma_4\,Happiness_i + \\
& \gamma_5\,Industry_i + \gamma_6\,Tindustry_i + \gamma_7\,Lcost_i + \gamma_8\,\ln(Pgdp)_i + \gamma_9\,Patent_i + \\
& \gamma_{10}\,Cinvest_i + \gamma_{11}\,Finvest_i + \gamma_{12}\,Hinvest_i + \gamma_{13}\,Wholesale_i + \gamma_{14}\,Sexpenditure_i + \\
& \gamma_{15}\,Eexpenditure_i + \gamma_{16}\,Primary_i + \gamma_{17}\,Middle_i + \gamma_{18}\,University_i + \gamma_{19}\,Hbed_i + \\
& \gamma_{20}\,Texi_i + \gamma_{21}\,Bus_i + \gamma_{22}\,Roadway_i + \gamma_{23}\,Fixedl_i + \gamma_{24}\,Mobile_i + \gamma_{25}\,Internet_i + \\
& \gamma_{26}\,Water_i + \gamma_{27}\,Electricity_i + \gamma_{28}\,Gas_i + \gamma_{29}\,Waste_i + \gamma_{30}\,Sewage_i + \gamma_{31}\,Parka_i + \\
& \gamma_{32}\,Greenl_i + \gamma_{33}\,Greenc_i + \gamma_{34}\,Parkn_i + \gamma_{35}\,Restaurant_i + \gamma_{36}\,Cinema_i + \\
& \gamma_{37}\,Museum_i + \gamma_{38}\,Library_i + \gamma_{39}\,Books_i + \gamma_{40}\,Gallary_i + \gamma_{41}\,Art_i + \gamma_{42}\,Temperature_i + \\
& \gamma_{43}\,Humidity_i + \gamma_{44}\,SO_{2i} + \gamma_{45}\,Effluent_i + \gamma_{46}\,Smoke_i + \gamma_{47}\,Age_i + \gamma_{48}\,Sex_i + \\
& \gamma_{49}\,Marriage_i + \mu_i
\end{aligned}
\tag{5-3}
$$

其中，Cd_i 为因变量，表示第 i 个地区的创新型人才个体。$Hincome_i$ 表示第 i 个地区创新型人才的家庭收入，$Expectation_i$ 表示第 i 个地区创新型人才的预期收入，$Houseprice_i$ 表示第 i 个地区创新型人才的幸福感。由于 2006 年调查问卷中不包含性别和婚姻状况，因此，性别和婚姻状况仅在 2011 年和 2016 年截面分析中作为控制变量纳入方程。此外，人均 GDP（Pgdp）、生活成本（Lcost）、每万人拥有的电影院数量（Cinema）等变量与方程（5-2）中的变量含义相同，表示创新型人才个体所在第 i 个地区的人均 GDP、生活成本，以及城市所拥有的基础设施和休闲设施（各个自变量的具体含义请参见第四章表 4-1）。γ_1、γ_2、γ_3、

γ_4，…，γ_{49}是待估的弹性系数，γ 为常数项，μ_1 为随机扰动项。

根据多元 Probit 模型，基于第四章创新型人才城市适宜性选择模型方程（4 - 6）和方程（4 - 7），由于选择概率需要用抽样修正系数进行调整，因此，城市适宜性中的各个核心要素影响创新型人才在第 i 个地区集聚的概率为：

$$P(cd_i = j \mid V_i) = P(cd_{ij} > cd_{ik} \; \forall k \neq j)$$

$$= P\left[V_{ij} + \ln\left(\frac{z_j}{Z \times q(j)} \right) + \varepsilon_{ij} > V_{ik} + \ln\left(\frac{z_k}{Z \times q(k)} \right) + \varepsilon_{ik} \; \forall k \neq j \right]$$

$$= \int_{\varepsilon_i \in B_{ij}} \emptyset(\varepsilon_i) \, d\varepsilon_i$$

$$= \int_{\varepsilon_i \in B_{ij}} \frac{1}{(2\pi)^{\frac{1}{2}} |\Omega|^{\frac{1}{2}}} e^{-\frac{1}{2}\varepsilon'_i \Omega^{-1}\varepsilon_i} \, d\varepsilon_i \qquad (5-4)$$

其中，V_{ij}包含所有核心自变量和控制变量，包含家庭收入、预期收入、预期房价、年龄、性别、婚姻状况等［参见第四章创新型人才城市适宜性选择模型方程(4 - 6)］。ε_{ij}为随机扰动项，服从正态分布。$B_{ij} = \left\{ \varepsilon_i \text{s. t. } V_{ij} + \ln\left(\frac{z_j}{Z \times q(j)} \right) + \varepsilon_{ij} > V_{ik} + \ln\left(\frac{z_k}{Z \times q(k)} \right) + \varepsilon_{ik} \; \forall j \neq k \right\}$，$\emptyset(\varepsilon_i)$ 是扰动项 ε_i 的密度，Ω 是协方差矩阵，取决于个体所面临的选择。$q(j)$ 为 Z 个集聚地中选择第 j 个集聚地的选择可能性（拟绘制可能性）。z_j 为地区样本选择的频率，Z 为地区总量 $Z = \sum_j z_j$。

表 5 - 4 至表 5 - 5 报告了基于方程（5 - 4）的 2006 年、2011 年和 2016 年中国经济生活大调查数据回归结果。在截面回归中，本章选取多元 Probit 回归模型对影响创新型人才集聚的核心要素进行估计。为克服截面数据个体间存在的异方差问题，采用怀特异方差稳健标准误对所估计系数进行修正，回归结果如表 5 - 4 和表 5 - 5 所示。

表5 -4　2006 年、2011 年和 2016 年影响东部地区创新型人才集聚的核心要素实证结果分析

自变量	中国经济生活大调查数据　因变量：集聚地区创新型人才个体，以东北地区为基准		
	2006 年	2011 年	2016 年
Hincome	0. 2887 ***	0. 1302 **	0. 0643
	(5. 58)	(2. 26)	(1. 27)
Expectation	**0. 1401 *****	**0. 0556 ****	**0. 1046 ****
	(2. 68)	**(1. 07)**	**(2. 10)**
Happiness	0. 1016 *	0. 1151 *	0. 1230 ***
	(1. 89)	(1. 90)	(2. 62)

续表

自变量	中国经济生活大调查数据　因变量：集聚地区创新型人才个体，以东北地区为基准		
	2006 年	2011 年	2016 年
Houseprice	− 0. 0272	0. 1345 **	− 0. 0495
	(− 0. 54)	(2. 46)	(− 1. 04)
Lcost	**2. 2459 ***	**1. 7284 ***	**4. 5606 ***
	(7. 93)	**(15. 47)**	**(15. 00)**
Industry	5. 5856 ***	1. 6101	5. 9742 ***
	(18. 68)	(12. 51)	(24. 69)
Tindustry	**7. 9540 ***	**4. 3830 ***	**8. 3753 ***
	(16. 45)	**(20. 29)**	**(20. 87)**
Wholesale	**5. 4526 ***	**6. 7532 ***	**5. 8201 ***
	(18. 05)	**(25. 83)**	**(18. 78)**
Patent	**7. 9984 ***	**9. 5192 ***	**9. 6701 ***
	(13. 37)	**(28. 04)**	**(3. 71)**
Eexpenditure	**− 3. 5455 ***	**− 2. 4364 ***	**− 5. 2068 ***
	(− 25. 49)	**(− 6. 85)**	**(− 23. 72)**
Middle	3. 0124 ***	− 3. 0318 ***	− 1. 7284 ***
	(19. 35)	(− 30. 71)	(− 9. 89)
University	**4. 6351 ***	**6. 3855 ***	**1. 6572 ***
	(25. 28)	**(20. 19)**	**(5. 81)**
Hbeds	4. 8192 ***	− 4. 3345 ***	− 8. 7448 ***
	(18. 55)	(− 28. 63)	(− 19. 43)
Taxi	**7. 1918 ***	**6. 5005 ***	**9. 5696 ***
	(23. 34)	**(29. 47)**	**(19. 80)**
Roadway	**2. 8410 ***	**1. 9847 ***	**2. 4029 ***
	(13. 41)	**(33. 00)**	**(20. 21)**
Electricity	6. 0165 ***	1. 5582 ***	5. 3418 ***
	(11. 83)	(8. 75)	(10. 02)
Gas	1. 4498 ***	0. 6528 *	0. 1148
	(10. 80)	(1. 94)	(0. 15)
Mobile	**5. 6678 ***	**0. 9225 ***	**1. 2115 *
	(10. 42)	**(2. 80)**	**(1. 90)**

续表

自变量	中国经济生活大调查数据　因变量：集聚地区创新型人才个体，以东北地区为基准		
	2006 年	2011 年	2016 年
Internet	**7. 9277 *****	**6. 3249 *****	**6. 7917 *****
	(23. 99)	**(26. 16)**	**(17. 39)**
Parka	**7. 5378 *****	**8. 2236 *****	**9. 3908 *****
	(21. 74)	**(28. 05)**	**(13. 72)**
Greenl	4. 2427 ***	8. 4651 ***	− 8. 0054 ***
	(21. 18)	(30. 23)	(− 14. 84)
Parkn	− 5. 2750 ***	4. 8314 ***	**− 7. 7311 *****
	(− 8. 07)	(15. 31)	**(− 9. 93)**
Museum	**1. 6584 *****	**4. 9127 *****	**2. 3279 *****
	(10. 89)	**(14. 61)**	**(9. 63)**
Books	2. 5271 ***	− 6. 9439 ***	− 1. 6624 ***
	(7. 45)	(− 21. 50)	(− 4. 77)
Age	− 0. 1474 ***	− 0. 0124	0. 2036 ***
	(− 2. 63)	(− 0. 25)	(3. 70)
Sex	—	− 0. 0022	− 0. 0208 ***
		(− 0. 05)	(− 0. 43)
Marriage	—	− 0. 0969 **	− 0. 1053 *
		(− 2. 47)	(− 1. 89)
N	26042	29510	25363
Wald chi2	46471. 47	42250. 89	30219. 11
Prob > chi2	0. 0000	0. 0000	0. 0000
Log likelihood	− 4404. 5616	− 10972. 047	− 4939. 2412

注：括号中的数字为 t 值。*** 表示 1% 的显著水平，** 表示 5% 的显著水平，* 表示 10% 的显著水平。

表 5 − 5　2006 年、2011 年和 2016 年影响中部、西部和东北地区
创新型人才集聚的核心要素实证结果分析

因变量	自变量	中国经济生活大调查数据 因变量：集聚地区创新型人才个体，以东部地区为基准		
		2006 年	2011 年	2016 年
中部地区 创新型人才	Hincome	− 0. 2674 ***	0. 0857 ***	− 0. 0785 **
		(− 6. 92)	(3. 73)	(− 2. 00)

续表

因变量	自变量	中国经济生活大调查数据 因变量：集聚地区创新型人才个体，以东部地区为基准		
		2006 年	2011 年	2016 年
中部地区 创新型人才	Expectation	- 0. 0301 (- 0. 78)	- 0. 0211 (- 0. 95)	0. 0383 (1. 02)
	Happiness	- 0. 0359 (- 0. 86)	- 0. 0073 (- 0. 33)	0. 0176 (0. 48)
	Houseprice	- 0. 0720 ** (- 2. 00)	- 0. 0271 (- 1. 27)	0. 0693 * (1. 69)
	Lcost	**- 1. 5444 *** (- 11. 79)**	**- 2. 0112 *** (- 30. 64)**	**- 2. 9909 *** (- 14. 62)**
	Industry	0. 8275 *** (4. 72)	- 0. 5418 * (- 8. 45)	- 1. 3639 *** (- 7. 16)
	Tindustry	- 1. 6411 *** (- 5. 18)	- 2. 6535 *** (- 30. 45)	5. 2403 *** (12. 26)
	Wholesale	**- 0. 2030 ** (- 2. 18)**	**- 0. 9339 *** (- 19. 51)**	**- 1. 2703 *** (- 14. 58)**
	Patent	**8. 6996 *** (25. 52)**	**5. 1378 *** (25. 44)**	**8. 5820 *** (18. 65)**
	Eexpenditure	- 2. 6252 *** (- 28. 87)	- 1. 1472 *** (- 26. 98)	- 4. 0769 *** (- 25. 19)
	Middle	**3. 0427 *** (24. 89)**	**1. 9710 *** (50. 34)**	**4. 4815 *** (25. 15)**
	University	**7. 6555 *** (37. 80)**	**5. 3389 *** (52. 30)**	**8. 1936 *** (31. 68)**
	Hbeds	**4. 1831 *** (20. 66)**	**2. 5986 *** (32. 36)**	**3. 8484 *** (17. 05)**
	Taxi	**- 3. 7491 *** (- 17. 38)**	**- 2. 0846 *** (- 18. 79)**	**- 5. 6042 *** (- 14. 86)**
	Roadway	**- 0. 2103 ** (- 2. 24)**	**- 1. 7962 ** (- 38. 02)**	**- 0. 3214 *** (- 3. 26)**
	Electricity	2. 9543 *** (10. 30)	- 4. 1130 *** (- 34. 46)	3. 6915 *** (7. 41)

续表

因变量	自变量	中国经济生活大调查数据 因变量：集聚地区创新型人才个体，以东部地区为基准		
		2006 年	2011 年	2016 年
中部地区 创新型人才	Gas	− 5.7492 *** (− 21.77)	0.1868 (1.01)	− 6.1655 *** (− 12.39)
	Mobile	**− 8.1757 ***** **(− 19.50)**	**− 7.3509 ***** **(− 42.70)**	**− 9.5140 ***** **(− 12.39)**
	Internet	− 3.1695 *** (− 16.28)	− 0.0264 (− 0.68)	− 2.0571 *** (− 9.84)
	Parka	− 0.3938 ** (− 2.58)	1.2659 *** (7.60)	− 2.5707 *** (− 7.59)
	Greenl	**− 1.1172 ***** **(− 6.67)**	**− 0.5219 ***** **(− 7.86)**	**− 1.1039 ***** **(− 2.94)**
	Parkn	**− 3.1069 ***** **(− 10.06)**	**− 1.6544 ***** **(− 4.36)**	**− 6.9650 ***** **(− 7.62)**
	Museum	− 0.0929 (− 1.08)	− 0.1227 (− 1.39)	− 0.0029 (− 0.01)
	Books	**− 9.1437 ***** **(− 19.81)**	**− 5.0523 ***** **(− 22.76)**	**− 6.5959 ***** **(− 12.85)**
	Age	0.1992 *** (4.74)	0.0461 ** (1.99)	− 0.1219 *** (− 3.02)
	Sex	—	0.0418 * (1.95)	0.0879 ** (2.28)
	Marriage	—	− 0.0578 (− 2.59)	− 0.1529 *** (− 3.79)
西部地区 创新型人才	Hincome	− 0.1285 *** (− 3.21)	0.0279 (1.39)	− 0.1386 *** (− 3.52)
	Expectation	− 0.0002 (− 0.01)	− 0.0122 (− 0.63)	− 0.0562 (− 1.55)
	Happiness	0.1222 *** (2.92)	0.1255 *** (6.41)	− 0.0814 ** (− 2.23)
	Houseprice	− 0.0416 (− 1.80)	− 0.0919 *** (− 4.90)	0.0978 ** (2.58)

续表

因变量	自变量	中国经济生活大调查数据 因变量：集聚地区创新型人才个体，以东部地区为基准		
		2006 年	2011 年	2016 年
西部地区 创新型人才	Lcost	−6.9015*** (−39.10)	−2.8589*** (−46.98)	−8.9656*** (−36.80)
	Industry	−0.7397*** (−5.31)	−1.2203*** (−21.77)	−4.2474*** (−22.62)
	Tindustry	−5.7232*** (−20.14)	−2.5302*** (−30.50)	10.5005*** (23.64)
	Wholesale	1.1469*** (9.09)	1.7383*** (44.89)	3.0976*** (30.99)
	Patent	1.6253*** (27.44)	0.1679* (1.81)	1.0122 (4.85)
	Eexpenditure	−1.8950*** (−16.94)	−0.7780*** (−22.53)	−3.3464*** (−19.86)
	Middle	1.7844*** (13.52)	1.0660*** (29.59)	2.7655** (14.83)
	University	0.6952*** (4.93)	1.3036*** (34.28)	1.6038*** (10.51)
	Hbeds	3.7320*** (18.17)	1.6021*** (29.34)	2.9980*** (13.09)
	Taxi	−1.2758*** (−6.81)	−1.7829*** (−22.91)	−1.1225*** (−3.91)
	Roadway	−2.1815*** (−29.54)	−1.8103*** (−34.28)	−2.2030*** (−23.42)
	Electricity	3.0852*** (14.83)	0.9419*** (12.73)	1.4058*** (2.64)
	Gas	−2.5129*** (−10.40)	−3.9266*** (−27.14)	−2.3903*** (−6.82)
	Mobile	5.5398*** (21.38)	−0.6031*** (−8.00)	1.9229*** (4.86)
	Internet	−5.5398*** (−21.28)	−0.2027*** (−6.35)	−4.7396*** (−17.93)

续表

因变量	自变量	中国经济生活大调查数据 因变量：集聚地区创新型人才个体，以东部地区为基准		
		2006 年	2011 年	2016 年
西部地区 创新型人才	Parka	**2. 4472 *** (11. 12)**	**0. 5024 *** (6. 40)**	**2. 4438 *** (10. 02)**
	Greenl	0. 6993 *** (5. 83)	− 0. 9115 *** (− 19. 94)	0. 2899 (0. 65)
	Parkn	0. 8031 *** (8. 46)	2. 1541 *** (6. 96)	− 1. 4382 * (− 1. 68)
	Museum	0. 4124 *** (4. 18)	− 0. 2744 *** (− 3. 82)	0. 5389 ** (2. 21)
	Books	**2. 4087 *** (11. 67)**	**0. 8241 *** (8. 11)**	**4. 4290 *** (14. 06)**
	Humidity	0. 8114 *** (9. 13)	—	—
	SO_2	− 1. 8085 *** (− 9. 71)	—	—
	Age	0. 1497 ** (3. 41)	0. 0574 *** (2. 85)	− 0. 1329 *** (− 3. 25)
	Sex	—	0. 0321 * (1. 70)	0. 0601 (1. 61)
	Marriage	—	− 0. 0652 *** (− 3. 23)	− 0. 1762 *** (− 4. 96)
东北地区 创新型人才	Hincome	− 0. 2887 *** (− 5. 58)	− 0. 1302 ** (− 2. 26)	− 0. 0643 (− 1. 27)
	Expectation	**− 0. 1401 *** (− 2. 68)**	**− 0. 0556 ** (− 1. 07)**	**− 0. 1046 ** (− 2. 10)**
	Happiness	**− 0. 1016 * (− 1. 89)**	**− 0. 1151 * (− 1. 90)**	**− 0. 1230 *** (− 2. 62)**
	Houseprice	0. 0272 (0. 54)	− 0. 1345 ** (− 2. 46)	0. 0495 (1. 04)
	Lcost	**− 2. 2459 *** (− 7. 93)**	**− 1. 7284 *** (− 15. 47)**	**− 4. 5606 *** (− 15. 00)**

续表

因变量	自变量	中国经济生活大调查数据 因变量：集聚地区创新型人才个体，以东部地区为基准		
		2006 年	2011 年	2016 年
东北地区 创新型人才	Industry	− 5. 5856 *** (− 18. 68)	− 1. 6101 (− 12. 51)	− 5. 9742 *** (− 24. 69)
	Tindustry	− 7. 9540 *** (− 16. 45)	− 4. 3830 *** (− 20. 29)	− 8. 3753 *** (− 20. 87)
	Wholesale	− 5. 4526 *** (− 18. 05)	− 6. 7532 *** (− 25. 83)	− 5. 8201 *** (− 18. 78)
	Patent	− 7. 9984 *** (− 13. 37)	− 9. 5192 *** (− 28. 04)	− 7. 6701 *** (− 3. 71)
	Eexpenditure	3. 5455 *** (25. 49)	2. 4364 *** (6. 85)	5. 2068 *** (23. 72)
	Middle	− 3. 0124 *** (− 19. 35)	3. 0318 *** (30. 71)	1. 7284 *** (9. 89)
	University	− 4. 6351 *** (− 25. 28)	− 6. 3855 *** (− 20. 19)	− 1. 6572 *** (− 5. 81)
	Hbeds	− 4. 8192 *** (− 18. 55)	4. 3345 *** (28. 63)	8. 7448 *** (19. 43)
	Taxi	− 7. 1918 *** (− 23. 34)	− 6. 5005 *** (− 29. 47)	− 9. 5696 *** (− 19. 80)
	Roadway	− 2. 8410 *** (− 13. 41)	− 1. 9847 *** (− 33. 00)	− 2. 4029 *** (− 20. 21)
	Electricity	− 6. 0165 *** (− 11. 83)	− 1. 5582 *** (− 8. 75)	− 5. 3418 *** (− 10. 02)
	Gas	− 1. 4498 *** (− 10. 80)	− 0. 6528 * (− 1. 94)	− 0. 1148 (− 0. 15)
	Mobile	− 5. 6678 *** (− 10. 42)	− 0. 9225 *** (− 2. 80)	− 1. 2115 * (− 1. 90)
	Internet	− 6. 9277 *** (− 23. 99)	− 6. 3249 *** (− 26. 16)	− 6. 7917 *** (− 17. 39)
	Parka	− 7. 5378 *** (− 21. 74)	− 8. 2236 *** (− 28. 05)	− 10. 3908 *** (− 13. 72)

因变量	自变量	中国经济生活大调查数据 因变量：集聚地区创新型人才个体，以东部地区为基准		
		2006 年	2011 年	2016 年
东北地区 创新型人才	Greenl	-4. 2427*** (-21. 18)	-8. 4651*** (-30. 23)	8. 0054*** (14. 84)
	Parkn	5. 2750*** (8. 07)	-4. 8314*** (-15. 31)	7. 7311*** (9. 93)
	Museum	**-1. 6584*** (-10. 89)**	**-4. 9127*** (-14. 61)**	**-2. 3279*** (-9. 63)**
	Books	-2. 5271*** (-7. 45)	6. 9439*** (21. 50)	1. 6624*** (4. 77)
	Humidity	0. 2274 (1. 57)	—	—
	SO_2	6. 1612*** (8. 66)	—	—
	Age	0. 1474*** (2. 63)	0. 0124 (0. 25)	-0. 2036*** (-3. 70)
	Sex	—	0. 0022 (0. 05)	0. 0208*** (0. 43)
	Marriage	—	0. 0969** (2. 47)	0. 1053* (1. 89)
	N	26042	29510	25363
	Wald chi2	46471. 47	42250. 18	30219. 11
	Prob > chi2	0. 0000	0. 0000	0. 0000
	Log likelihood	-4404. 5616	-10972. 047	-4939. 2412

注：括号中的数字为 t 值。***表示在 1%的置信水平上显著，**表示在 5%的置信水平上显著，*表示在 10%的置信水平上显著。

表 5 - 4 和表 5 - 5 为 2006 年、2011 年和 2016 年中国经济生活大调查数据回归结果。此外，通过逐步回归方法剔除共线性变量，即将所有自变量都纳入多元 Probit 模型，在保证数据集合收敛的情况下剔除共线性变量，最终形成新的自变量集合。本章运用 Stata12 进行计量实证分析，其中表 5 - 4 是以四大集聚地区创新型人才个体为因变量，以表 5 - 4 中的变量为自变量，以东北地区创新型人才

为基准得到的影响东部地区创新型人才集聚核心要素的实证结果分析。表5-5是以四大集聚地区创新型人才个体为因变量，以表5-5中的变量为自变量，以东部地区创新型人才为基准得到的影响中部、西部、东北地区创新型人才集聚核心要素的实证结果分析。

表5-4和表5-5是分地区回归分析的结果。通过逐步回归法剔除掉不相关变量和共线性变量，结果显示，东部地区的创新型人才集聚到经济适宜性（每万人拥有的专利授权量、批发零售业份额、第三产业配比、生活成本、预期收入等），社会适宜性（教育、交通和信息化等基础设施），以及休闲适宜性（每万人拥有的公园绿地面积、每万人拥有的博物馆数量）较高地区的概率较高。其中，经济适宜性中，创新型人才集聚在每万人拥有的专利授权量较多的东部地区的概率最大。根据表4-2，东部地区创新型人才占比远高于其他三个地区，因此从整体来看，创新型人才仍倾向于集聚在经济适宜性、社会适宜性和休闲适宜性较高的地区，且经济适宜性中每万人拥有的专利授权量对其影响的概率最大。这与表5-2和表5-3的结果基本吻合，表明实证结果较为稳健。

分区域来看，经济适宜性方面，2006~2016年截面数据分析结果显示，东部地区的创新型人才集聚在预期收入较高、生活成本较高、创新活力较高（每万人拥有的专利授权量较多）、消费活力较高（批发零售业份额较高）、第三产业占比较高的地区概率较高。相对于东部地区来说，中部地区的创新型人才则集聚在生活成本较低、消费活力较低，但创新型活力较高和基础设施完善的地区概率较高；而西部地区的创新型人才集聚在生活成本较低，但消费活力较高，基础设施较完善的地区的概率较高；而东北地区的创新型人才相对于东部地区，则集聚在生活成本较低、消费活力较低、创新活力也不高的地区概率较高。这一系列结果表明，东部地区的创新型人才更倾向于集聚到预期收入较高的地区，而相对于东部地区，中部、西部和东北地区的创新型人才并不倾向于集聚到预期收入较高的地区。但是由于东部地区的创新型人才占比远高于中部、西部和东北地区，因此从整体来看，创新型人才倾向于集聚在预期收入较高的地区。此外，表5-4和表5-5结果显示幸福感对创新型人才集聚的影响并不稳健，因此，本章研究的结果并不能完全证实理论假设6，即本章研究的结果证实创新型人才倾向于集聚在预期收入较高的地区，但是并不能证实创新型人才倾向于集聚在幸福感较高的地区。

此外，东部地区创新型人才集聚在第三产业配比较高的区域概率较高。但是相对于东部地区，中部、西部、东北地区的创新型人才并不倾向于集聚在第二产业或第三产业配比较高的地区。这可能是由于近年来地区产业转移和产业结构调整较大，地区产业转移和产业结构调整所产生的创新型人才集聚效应还未出现，但是具体到各个城市，产业结构优化升级所产生的创新型人才集聚效应已初见端倪。如成都 2013 ~ 2016 年第二产业和第三产业配比已相对较高，2016 年成都的创新型人才数量已跃居全国第 3 名，而创新型人才密度也位居全国第 11 名（详见本书第三章第一节）。

表 5 - 4 和表 5 - 5 结果显示，东部、中部和西部地区的创新型人才集聚在政府教育投入占财政支出较少地区的概率较大。这与表 5 - 3 中的结果基本吻合，这可能是由于当前中国对小学教育的投入要远高于大学教育[377]，而创新型人才的集聚依赖于高端人才。因此，目前来看，创新型人才主要集聚在政府教育投入占财政支出较少的地区。

社会适宜性和休闲适宜性方面，表 5 - 4 和表 5 - 5 的结果显示东部地区的创新型人才集聚在社会适宜性（教育、交通和信息化等基础设施）和休闲适宜性（每万人拥有的公园绿地面积、每万人拥有的博物馆数量）较高地区的概率较大。相对于东部地区，中部地区的创新型人才则集聚在教育（中学、大学）和医疗（每万人拥有的床位数）配套较高地区的概率较大；西部地区的创新型人才集聚在教育、医疗、电力等基础设施配套较高，且每万人拥有的图书馆藏书较多和公园绿地面积较高区域的概率较大；而东北地区的创新型人才，相对于东部地区，则集聚在生活节奏较慢的地区，即交通快捷性相对东部地区较慢区域的概率较大。

此外，表 5 - 4 和表 5 - 5 的结果显示，年龄、性别和婚姻状况对创新型人才集聚的影响并不稳健，因此，本章研究的结果并不能证实理论假设 7，即并不能证实创新型人才空间集聚受年龄、性别和婚姻状况的影响。

综上所述，总体来看，创新型人才集聚在经济适宜性（每万人拥有的专利授权量、批发零售业份额、第三产业配比、生活成本、收入预期等），社会适宜性（教育、交通、电力和信息化等基础设施），以及休闲适宜性（每万人拥有的公园绿地面积、每万人拥有的博物馆数量）都相对较高地区概率较高，表 5 - 2 和表 5 - 3 的实证结果基本稳健。

第二节 城市适宜性对各职业类别创新型人才集聚作用机制实证分析

如前文所述，根据 Florida 对创新型人才的分类[2]以及数据的可得性，本书将创新型人才共分为两大类，即核心创新型人才和专业创新型人才。两大创新型人才共包含十大职业类别：核心创新型人才包含信息传输、计算机服务和软件业人才，金融业人才，科学研究、技术服务和地质勘查业人才，文化、体育、娱乐业人才和教育业人才；专业创新型人才包含房地产业人才，水利、环境和公共设施管理业人才，公共管理和社会组织行业人才，职业医师和职业助理医师，以及租赁和商业服务业人才。本章将进一步探索城市适宜性对各类创新型人才集聚的作用机制，并甄别出吸纳各类创新型人才集聚的核心要素，从而挖掘出第四章理论假设的现实意义。

一、城市适宜性对信息传输、计算机服务和软件业人才集聚的作用机制

根据2007年和2017年的《中国城市统计年鉴》，以及中国劳动就业与经济社会发展统计数据，中国272个城市中，2006年共有1311400位信息传输、计算机服务和软件业人才。其中，东部地区的信息传输、计算机服务和软件业人才数量居全国四大区域首位，占全国的55.24%。中部、西部和东北地区信息传输、计算机服务和软件业人才数量分别占全国的18.69%、16.76%和9.31%。2016年信息传输、计算机服务和软件业人才数量达到了3721446人，而这四个地区信息传输、计算机服务和软件业人才占全国的比例，除东部和西部地区分别增长到61.14%和19.03%之外，其他两个地区都有所下降。2016年中部地区信息传输、计算机服务和软件业人才占全国的比例为12.95%，相比2006年下降了5.74%；东北地区信息传输、计算机服务和软件业人才占全国的比例为6.88%，下降了2.43%。

从创新型人才密度来看，我国的信息传输、计算机服务和软件业人才密度较高的城市主要为北京、深圳、南京、珠海、上海和杭州等。成都和西安等城市的信息软件类人才也在逐年增多，尤以成都最为突出，2016年成都成为仅次于深圳的中国第三大信息传输、计算机服务和软件业人才集聚城市。然而，城市适宜性如何影响信息传输、计算机服务和软件业人才的空间分布？吸纳信息传输、计算机服务和软件业人才的核心要素到底是什么？这是本小节主要探讨的内容。

表5-6和表5-7汇报了基于信息传输、计算机服务和软件业人才密度的面板数据回归结果。其中，表5-6呈现了以信息传输、计算机服务和软件业人才密度为因变量，以四种城市适宜性为自变量的面板回归结果。由于Hausman test和F-test的p值均小于0.05，故表5-6中的面板回归采用固定效应模型进行分析。Modified Wald statistic test和LR test的检验结果均表明表5-6中的固定效应模型存在异方差。Pesaran's test和Friedman's test两种检验的p值均小于0.01，且Frees' test检验非主对角线元素绝对值的平均值高达0.481，由此认为该固定效应模型存在同期自相关。此外，Wooldridge test的p值为0.0003小于0.05，故该固定效应模型存在组内自相关。

表5-6 基于信息传输、计算机服务和软件业人才密度的面板数据回归结果 (1)

变量	(1) 固定效应估计 FE	(2) Drisc-kraay 稳健型 标准误估计	(3) 面板修正误差 标准误估计 PSCE
Em	0.4555 ***	0.4555 *	**0.4319 *****
	(2.92)	(2.90)	**(3.99)**
Sm	0.3676 ***	0.3676 ***	**0.2970 *****
	(9.41)	(5.88)	**(3.81)**
Lm	0.1568 *	0.1568 *	**0.1467 ***
	(6.34)	(2.88)	**(1.82)**
Nm	0.1368 ***	0.1368 **	**-0.1027 *****
	(5.38)	(2.49)	**(2.09)**
常数项	0.0000	0.0000	0.0089
	(0.00)	(0.00)	(0.17)
F or Wald statistic	F = 115.70 ***	F = 20.66 ***	chi2(4) = 30.06 ***
R^2	0.3193	0.3193	0.5850
Hausman test	49.92 ***	—	—
F test	26.43 ***	—	—
Modified Wald statistic test	150000.00 ***	—	—
LR test	11535.09 ***	—	—
Wooldridge test	13.17 ***	—	—
Pesaran's test	181.39 ***	—	—
Friedman's test	864.72 ***	—	—
Frees' test	57.05 ***	—	—
观测值	2992	2992	2992
城市数	272	272	272

注：(1) 括号中的数字为聚类稳健标准误估计和固定效应估计的 t 值，以及面板修正误差标准误估计的 z 值。

(2) ∗∗∗表示在1%的置信水平上显著；∗∗表示在5%的置信水平上显著；∗表示在10%的置信水平上显著。

(3) Hausman test 用于检验面板回归中随机效应是否比固定效应更合适。

(4) F test 用于检验面板回归中混合回归是否比固定效应更合适。

(5) Likelihood-Ratio (LR) test 和 Modified Wald statistic test 在面板回归模型中检测组间异方差。

(6) Wooldridge test 在面板数据回归中检测组内自相关。

(7) Pesaran's test、Friedman's test 和 Frees' test 用于检验短面板回归中组间同期自相关。

表5-7 基于信息传输、计算机服务和软件业人才密度的面板数据回归结果 (2)

变量	固定效应估计	变量	(1) 固定效应估计 FE	(2) Drisc-kraay 稳健 型标准误估计	(3) 面板修正误差标 准误估计 PSCE
Industry	-0.0977 ** (-2.04)	Lcost	0.0543 *** (2.90)	0.0543 * (2.54)	**0.0532 ** (2.01)**
Tindustry	-0.1863 *** (-3.87)	Industry	-0.1094 ** (-2.33)	-0.1094 ** (-5.12)	0.0024 (0.09)
Lcost	0.0573 *** (3.04)	Tindustry	-0.1914 *** (-4.05)	-0.1914 *** (-4.33)	0.0479 (1.50)
Ln (Pgdp)	0.0380 (0.24)	Finvest	-0.1006 ** (-2.16)	-0.1006 ** (-2.45)	**-0.0383 * (-1.69)**
Finvest	0.0409 * (2.08)	Hinvest	0.0398 * (2.06)	0.0398 * (2.02)	0.0413 (1.02)
Hinvest	-0.1092 ** (-2.28)	Wholesale	0.1005 *** (5.34)	0.1005 *** (6.13)	**0.0569 ** (2.24)**
Wholesale	0.0981 *** (5.15)	Patent	0.1726 *** (6.16)	0.1726 *** (3.40)	**0.2621 *** (3.82)**
Patent	0.1726 *** (5.87)	Primary	0.0605 *** (3.11)	0.0605 *** (4.15)	0.0062 (0.59)
Sexpenditure	0.0151 (0.89)	University	0.0158 * (2.42)	0.0158 * (2.21)	**0.0767 * (1.69)**
Eexpenditure	-0.0153 (-1.49)	Hbeds	0.0773 *** (2.95)	0.0773 *** (2.89)	0.0254 (0.85)
Primary	0.0647 *** (2.98)	Taxi	-0.1566 *** (-4.21)	-0.1566 *** (-4.08)	**0.1607 *** (2.89)**
Middle	-0.0207 (-0.78)	Sewage	-0.0349 *** (-2.90)	-0.0349 ** (-2.51)	-0.0062 (-0.59)
University	0.0127 ** (2.33)	Water	0.0400 ** (2.55)	0.0400 (1.13)	—
Hospital	0.0001 (0.01)	Electricity	0.0537 ** (2.12)	0.0537 ** (2.41)	0.0460 (1.42)
Hbed	0.0898 *** (3.29)	Gas	-0.1196 *** (-4.68)	-0.1196 ** (-2.17)	-0.0002 (-0.00)

续表

变量	固定效应估计	变量	(1) 固定效应估计 FE	(2) Drisc－kraay 稳健 型标准误估计	(3) 面板修正误差标 准误估计 PSCE
Taxi	− 0. 1573 *** (− 4. 19)	Mobile	0. 1525 *** (6. 93)	0. 1525 ** (2. 11)	**0. 1088 *** **(1. 67)**
Roadway	− 0. 0340 * (− 1. 81)	Internet	0. 0209 * (2. 24)	0. 0209 ** (2. 75)	**0. 0404 *** **(1. 70)**
Bus	0. 0078 (0. 42)	Greenc	0. 0269 ** (2. 37)	0. 0269 *** (8. 35)	0. 0034 (0. 45)
Waste	0. 0062 (0. 56)	Parkn	0. 1225 *** (5. 21)	0. 1225 *** (4. 00)	**0. 1210 ***** **(4. 23)**
Sewage	− 0. 0363 *** (− 2. 89)	Restaurant	− 0. 1386 *** (− 4. 30)	− 0. 1386 *** (− 3. 22)	− 0. 0033 (− 0. 26)
Water	0. 0485 *** (2. 95)	Cinema	0. 0392 *** (3. 13)	0. 0392 * (2. 07)	− 0. 0063 (− 0. 24)
Electricity	0. 0476 * (1. 83)	Library	− 0. 0661 ** (− 2. 43)	− 0. 0661 (− 1. 02)	—
Gas	− 0. 1290 *** (− 4. 88)	Books	0. 1383 *** (5. 30)	0. 1383 ** (2. 06)	**0. 1583 **** **(2. 54)**
Fixedl	0. 0276 (0. 76)	Gallary	− 0. 0805 ** (− 2. 40)	− 0. 0805 * (− 1. 93)	0. 0018 (0. 15)
Mobile	0. 2432 *** (6. 38)	Temperature	1. 0933 *** (4. 87)	1. 0933 (1. 63)	—
Internet	0. 0216 * (2. 27)	Humidity	0. 1018 *** (3. 51)	0. 2018 ** (2. 57)	0. 0311 (1. 40)
Parka	0. 0191 (0. 50)	SO_2	− 0. 1514 *** (− 6. 95)	− 0. 1514 ** (− 2. 19)	**− 0. 1104 ***** **(− 3. 10)**
Greenl	0. 0296 (1. 60)	常数项	0. 0002 (0. 06)	0. 0002 (0. 01)	0. 0046 (0. 10)
Greenc	0. 0244 ** (2. 07)	F or Wald statistic	F = 43. 58 ***	F = 77. 71 ***	chi2(15) = 269. 67 ***
Parkn	0. 2231 *** (4. 56)	R^2	0. 3042	0. 3042	0. 5621

续表

变量	固定效应估计	变量	(1) 固定效应估计 FE	(2) Drisc – kraay 稳健 型标准误估计	(3) 面板修正误差标 准误估计 PSCE
Restaurant	−0.1413 *** (−4.34)	Hausman test	239.30 ***	—	—
Cinema	0.0376 *** (2.93)	F test	14.42 ***	—	—
Museum	0.0232 (1.26)	Modified Wald statistic test	950000.00 ***	—	—
Library	−0.0525 * (−1.77)	LR test	10467.69 ***	—	—
Books	0.1385 *** (5.23)	Wooldridge test	17.30 **	—	—
Gallary	−0.0794 ** (−2.35)	Pesaran's test	86.25 ***	—	—
Art	−0.0111 (−1.01)	Friedman's test	335.80 **	—	—
Temperature	1.0950 *** (4.84)	Frees' test	34.53 ***	—	—
Humidity	0.2014 *** (3.48)	观测值	2990	2990	2990
SO$_2$	−0.1515 *** (−6.79)	城市数	272	272	272
Effluent	−0.0073 (−0.36)	—	—	—	—
Smoke	0.0212 (1.58)	—	—	—	—
常数项	0.0002 (0.03)	—	—	—	—
F 值	28.35 ***	—	—	—	—
R^2	0.3080	—	—	—	—
Hausman test	305.77 ***	—	—	—	—

续表

变量	固定效应估计	变量	(1) 固定效应估计 FE	(2) Drisc – kraay 稳健 型标准误估计	(3) 面板修正误差标 准误估计 PSCE
F test	39. 28 ***	—	—	—	—
观测值	2990	—	—	—	—
城市数	272	—	—	—	—

注：（1）括号中的数字为聚类稳健标准误估计和固定效应估计的 t 值，以及面板修正误差标准误估计的 z 值。

（2） *** 表示在 1% 的置信水平上显著；** 表示在 5% 的置信水平上显著；* 表示在 10% 的置信水平上显著。

（3）Hausman test 用于检验面板回归中随机效应是否比固定效应更合适。

（4）F test 用于检验面板回归中混合回归是否比固定效应更合适。

（5）Likelihood – Ratio（LR）test 和 Modified Wald statistic test 在面板回归模型中检测组间异方差。

（6）Wooldridge test 在面板数据回归中检测组内自相关。

（7）Pesaran's test、Friedman's test 和 Frees' test 用于检验短面板回归中组间同期自相关。

通过运用 Drisc – kraay 稳健型标准误估计克服异方差和组内自相关，结果表明城市经济适宜性、社会适宜性、休闲适宜性和自然适宜性均是影响信息传输、计算机服务和软件业人才的空间分布的主要因素。而后，进一步运用面板修正误差标准误估计来克服组间同期自相关，结果进一步证实信息传输、计算机服务和软件业人才的空间集聚受城市经济适宜性、社会适宜性、休闲适宜性和自然适宜性的共同影响。表 5 – 7 又以信息传输、计算机服务和软件业人才密度为因变量，以各个适宜性中包含的变量［如人均 GDP（Pgdp）、生活成本（Lcost）、电影院（Cinema）、博物馆（Library）等］为自变量，来进一步探索吸纳信息传输、计算机服务和软件业人才的核心要素。

表 5 – 7 前两列展现了所有自变量回归结果。然而受共线性影响，回归结果误差较大，回归模型拟合度较低（R^2 仅为 0. 3080）。通过逐个剔除共线自变量，提高了回归模型的拟合优度，详见表 5 – 7 中的列（1）、列（2）和列（3）。由于 Hausman test 和 F – test 的 p 值均小于 0. 05，故表 5 – 7 中的面板回归采用固定效应模型进行分析。Modified Wald statistic test 和 LR test 的结果（p = 0. 000）均显示表 5 – 7 中固定效应模型存在异方差。Wooldridge test 的检验结果也显示该固定效应模型存在组内自相关。Pesaran's test 和 Friedman's test 两种检验的 p 值均小于 0. 01，且 Frees' test 检验非主对角线元素绝对值的平均值高达 0. 413，强烈拒绝原假设"无组间同期自相关"，表明该固定效应模型也存在同期自相关。因

此，本章首先采用 Drisc – kraay 稳健型标准误估计来克服异方差和组内自相关，而后采用面板修正误差标准误估计来克服同期组间自相关，详见表 5 – 7 中列 (2) 和列 (3) 面板数据回归。

通过克服异方差、组内自相关和同期自相关，表 5 – 7 第 (3) 列结果表明影响信息传输、计算机服务和软件业人才集聚的要素主要为经济适宜性中的每万人拥有的专利授权量 (Patent)，生活成本 (Lcost)，批发零售业份额 (Wholesale)，外资企业份额 (Finvest)；休闲适宜性中的每万人拥有的公园个数 (Parka)，每万人拥有的图书馆藏书数量 (Books)；社会适宜性中的每万人拥有的出租车数量 (Taxi)，每万人移动电话用户数 (Mobile)，每万人互联网接入用户数 (Internet) 和每万人拥有的大学数量 (University)；以及自然适宜性中的每平方千米二氧化硫排放量 (SO_2)。

本章研究的结果显示每万人拥有的专利授权量，生活成本，每万人拥有的大学数量，每万人移动电话用户数，以及每万人互联网接入用户数都对信息传输、计算机服务和软件业人才集聚有正影响。这可能与信息传输、计算机服务和软件业的行业背景相关，信息传输、计算机服务和软件业是一个追求创新创业的行业。在信息时代的今天，信息科技的创新引领社会商业活动的主流，而且信息软件行业又较容易创业成功[380]，也滋生了一批行业巨头，如微软、谷歌、英特尔、思科和太阳公司等。在行业创新创业势头的引领下，受知识外部性驱使，信息传输、计算机服务和软件业人才多集聚在北京、上海、天津、成都等鼓励创新、鼓励创业的区域，如北京的中关村、上海的张江、天津的高新区、成都的高新区等[251,381]，而且这些城市也都有多所研究型大学，为新技术、新专利的诞生奠定基础。知识的外溢也需要便利的通信和互联网条件做支撑[251]，因此综合来看，信息传输、计算机服务和软件业人才多集聚在创新活力较高（每万人拥有的专利授权量较多），大学和图书馆藏书数量等较多，电信和互联网设施便利（每万人移动电话用户数和每万人互联网接入用户数）的城市，其中创新活力（每万人拥有的专利授权量）与信息传输、计算机服务和软件业人才集聚的相关性最高。本章研究证实每万人拥有的专利授权量每提高 1 个百分点，将会引发信息传输、计算机服务和软件业人才密度提高 26.21 个百分点。

此外，本章研究的结果显示便利的交通和商贸服务也是影响信息传输、计算机服务和软件业人才集聚的主要要素，且每万人拥有的出租车数量和批发零售业份额分别提高 1 个百分点，将会带动信息传输、计算机服务和软件业人才密度分别提高 16.07 个和 5.69 个百分点。这主要是由于信息传输、计算机服务和软件业人才对效率和速度比较敏感。另外，本章研究的结果也发现生活成本对信息传输、计算机服务和软件业人才集聚也有显著正影响，且生活成本每提高 1 个百分点，将会带动信息传输、计算机服务和软件业人才密度提高 5.32 个百分点。

然而，本章研究的结果也显示外资企业份额和每平方千米二氧化硫排放量对信息传输、计算机服务和软件业人才集聚有显著的负影响，而每万人拥有的公园个数却对信息传输、计算机服务和软件业人才集聚有显著的正影响。首先，我国信息传输、计算机服务和软件业人才不聚集在外资企业密度较高的区域，部分原因是中国的外资企业多为劳动密集型企业[382]，即便是计算机软件类的外资企业，高端研发部门也多设置在国外。最主要的原因是因为外资企业对中国信息科技产业的溢出效应呈逐年下降的趋势[383]。而且近年来，我国信息软件业的集中度与外商直接投资规模也呈现下降的趋势[384]。因此，目前来看，外资企业份额对信息传输、计算机服务和软件业人才的空间集聚有显著的负影响。其次，信息传输、计算机服务和软件业人才比较注重生活质量，多喜欢聚集在生态环境好，空气质量较好的区域[385]。因此，每万人拥有的公园个数对信息传输、计算机服务和软件业人才的空间集聚有显著正影响，而每平方千米二氧化硫排放量对信息传输、计算机服务和软件业人才集聚有显著的负影响。

综合表 5 - 6 和表 5 - 7 的结果可知，影响信息传输、计算机服务和软件业人才集聚的主要因素为经济适宜性、社会适宜性、休闲适宜性和自然适宜性。具体到各个影响要素上，即经济适宜性中的每万人拥有的专利授权量、生活成本、批发零售业份额和外资企业份额，社会适宜性中的每万人拥有的出租车数量、每万人移动电话用户数、每万人互联网接入用户数和每万人拥有的大学数量，休闲适宜性中的每万人拥有的公园个数和每万人拥有的图书馆藏书数量，以及自然适宜性中的每平方千米二氧化硫排放量都对信息传输、计算机服务和软件业人才集聚有显著影响，而其中代表城市创新活力的每万人拥有的专利授权量与信息传输、计算机服务和软件业人才集聚的相关性最高。

二、城市适宜性对金融业人才集聚的作用机制

相比较信息传输、计算机服务和软件业人才，中国的金融业人才具有绝对数量上的优势。依据《中国城市统计年鉴 2007》、《中国城市统计年鉴 2017》和中国劳动就业与经济社会发展统计数据，中国 272 个城市中，2006 年共有 3433800 位金融业人才，2016 年则达到了 6312358 人。2006 年，东部、中部、西部和东北四个地区金融业人才数量占全国金融业人才数量的比例分别为 49.00%、22.11%、18.15% 和 10.74%。2016 年，这四个地区金融业人才数量占全国的比例，除东部地区增长到 53.60% 之外，其他三个地区都有所下降。2016 年中部地区金融业人才数量占全国的比例为 19.69%，相比 2006 年下降了 2.42%；西部地区金融业人才数量占全国的比例为 17.70%，相比 2006 年下降了 0.45%；东

北地区金融业人才数量占全国的比例为 9.01%，相比 2006 年下降了 1.73%。

从金融业人才密度来看，中国的金融业人才密度较高的城市主要为深圳、北京、上海、东莞、珠海、广州等东部城市。郑州、武汉、成都和西安等中西部城市的金融业人才密度也在逐年增多。其中，郑州和西安 2016 年金融业人才密度分别达到 110 人/万人和 109 人/万人，占全国的排名分别从 2006 年的全国第 34 名和第 32 名飙升至 2016 年的第 16 名和第 18 名。成都和武汉等城市也不甘落后，金融业人才密度也分别以年均 9.85% 和 9.15% 的速度增长，金融业人才密度占全国的排名也分别从 2006 年的第 65 名和第 40 名跃升至 2016 年的第 29 名和第 27 名。金融业人才的空间分布受哪些城市适宜性的影响？吸纳金融业人才集聚的核心要素是什么？这是本小节主要探讨的内容。

表 5-8 和表 5-9 汇报了基于金融业人才密度的面板数据回归结果。其中，表 5-8 呈现了以金融业人才密度为因变量，以四种城市适宜性为自变量的面板回归结果。由于 Hausman 检验和 F 检验的 p 值均小于 0.05，故表 5-8 中的面板回归采用固定效应模型进行分析。

表 5-8 中第（1）列显示，无论是异方差检验（Modified Wald statistic test 和 LR test）、组内自相关检验（Wooldridge test），还是同期自相关检验（Pesaran's test 和 Friedman's test），p 值均小于 0.05，且 Frees' test 检验非主对角线元素绝对值的平均值高达 0.433，这表明表 5-8 中的固定效应模型存在异方差、组内自相关和同期自相关。通过运用 Drisc-kraay 稳健型标准误估计克服异方差和组内自相关，运用面板修正误差标准误估计克服组间同期自相关，结果证明金融业人才的空间集聚受城市的经济适宜性、休闲适宜性和自然适宜性的共同影响。其中城市的经济适宜性对金融业人才集聚的相关性最高，且经济适宜性每增长 1 个单位，将带动金融业人才的密度提高 0.3580 个单位，这表明金融业人才集聚主要受经济因素影响，这与李红和孔秋碧提出的金融业空间分布①主要受经济因素影响的观点基本一致[386]。此外，城市的休闲适宜性也对金融业人才的空间集聚有显著正影响。这在一定程度上也证实了李红和孔秋碧以及 Martin 的论点，即金融业的区位选择还受到非确定因素（如文化因素）的影响[386, 387]。然而，除经济适宜性和休闲适宜性以外，本章研究的结果还表明城市的自然适宜性和社会适宜性也是影响金融业人才空间分布的主要因素。为进一步探索吸纳金融业人才空间集聚的具体要素，本章又以金融业人才密度为因变量，以各个适宜性中包含的变量为自变量，进一步分析影响金融业人才集聚的核心要素，如表 5-9 所示。

---

① 就业的分布取决于产业的分布或行业的分布[248]，因此，本书认为金融业人才的分布与金融业分布基本一致。

表5-8　基于金融业人才密度的面板数据回归结果（1）

变量	（1） 固定效应估计 FE	（2） Drisc-kraay 稳健型 标准误估计	（3） 面板修正误差标准误估计 PSCE
Em	0.4699*** （26.30）	0.4699*** （5.25）	**0.3580*** （7.04）**
Sm	0.3525*** （15.66）	0.3525*** （3.19）	**0.3041*** （5.13）**
Lm	0.1756*** （10.22）	0.1756*** （2.86）	**0.1866*** （4.44）**
Nm	0.1202*** （3.27）	0.1202* （1.91）	**-0.0499*** （-4.45）**
常数项	0.0000 （0.00）	0.0000 （0.00）	0.0025 （0.08）
F or Wald statistic	F=282.50***	F=66.24***	chi2(4)=250.01***
R^2	0.6149	0.6149	0.7080
Hausman test	18.73**	—	—
F test	37.19***	—	—
Modified Wald statistic test	250000.00***	—	—
LR test	5524.03***	—	—
Wooldridge test	34.29***	—	—
Pesaran's test	67.77***	—	—
Friedman's test	288.26***	—	—
Frees' test	39.77***	—	—
观测值	2992	2992	2992
城市数	272	272	272

注：（1）括号中的数字为聚类稳健标准误估计和固定效应估计的 t 值，以及面板修正误差标准误估计的 z 值。

（2）***表示在1%的置信水平上显著；**表示在5%的置信水平上显著；*表示在10%的置信水平上显著。

（3）Hausman test 用于检验面板回归中随机效应是否比固定效应更合适。

（4）F test 用于检验面板回归中混合回归是否比固定效应更合适。

（5）Likelihood-Ratio（LR）test 和 Modified Wald statistic test 在面板回归模型中检测组间异方差。

（6）Wooldridge test 在面板数据回归中检测组内自相关。

（7）Pesaran's test、Friedman's test 和 Frees' test 用于检验短面板回归中组间同期自相关。

表5-9前两列展现了所有自变量回归结果。然而受共线性影响，回归结果误差较大，回归模型拟合度较低（R^2 仅为 0.4004）。本书通过逐个剔除共线变量，提高了回归模型的拟合优度，详见表5-9中的列（1）、列（2）和列（3）。由于 Hausman test 和 F-test 的 p 值均小于 0.05，故表5-9中的面板回归采用固定效应模型进行分析。Modified Wald statistic test 和 LR test 的结果（p = 0.000）均显示该固定效应模型存在异方差。Wooldridge test 的检验结果也显示该固定效应模型存在组内自相关。Pesaran's test 和 Friedman's test 两种检验的 p 值均小于 0.01，且 Frees' test 检验非主对角线元素绝对值的平均值高达 0.371，表明该固定效应模型存在同期自相关。本章首先采用 Drisc-kraay 稳健型标准误估计来克服异方差和组内自相关，而后采用面板修正误差标准误估计来克服同期组间自相关，详见表5-9中列（2）和列（3）面板数据回归。

表5-9　基于金融业人才密度的面板数据回归结果（2）

变量	固定效应估计	变量	（1） 固定效应估计 FE	（2） Drisc-kraay 稳健 型标准误估计	（3） 面板修正误差标 准误估计 PSCE
Industry	-0.0293 (-1.04)	Lcost	0.0129*** (3.82)	0.0129*** (3.72)	**0.0359** (2.15)**
Tindustry	-0.0135 (-0.48)	Patent	0.1220*** (7.48)	0.1220*** (6.65)	**0.1435*** (3.70)**
Lcost	0.0115*** (3.90)	Finvest	0.0010* (2.05)	0.0010 (0.06)	—
Ln（Pgdp）	0.1036 (1.13)	Hinvest	0.1098*** (4.03)	0.1098*** (2.96)	**0.0654*** (3.66)**
Finvest	-0.0020 (-0.09)	Wholesale	0.0151 (1.40)	0.0151 (0.57)	—
Hinvest	0.1105*** (3.93)	Sexpenditure	0.0080*** (3.58)	0.0080*** (3.29)	**0.0215* (2.33)**
Wholesale	0.0123 (1.10)	Eexpenditure	-0.0042** (-2.72)	-0.0042** (-2.54)	**-0.0142*** (-2.78)**
Sexpenditure	0.0056*** (3.45)	Middle	0.0303** (2.27)	0.0303 (1.37)	
Eexpenditure	-0.0038** (-2.14)	University	0.0025** (2.31)	0.0025 (0.08)	

续表

变量	固定效应估计	变量	(1) 固定效应估计 FE	(2) Drisc – kraay 稳健 型标准误估计	(3) 面板修正误差标 准误估计 PSCE
Patent	0. 1070 *** (6. 19)	Hbeds	0. 0854 *** (5. 97)	0. 0854 *** (3. 15)	**0. 1094 *** (5. 33)**
Primary	− 0. 0007 (− 0. 05)	Taxi	0. 1809 *** (8. 33)	0. 1809 *** (5. 35)	**0. 1463 *** (3. 48)**
Middle	0. 0310 ** (2. 00)	Roadway	− 0. 0390 *** (− 3. 62)	− 0. 0390 *** (− 2. 92)	− 0. 0076 (− 1. 05)
University	0. 0051 ** (2. 28)	Gas	− 0. 0510 *** (− 3. 31)	− 0. 0510 (− 1. 42)	—
Hospital	0. 0035 (0. 51)	Mobile	0. 2484 *** (11. 54)	0. 2484 *** (2. 92)	**0. 1080 ** (2. 41)**
Hbed	0. 0778 *** (4. 85)	Internet	− 0. 0197 ** (− 2. 02)	− 0. 0197 * (− 1. 94)	0. 0212 (1. 60)
Taxi	0. 1780 *** (8. 07)	Parka	0. 1913 *** (8. 88)	0. 1913 *** (4. 41)	**0. 1090 *** (2. 82)**
Roadway	− 0. 0384 *** (− 3. 47)	Greenl	0. 0331 *** (3. 14)	0. 0331 *** (3. 39)	0. 0191 (1. 22)
Bus	0. 0008 (0. 08)	Parkn	− 0. 0394 *** (− 2. 42)	− 0. 0394 (− 0. 91)	—
Waste	0. 0076 (1. 16)	Restaurant	− 0. 1863 *** (− 10. 03)	− 0. 1863 *** (− 3. 06)	**− 0. 0117 * (3. 36)**
Sewage	− 0. 0055 (− 0. 75)	Library	0. 0966 *** (5. 96)	0. 0966 * (1. 92)	− 0. 0065 (− 0. 20)
Water	− 0. 0086 (− 0. 90)	Books	0. 0826 *** (5. 41)	0. 0826 *** (2. 63)	**0. 1321 *** (3. 06)**
Electricity	0. 0243 (1. 59)	Gallary	0. 0617 *** (3. 14)	0. 0617 ** (2. 37)	**0. 0607 *** (2. 79)**
Gas	− 0. 0464 *** (− 2. 99)	Temperature	0. 0327 ** (2. 50)	0. 0327 (0. 83)	**− 0. 0382 *** (− 2. 59)**
Fixedl	− 0. 0279 (− 1. 30)	SO_2	− 0. 0682 *** (− 5. 36)	− 0. 0682 *** (− 9. 75)	0. 0039 (0. 24)

续表

变量	固定效应估计	变量	（1）固定效应估计 FE	（2）Drisc - kraay 稳健型标准误估计	（3）面板修正误差标准误估计 PSCE
Mobile	0. 2514 *** (11. 23)	Smoke	− 0. 0187 ** (− 2. 40)	− 0. 0187 *** (− 2. 70)	0. 0010 (0. 12)
Internet	− 0. 0239 ** (− 2. 40)	常数项	− 0. 0000 (− 0. 00)	− 0. 0000 (− 0. 00)	− 0. 0590 (− 2. 62)
Parka	0. 1837 *** (8. 22)	F or Wald statistic	F = 81. 58 ***	F = 128. 20 ***	chi2(15) = 1076. 58 ***
Greenl	0. 0294 *** (2. 70)	R^2	0. 4308	0. 4308	0. 5998
Greenc	− 0. 0016 (0. 23)	Hausman test	298. 70 ***	—	—
Parkn	− 0. 0480 * (− 1. 67)	F test	20. 76 ***	—	—
Restaurant	− 0. 1757 *** (− 9. 20)	Modified Wald statistic test	5. 40000. 00 ***	—	—
Cinema	0. 0123 (1. 64)	LR test	4276. 10 ***	—	—
Museum	0. 0065 (0. 61)	Wooldridge test	32. 95 ***	—	—
Library	0. 0969 *** (5. 55)	Pesaran's test	18. 39 ***	—	—
Books	0. 0812 *** (5. 21)	Friedman's test	97. 94 **	—	—
Gallary	0. 0636 *** (3. 21)	Frees' test	21. 33 ***	—	—
Art	− 0. 0038 (− 0. 59)	观测值	2988	2988	2988
Temperature	0. 3147 ** (2. 37)	城市数	272	272	272
Humidity	0. 0527 (1. 55)	—	—	—	—

续表

变量	固定效应估计	变量	(1) 固定效应估计 FE	(2) Drisc－kraay 稳健 型标准误估计	(3) 面板修正误差标 准误估计 PSCE
SO_2	－ 0.0624 *** （－4.76）	—	—	—	—
Effluent	0.0158 （1.33）	—	—	—	—
Smoke	－ 0.0188 ** （－2.39）	—	—	—	—
常数项	0.0002 （0.03）				
F 值	49.04 ***				
R^2	0.4004				
Hausman test	340.99 ***				
F test	17.88 ***				
观测值	2990				
城市数	272				

注：（1）括号中的数字为聚类稳健标准误估计和固定效应估计的 t 值，以及面板修正误差标准误估计的 z 值。

（2）***表示在 1%的置信水平上显著；**表示在 5%的置信水平上显著；*表示在 10%的置信水平上显著。

（3）Hausman test 用于检验面板回归中随机效应是否比固定效应更合适。

（4）F test 用于检验面板回归中混合回归是否比固定效应更合适。

（5）Likelihood－Ratio（LR）test 和 Modified Wald statistic test 在面板回归模型中检测组间异方差。

（6）Wooldridge test 在面板数据回归中检测组内自相关。

（7）Pesaran's test、Friedman's test 和 Frees' test 用于检验短面板回归中组间同期自相关。

通过克服异方差、组内自相关和同期自相关，表5－9第（3）列呈现了影响金融业人才集聚的要素，主要包含：经济适宜性中的生活成本（Lcost），每万人拥有的专利授权量（Patent），港澳台投资企业份额（Hinvest），科技支出占总财政支出比（Sexpenditure）和教育支出占总财政支出比（Eexpenditure）；社会适宜性中的每万人拥有的床位数（Hbeds），每万人拥有的出租车数量（Taxi）和每万人移动电话用户数（Mobile）；休闲适宜性中的每万人拥有的公园绿地面积（Parka），每万人拥有的文化馆数量（Gallary）和每万人公共图书馆藏书数量

（Books）；自然适宜性中的城市年平均气温（Tempreture）。

首先，本章研究的结果显示每万人拥有的专利授权量和港澳台投资企业份额对金融业人才空间集聚有积极的正影响。这主要是由于创新活力越高，投资企业份额越高，金融需求的水平也会越高[388]。受信息外部性的驱使，研发企业、企业科研中心或投资企业一般集聚在城市的中心腹地，而金融企业或金融机构会集聚在这些客户公司的周边，为其提供优质的金融服务[262]。因此，每万人拥有的专利授权量和港澳台投资企业份额都对金融业人才空间集聚有显著正影响，且每万人拥有的专利授权量每增加 1 个百分点，将会带动金融业人才的密度提高14.35 个百分点，而港澳台投资企业份额每增长 1 个百分点，将引发金融业人才密度增长 6.54 个百分点。

其次，本章研究的结果显示生活成本也是影响金融业人才集聚的主要要素，且生活成本每增加 1 个百分点，将带动金融业人才密度增加 3.59 个百分点。这主要是由于金融业作为国民经济的重要组成部分，受国民经济发展的影响和制约。国民经济中实体经济发展良好，经济繁荣、较高的偿债能力和巨大的资本需求会驱动金融业良好运行；国民经济中实体经济萧条，较高的失业率和较低的偿债能力会不利于金融业运行，加剧金融风险[262]。因此，金融业人才会集聚在实体经济运行良好、经济发达的城市，如北京、上海、广州、深圳等城市，虽房价较高，生活成本较高，但较高的偿债能力和巨大的资本需求会驱使他们在这些城市集聚。

再次，本章研究的结果显示每万人拥有的文化馆数量，每万人公共图书馆藏书数量和每万人移动电话用户数也对金融业人才集聚有显著影响。这主要是由于知识的外部性或知识溢出是金融业可持续发展的内在动力。知识的外部性为金融业人才集聚提供了创新学习的环境，也为金融业人才集聚提供了一种学习和创新网络，刺激了金融业的创新[262]。知识的外部性不仅包含知识的积累和增生，也包含知识的扩散和传播。因此，每万人拥有的文化馆数量，每万人公共图书馆藏书数量和每万人移动电话用户数对金融业人才集聚有显著正影响，且每万人拥有的文化馆数量和每万人移动电话用户数每增加 1 个百分点，将分别带动金融业人才的密度提高 6.07 个和 10.80 个百分点。每万人公共图书馆藏书数量每增加 1 个百分点，将带动金融业人才的密度提高 13.21 个百分点。

又次，本章研究的结果显示科技支出占总财政支出比对金融业人才空间集聚有显著正影响。这主要是由于金融业是一个与创新高度相关的行业，而科技是推动创新的重要手段。一个城市的政府对科技的支持力度决定着这个城市技术革新的程度，也在一定程度上刺激着这个城市金融业的集聚。因此，一个城市政府顺应市场导向加大科技投入，必将加速创新要素在这一城市的集聚[262,389]，也必将吸引众多接踵而至的金融业人才集聚。然而，教育支出占总财政支出比却对金融业人才空间集聚有显著负影响。这可能是因为当前中国对中小学教育的投入要远高于大学教育[377]，而金融业的集聚依赖于高端人才的集聚，且高人力资本是金融业竞争的基本要素[262]。因此，当前教育支出占总财政支出比每增加 1 个单位，将会引发金融业人才的密度降低 0.0142 个单位。

最后，本章研究的结果显示城市基础设施和自然环境也对金融业人才集聚有重要影响。其中，金融业人才非常重视速度和效率，因此便利的交通设施是吸引其集聚的重要因素。本章研究的结果显示，每万人拥有的出租车数量每增加 1 个单位，将会带动金融业人才密度提升 0.1463 个单位。另外，丰富的生活设施配套，如医疗配套也会积极促进金融业人才的集聚[386]。本章研究的结果也显示每万人拥有的床位数每增加 1 个单位，将带动金融业人才密度增加 0.1094 个单位。适宜的自然气候和舒适的生态环境也对金融业人才空间分布有重要影响[262]。金融业人才喜欢集聚在温度适宜、公园绿地面积较多的城市环境中，城市的年平均气温每增加 1 个单位，将会引发金融业人才密度降低 0.0382 个单位，而每万人拥有的公园绿地面积每增加 1 个单位，将带动金融业人才密度增加 0.1090 个单位。

综上所述，影响金融业人才集聚的主要因素为经济适宜性、社会适宜性、休闲适宜性和自然适宜性。具体到各个影响要素上，即经济适宜性中的生活成本、每万人拥有的专利授权量、港澳台投资企业份额、科技支出占总财政支出比和教育支出占总财政支出比，社会适宜性中的每万人拥有的出租车数量、每万人拥有的床位数和每万人移动电话用户数，休闲适宜性中的每万人拥有的公园绿地面积、每万人拥有的文化馆数量和每万人公共图书馆藏书数量，自然适宜性中的城市年平均气温都对金融业人才集聚有显著影响，而其中，每万人拥有的专利授权量与金融业人才集聚的相关性最高。

三、城市适宜性对科学研究、技术服务和地质勘查业人才集聚的作用机制

依据 2007 年和 2017 年的《中国城市统计年鉴》，以及中国劳动就业与经济社会发展统计数据，中国 272 个城市中，2006 年共有 2198900 位科学研究、技术服务和地质勘查业人才，2016 年则达到了 4082824 人。2006 年，东部、中部、西部和东北四个地区科学研究、技术服务和地质勘查业人才数量占全国科学研究、技术服务和地质勘查业人才数量的比例分别为 47.10%、19.11%、22.87% 和 10.92%。2016 年，这四个地区科学研究、技术服务和地质勘查业人才数量占全国的比例，除东部地区增长到 53.85% 之外，其他三个地区都有所下降。2016 年中部地区科学研究、技术服务和地质勘查业人才数量占全国的比例为 16.84%，相比 2006 年下降了 2.27%；西部地区科学研究、技术服务和地质勘查业人才数量占全国的比例为 21.85%，相比 2006 年下降了 1.02%；东北地区科学研究、技术服务和地质勘查业人才数量占全国的比例为 7.46%，下降了 3.46%。

从创新型人才密度来看，中国的科学研究、技术服务和地质勘查业人才密度较高的城市主要为北京、深圳、上海、广州等城市。西安、成都、大庆和兰州等城市的人才密度也在逐年增多。其中，西安和成都 2016 年科学研究、技术服务和地质勘查业人才密度分别达到 161 人/万人和 123 人/万人，远超南京，成为中国第四和八大科学研究、技术服务和地质勘查业人才集聚地。大庆和兰州也不甘落后，科学研究、技术服务和地质勘查业人才密度分别以年均 23.12% 和 4.70% 的速度增长，2016 年两市科学研究、技术服务和地质勘查业人才密度分别位居全国第三和第十。然而，科学研究、技术服务和地质勘查业人才的空间分布受哪些城市适宜性的影响？吸纳科学研究、技术服务和地质勘查业人才集聚的核心要素是什么？这是本小节主要探讨的内容。

表 5－10 和表 5－11 汇报了基于科学研究、技术服务和地质勘查业人才密度的面板数据回归结果。其中，表 5－10 呈现了以科学研究、技术服务和地质勘查业人才密度为因变量，以四种城市适宜性为自变量的面板回归结果。由于 Hausman 检验和 F 检验的 p 值均小于 0.05，故表 5－10 中的面板回归采用固定效应模型进行分析。表 5－10 中第（1）列显示，无论是异方差检验（Modified Wald statistic test 和 LR test）、组内自相关检验（Wooldridge test），还是同期自相关检验（Pesaran's test 和 Friedman's test），p 值均小于 0.001，且 Frees' test 检验非主对角线元素绝对值的平均值高达 0.433，这表明表 5－10 中的固定效应模型存在异方差、组内自相关和同期自相关。

表 5－10　基于科学研究、技术服务和地质勘查业人才密度的面板数据回归结果（1）

变量	(1) 固定效应估计 FE	(2) Drisc－kraay 稳健 型标准误估计	(3) 面板修正误差标准 误估计 PSCE
Em	0.3412 *** (6.80)	0.3412 ** (2.59)	**0.3141 *** (4.54)**
Sm	0.3069 *** (19.58)	0.3069 *** (3.66)	**0.1941 *** (4.31)**
Lm	0.0793 *** (4.69)	0.0793 * (1.89)	**0.0824 ** (2.42)**

续表

变量	(1) 固定效应估计 FE	(2) Drisc－kraay 稳健 型标准误估计	(3) 面板修正误差标准 误估计 PSCE
Nm	0.1114 *** (4.77)	0.1114 ** (1.99)	**－0.0261 *** (**－2.89**)
常数项	－0.0000 (－0.00)	－0.0000 (－0.00)	0.0056 (0.09)
F or Wald statistic	F=223.33 ***	F=29.60 ***	chi2(4)=46.37 ***
R^2	0.3760	0.3760	0.5601
Hausman test	48.35 ***	—	—
F test	46.55 ***	—	—
Modified Wald statistic test	37000000.00 ***	—	—
LR test	15110.22 ***	—	—
Wooldridge test	2.41 ***	—	—
Pesaran's test	248.44 ***	—	—
Friedman's test	1091.86 ***	—	—
Frees' test	58.45 ***	—	—
观测值	2992	2992	2992
城市数	272	272	272

注：(1) 括号中的数字为聚类稳健标准误估计和固定效应估计的 t 值，以及面板修正误差标准误估计的 z 值。

(2) *** 表示在 1% 的置信水平上显著；** 表示在 5% 的置信水平上显著；* 表示在 10% 的置信水平上显著。

(3) Hausman test 用于检验面板回归中随机效应是否比固定效应更合适。

(4) F test 用于检验面板回归中混合回归是否比固定效应更合适。

(5) Likelihood－Ratio（LR）test 和 Modified Wald statistic test 在面板回归模型中检测组间异方差。

(6) Wooldridge test 在面板数据回归中检测组内自相关。

(7) Pesaran's test、Friedman's test 和 Frees' test 用于检验短面板回归中组间同期自相关。

通过分别运用 Drisc－kraay 稳健型标准误估计和面板修正误差标准误估计克服异方差、组内自相关和组间同期自相关，结果证明科学研究、技术服务和地质勘查业人才的空间集聚受城市的经济适宜性、社会适宜性和休闲适宜性的共同影响。其中，城市的经济适宜性对科学研究、技术服务和地质勘查业人才空间集聚的相关影响最大，且经济适宜性每增长 1 个单位，将带动科学研究、技术服务和地质勘查业人才密度提高 0.3141 个单位，这表明经济因素是影响科学研究、技术服务和地质勘查业人才的空间分布的主要因素，这与苟军平等和牛冲槐等的论点相一致[266,390]。此外，城市的社会适宜性、休闲适宜性和自然适宜性也对科学研究、技术服务和地质勘查业人才的空间集聚有显著影响，这也与前人的论点基本一致，即科学研究、技术服务和地质勘查业人才的空间分布还会受到社会因素[42,267]、休闲文化因素[61]以及自然环境因素[61,183]的影响。为了验证表 5 - 10 计量结果的稳健性，本章又以科学研究、技术服务和地质勘查业人才密度为因变量，以各个适宜性中包含的变量为自变量，进一步分析影响科学研究、技术服务和地质勘查业人才集聚的核心要素，如表 5 - 11 所示。

表 5 - 11　基于科学研究、技术服务和地质勘查业人才密度的面板数据回归结果（2）

变量	固定效应估计	变量	(1) 固定效应估计 FE	(2) Drisc - kraay 稳健型标准误估计	(3) 面板修正误差标准误估计 PSCE
Industry	- 0.0330 (- 1.36)	Lcost	0.0285 *** (3.03)	0.0285 ** (2.31)	**0.0364 *** (3.27)**
Tindustry	- 0.0516 ** (- 2.11)	Patent	0.1213 *** (8.73)	0.1213 *** (4.91)	**0.2061 ** (10.53)**
Lcost	0.0302 *** (3.16)	Wholesale	0.0669 *** (7.16)	0.0669 *** (4.44)	**0.1055 *** (6.32)**
Ln（Pgdp）	- 0.1026 (- 1.29)	Middle	0.0298 ** (2.53)	0.0298 ** (2.78)	**0.0358 *** (3.31)**
Finvest	- 0.0296 (- 1.54)	University	0.0215 * (2.13)	0.0215 * (2.24)	**0.2034 *** (10.36)**
Hinvest	- 0.0163 (- 0.67)	Hbeds	0.0274 ** (2.20)	0.0274 (1.52)	—
Wholesale	0.0791 *** (8.18)	Sewage	- 0.0232 *** (- 3.93)	- 0.0232 *** (- 4.53)	- 0.0049 (- 0.70)
Sexpenditure	0.0066 (0.77)	Electricity	0.0504 ** (4.32)	0.0504 ** (3.51)	**0.0626 *** (2.86)**
Eexpenditure	- 0.0056 (- 1.07)	Gas	- 0.0437 *** (- 3.36)	- 0.0437 *** (- 3.70)	- 0.0371 (- 1.13)
Patent	0.1152 *** (7.71)	Mobile	0.1363 *** (7.24)	0.1363 *** (2.76)	**0.0823 *** (2.66)**

续表

变量	固定效应估计	变量	(1) 固定效应估计 FE	(2) Drisc-kraay 稳健 型标准误估计	(3) 面板修正误差标 准误估计 PSCE
Primary	0.0395 *** (3.58)	Internet	0.0129 * (2.52)	0.0129 * (2.77)	**0.0281 ** (2.16)**
Middle	0.0075 * (2.56)	Parka	0.1604 *** (8.71)	0.1604 *** (8.72)	**0.1596 *** (7.24)**
University	0.0166 * (2.85)	Parkn	0.0916 *** (4.07)	0.0916 *** (2.78)	**0.1058 *** (6.66)**
Hospital	0.0046 (0.77)	Restaurant	-0.0510 *** (-3.14)	-0.0510 *** (-3.01)	-0.0009 (-0.05)
Hbed	0.0421 *** (3.04)	Books	0.0793 *** (5.98)	0.0793 *** (4.26)	**0.1711 *** (7.16)**
Taxi	-0.0021 (-0.11)	Library	0.0201 * (2.53)	0.0201 (1.60)	—
Roadway	-0.0009 (-0.09)	Cinema	0.0156 ** (2.47)	0.0156 (1.27)	—
Bus	0.0088 (0.93)	Humidity	0.1598 *** (5.49)	0.1598 *** (5.21)	**-0.0396 *** (-2.63)**
Waste	-0.0051 (-0.90)	SO_2	-0.0323 *** (-2.90)	-0.0323 *** (-2.17)	-0.0231 (-1.12)
Sewage	-0.0163 ** (-2.55)	Smoke	-0.0141 ** (-2.10)	-0.0141 *** (-2.75)	**-0.0192 * (-1.79)**
Water	0.0161 * (1.93)	常数项	0.0001 (0.02)	0.0001 (0.01)	-0.0099 (-0.40)
Electricity	0.0388 *** (2.93)	F or Wald statistic	F = 95.09 ***	F = 319.66 ***	chi2(15) = 2616.68 ***
Gas	-0.0424 *** (-3.16)	R^2	0.4134	0.4134	0.7961
Fixedl	0.0114 (0.61)	Hausman test	197.24 ***	—	—
Mobile	0.1436 *** (7.42)	F test	77.80 ***	—	—

续表

变量	固定效应估计	变量	(1) 固定效应估计 FE	(2) Drisc - kraay 稳健 型标准误估计	(3) 面板修正误差标 准误估计 PSCE
Internet	0. 0130 (1. 51)	Modified Wald statistic test	1400000. 00 ***	—	—
Parka	0. 1597 *** (8. 27)	LR test	9041. 38 ***	—	—
Greenl	0. 0100 (1. 06)	Wooldridge test	80. 18 ***	—	—
Greenc	− 0. 0008 (− 0. 14)	Pesaran's test	98. 93 ***	—	—
Parkn	0. 0933 *** (3. 76)	Friedman's test	368. 82 **	—	—
Restaurant	− 0. 0498 *** (− 3. 02)	Frees' test	42. 32 ***	—	—
Cinema	0. 0152 ** (2. 33)	观测值	2990	2990	2990
Museum	0. 0124 (1. 33)	城市数	272	272	272
Library	0. 0264 * (1. 75)	—	—	—	—
Books	0. 0768 *** (5. 70)	—	—	—	—
Gallary	0. 0040 (0. 23)	—	—	—	—
Art	0. 0029 (0. 52)	—	—	—	—
Temperature	0. 0478 (0. 42)	—	—	—	—
Humidity	0. 1567 *** (5. 33)	—	—	—	—

续表

变量	固定效应估计	变量	(1) 固定效应估计 FE	(2) Drisc－kraay 稳健 型标准误估计	(3) 面板修正误差标 准误估计 PSCE
SO_2	-0.0330^{***} (-2.92)	—	—	—	—
Effluent	0.0098 (0.95)	—	—	—	—
Smoke	-0.0156^{**} (-2.92)	—	—	—	—
常数项	0.0001 (0.03)	—	—	—	—
F 值	46.45^{***}	—	—	—	—
R^2	0.2541	—	—	—	—
Hausman test	278.39^{***}	—	—	—	—
F test	62.14^{***}	—	—	—	—
观测值	2990	—	—	—	—
城市数	272	—	—	—	—

注：（1）括号中的数字为聚类稳健标准误估计和固定效应估计的 t 值，以及面板修正误差标准误估计的 z 值。

（2）*** 表示在 1% 的置信水平上显著；** 表示在 5% 的置信水平上显著；* 表示在 10% 的置信水平上显著。

（3）Hausman test 用于检验面板回归中随机效应是否比固定效应更合适。

（4）F test 用于检验面板回归中混合回归是否比固定效应更合适。

（5）Likelihood－Ratio（LR）test 和 Modified Wald statistic test 在面板回归模型中检测组间异方差。

（6）Wooldridge test 在面板数据回归中检测组内自相关。

（7）Pesaran's test、Friedman's test 和 Frees' test 用于检验短面板回归中组间同期自相关。

表 5－11 前两列展现了所有自变量回归结果。然而受共线性影响，回归结果误差较大，回归模型拟合度较低（R^2 仅为 0.2541）。本章通过逐个剔除共线自变量，提高了回归模型的拟合优度，详见表 5－11 中的列（1）、列（2）和列（3）。由于 Hausman test 和 F－test 的 p 值均小于 0.05，故表 5－11 中的面板回归采用固定效应模型进行分析。Modified Wald statistic test 和 LR test 的结果（p = 0.000）均显示该固定效应模型存在异方差。Wooldridge test 的检验结果也显示该固定效应模型存在组内自相关。Pesaran's test 和 Friedman's test 两种检验的 p 值均小于 0.01，且 Frees' test 检验非主对角线元素绝对值的平均值高达 0.471，表

明该固定效应模型存在同期自相关。本章首先采用 Drisc－kraay 稳健型标准误估计来克服异方差和组内自相关，而后采用面板修正误差标准误估计来克服同期组间自相关，详见表5－11中列（2）和列（3）面板数据回归。

通过克服异方差、组内自相关和同期自相关，表5－11列（3）呈现了影响科学研究、技术服务和地质勘查业人才集聚的要素，主要包含经济适宜性中的生活成本（Lcost），每万人拥有的专利授权量（Patent），批发零售业份额（Wholesale）；社会适宜性中的每万人拥有的中学数（Middle），每万人拥有的大学数（University），每万人生活用电量（Electricity），每万人移动电话用户数（Mobile）和每万人互联网接入用户数（Internet）；休闲适宜性中的每万人公共图书馆藏书数量（Books），每万人拥有的公园绿地面积（Parka）和每万人拥有的公园个数（Parkn）；以及自然适宜性中的城市年平均相对湿度（Humidity）和每平方公里工业烟（粉）尘排放量（Smoke）。其中，生活成本，每万人拥有的专利授权量，批发零售业份额，每万人拥有的中学数，每万人拥有的大学数量，每万人生活用电量，每万人移动电话用户数，每万人互联网接入用户数量，每万人公共图书馆藏书数量和每万人拥有的公园绿地面积对科学研究、技术服务和地质勘查业人才集聚具有正影响。每万人拥有的公园个数，城市年平均相对湿度和每平方千米工业烟（粉）尘排放量却对科学研究、技术服务和地质勘查业人才的集聚产生负影响。

首先，本章研究的结果显示生活成本（城市住宅房价/月工资）与我国科学研究、技术服务和地质勘查业人才集聚的相关性较低，而城市的创新活力（每万人拥有的专利授权量）和消费活力（批发零售业份额）与科学研究、技术服务和地质勘查业人才空间分布的相关性较高。这与前人的研究结果基本一致，如苏楚和杜宽旗定量分析了江苏省科研人才的空间集聚，发现平均工资等福利报酬对科研人才集聚影响较小[267]。牛冲槐等发现科技型人才倾向于集聚在区域技术创新较强的地区[141]。本章研究的结果显示，城市的生活成本每提升1个百分点将会带动科学研究、技术服务和地质勘查业人才密度增加3.64个百分点，而每万人拥有的专利授权量和批发零售业份额每增长1个百分点，将引发科学研究、技术服务和地质勘查业人才密度分别提升20.61个和10.55个百分点。

其次，本章研究的结果显示每万人拥有的中学数，每万人拥有的大学数量，每万人公共图书馆藏书数量和每万人生活用电量对科学研究、技术服务和地质勘查业人才集聚都有显著的正影响，这表明科学研究、技术服务和地质勘查业人才喜欢集聚在教育和电力等基础设施较为完善的城市。这也与前人的研究结果相一致，如王全纲和赵永乐提出公共基础设施对全球高端科技人才的集聚有重要影响[42]。苏楚和杜宽旗也发现影响科研型人才的主要因素为社会文化因素（包含高等学校数量、图书馆等文化场所的数量等）和宜居环境因素（包含完善的电力设施等）[267]。

再次，本章研究的结果显示每万人移动电话用户数和每万人互联网接入用户数对科学研究、技术服务和地质勘查业人才集聚有显著的正影响。这主要是由于科学研究、技术服务和地质勘查业属于创新性较强的行业，而其人才也具有较强的创新意识和创新能力[157]。受知识外部性的驱使，科学研究、技术服务和地质勘查业人才倾向于集聚在信息化程度较高的地区，这主要是由于完善的信息化服务有利于科技型创新人才的交流和集聚[109]，有利于知识外部效应的发挥[108]。

最后，本章研究的结果显示城市年平均相对湿度和每平方千米工业烟（粉）尘排放量对科学研究、技术服务和地质勘查业人才的空间分布都有显著的负影响，而每万人拥有的公园绿地面积、每万人拥有的公园个数却对科学研究、技术服务和地质勘查业人才的空间分布有正影响，这表明科学研究、技术服务和地质勘查业人才倾向于集聚在气候干爽，空气质量和生态环境较好的城市。

综上所述，影响科学研究、技术服务和地质勘查业人才集聚的主要因素为经济适宜性、社会适宜性、休闲适宜性和自然适宜性。具体到各个影响要素上，即经济适宜性中的生活成本，每万人拥有的专利授权量和批发零售业份额，社会适宜性中的每万人拥有的中学数、每万人拥有的大学数、每万人生活用电量、每万人移动电话用户数和每万人互联网接入用户数量，休闲适宜性中每万人公共图书馆藏书数量，每万人拥有的公园绿地面积和每万人拥有的公园个数，自然适宜性中的城市年平均相对湿度和每平方千米工业烟（粉）尘排放量都对科学研究、技术服务和地质勘查业人才集聚有显著影响。其中，代表城市创新型活力的每万人拥有的专利授权量与科学研究、技术服务和地质勘查业人才集聚的相关性最高。

四、城市适宜性对文化、体育、娱乐业人才集聚的作用机制

基于《中国城市统计年鉴 2007》、《中国城市统计年鉴 2017》和中国劳动就业与经济社会发展统计数据，中国 272 个城市中，2006 年共有 1156300 位文化、体育、娱乐业人才。其中，东部地区的文化、体育、娱乐业人才数量居全国四大地区首位，占全国的 46.27%。中部、西部和东北地区文化、体育、娱乐业人才数量分别占全国的 22.91%、19.57%和 11.25%。2016 年，全国文化、体育、娱乐业人才数量达到了 1519273 人。2016 年，这四个地区文化、体育、娱乐业人才数量占全国的比例，除东北地区下降到 7.63%之外，其他三个地区都有所增加。2016 年，东部地区文化、体育、娱乐业人才数量占全国的比例为 46.68%，相比 2006 年增加了 0.41%；中部地区文化、体育、娱乐业人才数量占全国的比例为 23.26%，相比 2006 年增加了 0.35%；西部地区文化、体育、娱乐业人才数量占

全国的比例为 22.43%，增加了 2.86%。

从创新型人才密度来看，我国的文化、体育、娱乐业人才密度最高的城市主要为东部地区的北京、深圳、海口、广州、珠海等地区。但西部地区的成都文化、体育、娱乐业人才密度增长较快，从 2006 年的全国第 44 名飙升至 2016 年的全国第 3 名。武汉也不甘落后，文化、体育、娱乐业人才数量也在逐年提升，近几年来稳居全国第七。然而，东北地区的哈尔滨、沈阳、长春等城市的文化、体育、娱乐业人才密度均呈下降的趋势。城市适宜性究竟如何影响文化、体育、娱乐业人才的空间分布？吸纳文化、体育、娱乐业人才集聚的核心要素到底是什么？这是本小节主要研究的内容。

基于文化、体育、娱乐业人才密度的面板数据回归结果均呈现在表 5 - 12 和表 5 - 13 中。其中，表 5 - 12 呈现了以文化、体育、娱乐业人才密度为因变量，以四种城市适宜性为自变量的面板回归结果。由于 Hausman test 和 F - test 的 p 值均小于 0.01，故表 5 - 12 中的面板回归采用固定效应模型进行分析。Modified Wald statistic test 和 LR test 的检验结果均显示 p < 0.001，表明表 5 - 12 中固定效应模型存在异方差。Wooldridge test 的 p 值为 0.000 小于 0.05，故该固定效应模型存在组内自相关。Pesaran's test 和 Friedman's test 两种检验的 p 值均小于 0.05，且 Frees' test 检验非主对角线元素绝对值的平均值高达 0.386，由此认为该固定效应模型存在同期自相关。

通过运用 Drisc - kraay 稳健型标准误估计克服异方差和组内自相关，结果表明城市经济适宜性、社会适宜性、休闲适宜性和自然适宜性均影响文化、体育、娱乐业人才的空间分布。而后，进一步运用面板修正误差标准误估计来克服组间同期自相关，结果进一步证实文化、体育、娱乐业人才的空间集聚受城市经济适宜性、社会适宜性、休闲适宜性和自然适宜性的共同影响。国内外的学者普遍认为经济因素（如第三产业占比等）[105,391]，社会因素（交通、教育和信息等基础设施完善程度）[392~397]和自然环境因素[398]是影响文化创意产业及其人才集聚的主要因素。当然，有一些学者也提出休闲文化因素，如创意文化氛围，包含创意场地、创意情景等也是影响文化产业分布的因素[392]。表 5 - 12 的结果也显示经济适宜性、社会适宜性、自然适宜性、休闲适宜性对文化、体育、娱乐业人才的空间分布有显著影响。为了检验本章研究计量结果的稳健性，表 5 - 13 又以文化、体育、娱乐业人才密度为因变量，以各个适宜性中包含的变量为自变量，来进一步探索吸纳文化、体育、娱乐业人才的核心要素。

表5－12　基于文化、体育、娱乐业人才密度的面板数据回归结果（1）

变量	（1） 固定效应估计 FE	（2） Drisc－kraay 稳健 型标准误估计	（3） 面板修正误差标准 误估计 PSCE
Em	0.1438 *** （8.46）	0.1438 *** （3.51）	**0.2625 *** （6.42）**
Sm	0.2913 *** （3.51）	0.2913 * （8.36）	**0.3158 *** （7.74）**
Lm	0.1759 *** （11.87）	0.1759 *** （7.32）	**0.1077 *** （3.39）**
Nm	0.0735 *** （2.31）	0.0759 ** （2.11）	**－0.0592 *** （－4.28）**
常数项	0.0000 （0.00）	0.0000 （0.00）	0.0417 （1.77）
F or Wald statistic	F＝84.49 ***	F＝35.90 ***	chi2（4）＝338.96 ***
R²	0.3401	0.3401	0.5191
Hausman test	16.19 **	—	—
F test	109.30 ***	—	—
Modified Wald statistic test	3200000.00 ***	—	—
LR test	7459.67 ***	—	—
Wooldridge test	37.94 ***	—	—
Pesaran's test	20.93 ***	—	—
Friedman's test	112.42 **	—	—
Frees' test	27.92 ***	—	—
观测值	2992	2992	2992
城市数	272	272	272

注：（1）括号中的数字为聚类稳健标准误估计和固定效应估计的 t 值，以及面板修正误差标准误估计的 z 值。

（2）*** 表示在1%的置信水平上显著；** 表示在5%的置信水平上显著；* 表示在10%的置信水平上显著。

（3）Hausman test 用于检验面板回归中随机效应是否比固定效应更合适。

（4）F test 用于检验面板回归中混合回归是否比固定效应更合适。

（5）Likelihood－Ratio（LR）test 和 Modified Wald statistic test 在面板回归模型中检测组间异方差。

（6）Wooldridge test 在面板数据回归中检测组内自相关。

（7）Pesaran's test、Friedman's test 和 Frees' test 用于检验短面板回归中组间同期自相关。

表 5 - 13 前两列展现了所有自变量回归结果。然而受共线性影响，回归结果误差较大，回归模型拟合度较低（R^2 仅为 0.1773）。本章通过逐个剔除共线自变量，提高了回归模型的拟合优度，详见表 5 - 13 中的列（1）、列（2）和列（3）。由于 Hausman test 和 F - test 的 p 值均小于 0.01，故表 5 - 13 中的面板回归采用固定效应模型进行分析。Modified Wald statistic test 和 LR test 的结果（p = 0.000）均显示该固定效应模型存在异方差。Wooldridge test 的 p 值小于 0.05，故该固定效应模型存在组内自相关。此外，Pesaran's test 和 Friedman's test 两种检验的 p 值均小于 0.05，且 Frees' test 检验非主对角线元素绝对值的平均值高达 0.388，表明该固定效应模型存在同期自相关。本章首先采用 Drisc - kraay 稳健型标准误估计来克服异方差和组内自相关，而后采用面板修正误差标准误估计来克服同期组间自相关，详见表 5 - 13 中列（2）和列（3）面板数据回归。

表 5 - 13　基于文化、体育、娱乐业人才密度的面板数据回归结果（2）

变量	固定效应估计	变量	（1） 固定效应估计 FE	（2） Drisc - kraay 稳健 型标准误估计	（3） 面板修正误差标 准误估计 PSCE
Industry	0.0279 (1.01)	Lcost	0.0038 * (1.36)	0.0038 * (1.71)	**0.0631 *** (2.65)**
Tindustry	− 0.0119 * (− 1.43)	Tindustry	− 0.0366 *** (− 2.86)	− 0.0366 *** (− 3.17)	**0.2015 *** (6.83)**
Lcost	0.0043 (0.40)	Wholesale	0.0642 *** (5.95)	0.0642 *** (10.02)	**0.1926 *** (5.61)**
Ln（Pgdp）	− 0.0162 (− 0.18)	Sexpenditure	− 0.0095 *** (− 2.97)	− 0.0095 *** (− 2.93)	**− 0.0132 ** (− 2.19)**
Finvest	0.0386 * (1.77)	Patent	0.0621 *** (3.97)	0.0621 *** (5.76)	**0.1716 *** (4.84)**
Hinvest	0.0218 (0.79)	Primary	0.0229 * (1.88)	0.0229 (0.54)	—
Wholesale	0.0591 *** (5.41)	Middle	0.0239 *** (3.63)	0.0239 ** (2.39)	**0.0987 *** (5.93)**
Sexpenditure	− 0.0100 (− 1.03)	University	0.0348 *** (2.75)	0.0348 * (1.80)	**0.3193 *** (12.95)**
Eexpenditure	− 0.0016 (− 0.28)	Hbed	0.0752 *** (5.17)	0.0752 *** (6.80)	**0.0746 *** (3.26)**

续表

变量	固定效应估计	变量	(1) 固定效应估计 FE	(2) Drisc - kraay 稳健 型标准误估计	(3) 面板修正误差标 准误估计 PSCE
Primary	0. 0194 * (2. 55)	Roadway	0. 0467 *** (4. 40)	0. 0467 *** (3. 33)	− 0. 0088 (− 0. 49)
Middle	0. 0192 * (2. 26)	Bus	− 0. 0306 *** (− 2. 90)	− 0. 0306 *** (− 4. 45)	**0. 0324 * (1. 84)**
University	0. 0312 *** (3. 41)	Sewage	− 0. 0353 *** (− 5. 24)	− 0. 0353 *** (− 8. 05)	− 0. 0277 *** (− 0. 02)
Hospital	0. 0044 (0. 66)	Fixedl	0. 0514 ** (2. 51)	0. 0514 (1. 52)	—
Hbed	0. 0847 *** (5. 40)	Mobile	0. 0296 *** (2. 62)	0. 0296 ** (1. 99)	**0. 0956 *** (2. 71)**
Taxi	0. 0345 (1. 60)	Internet	0. 0638 *** (6. 74)	0. 0638 *** (3. 85)	0. 0280 * (1. 85)
Roadway	0. 0490 *** (4. 54)	Parka	− 0. 0511 ** (− 2. 48)	− 0. 0511 *** (− 2. 72)	**0. 1874 *** (4. 38)**
Bus	− 0. 0289 *** (− 2. 70)	Greenl	0. 0945 *** (9. 10)	0. 0945 *** (4. 02)	**0. 0740 *** (3. 92)**
Waste	− 0. 0014 (− 0. 22)	Parkn	0. 0585 ** (2. 19)	0. 0585 ** (2. 28)	**0. 0917 *** (2. 72)**
Sewage	− 0. 0363 *** (− 5. 03)	Restaurant	− 0. 0423 ** (− 2. 34)	− 0. 0423 (− 1. 59)	—
Water	0. 0038 (0. 40)	Museum	0. 0567 *** (5. 63)	0. 0567 *** (7. 54)	**0. 0346 ** (2. 49)**
Electricity	0. 0261 * (1. 74)	Library	− 0. 0488 *** (− 3. 07)	− 0. 0488 * (− 1. 91)	0. 0235 (0. 66)
Gas	0. 0040 (0. 27)	Temperature	− 0. 0125 * (− 4. 10)	− 0. 0125 * (− 2. 16)	− 0. 0376 (− 1. 54)
Fixedl	0. 0426 ** (2. 03)	Humidity	0. 0586 * (1. 78)	0. 0586 *** (3. 10)	0. 0077 (0. 44)
Mobile	0. 0121 *** (8. 55)	Smoke	− 0. 0224 *** (− 2. 95)	− 0. 0224 *** (− 2. 77)	**− 0. 0198 * (− 1. 69)**

续表

变量	固定效应估计	变量	(1) 固定效应估计 FE	(2) Drisc–kraay 稳健 型标准误估计	(3) 面板修正误差标 准误估计 PSCE
Internet	0.0669 *** (6.86)	常数项	0.0003 (0.06)	0.0003 (0.08)	0.0199 (0.71)
Parka	−0.0562 ** (−2.57)	F or Wald statistic	F = 22.87 ***	F = 379.84 ***	chi2(15) = 1795.12 ***
Greenl	0.0905 *** (8.49)	R^2	0.4196	0.4196	0.6803
Greenc	0.0033 (0.49)	Hausman test	409.03 ***	—	—
Parkn	0.0670 ** (2.38)	F test	43.48 ***	—	—
Restaurant	−0.0480 ** (−2.57)	Modified Wald statistic test	850000.00 ***	—	—
Cinema	−0.0220 *** (−2.98)	LR test	6392.84 ***	—	—
Museum	0.0610 *** (5.76)	Wooldridge test	44.74 ***	—	—
Library	−0.0506 *** (−2.97)	Pesaran's test	14.53 ***	—	—
Books	0.0124 (0.82)	Friedman's test	78.64 **	—	—
Gallary	0.0047 (0.24)	Frees' test	25.16 ***	—	—
Art	−0.0046 (−0.73)	观测值	2990	2990	2990
Temperature	0.0120 ** (3.09)	城市数	272	272	272
Humidity	0.0691 ** (2.08)	—	—	—	—
SO_2	−0.0128 (−1.00)	—	—	—	—

续表

变量	固定效应估计	变量	(1) 固定效应估计 FE	(2) Drisc – kraay 稳健 型标准误估计	(3) 面板修正误差标 准误估计 PSCE
Effluent	− 0. 0113 ** (− 0. 97)	—	—	—	—
Smoke	− 0. 0226 *** (− 2. 93)	—	—	—	—
常数项	0. 0002 (0. 05)	—	—	—	—
F 值	13. 73 ***	—	—	—	—
R²	0. 1773	—	—	—	—
Hausman test	349. 60 ***	—	—	—	—
F test	37. 35 ***	—	—	—	—
观测值	2990	—	—	—	—
城市数	272	—	—	—	—

注:(1) 括号中的数字为聚类稳健标准误估计和固定效应估计的 t 值,以及面板修正误差标准误估计的 z 值。

(2) *** 表示在 1% 的置信水平上显著;** 表示在 5% 的置信水平上显著;* 表示在 10% 的置信水平上显著。

(3) Hausman test 用于检验面板回归中随机效应是否比固定效应更合适。

(4) F test 用于检验面板回归中混合回归是否比固定效应更合适。

(5) Likelihood – Ratio (LR) test 和 Modified Wald statistic test 在面板回归模型中检测组间异方差。

(6) Wooldridge test 在面板数据回归中检测组内自相关。

(7) Pesaran's test、Friedman's test 和 Frees' test 用于检验短面板回归中组间同期自相关。

通过克服异方差、组内自相关和同期自相关,表 5 – 13 列(3)呈现了影响文化、体育、娱乐业人才集聚的要素,主要包含:经济适宜性中的生活成本(Lcost),第三产业占 GDP 比重(Tindustry),批发零售业份额(Wholesale),每万人拥有的专利授权量(Patent)和科技支出占总财政支出比例(Sexpenditure);社会适宜性中的每万人拥有的中学数量(Middle),每万人拥有的大学数量(University),每万人拥有的床位数量(Hbed),每万人拥有的公交车数量(Bus),每万人移动电话用户数(Mobile),每万人互联网接入用户数量(Internet),污水处理厂集中处理率(Sewage);休闲适宜性中的每万人拥有的博物馆数量(Museum),每万人拥有的公园绿地面积(Parka),每万人拥有绿地面积

（Greenl）和每万人拥有的公园个数（Parkn）；自然适宜性中的每平方千米工业烟（粉）尘排放量（Smoke）。

　　首先，本章研究的结果显示每万人拥有的大学数对文化、体育、娱乐业人才集聚的相关性最高。这与前人的研究结果基本一致。早在 2006 年，诸大建和黄晓芬通过分析美国创意城市与大学的作用，就指出大学影响文化、体育和娱乐等创意产业布局[396]。王珏晗和周春山在分析了广州市商业型健身房空间分布后也提出受教育水平越高的区域健身房越多[280]。这说明大学一方面为文化、体育和娱乐等创意产业提供人才资源，另一方面也作为文化消费市场影响文化、体育和娱乐业人才的空间分布。因此，每万人拥有的大学数与文化、体育、娱乐业人才集聚相关性最高。

　　其次，完善的交通、通信、教育和医疗设施配套也是影响文化、体育、娱乐业人才空间分布的主要要素。本章研究的结果显示每万人拥有的公交车数量，每万人移动电话用户数，每万人互联网接入用户数，每万人拥有的中学数和每万人拥有的床位数都对文化、体育、娱乐业人才的集聚有显著正影响。这主要是由于便利的交通设施有利于文化、体育、娱乐企业间的协调和沟通，降低交易成本[105]，而便利的信息化条件（通信等）能够促进知识外溢[392]，更有利于文化、体育、娱乐企业的发展。完善的中学教育设施和医疗设施依托其周边的大型居住社区为文化、体育和娱乐企业提供了充足的客流。因此文化体育类企业倾向于集聚在基础配套设施完善的城市[398]，而企业的分布也会影响相关人才的分布。

　　再次，本章研究的结果显示第三产业占 GDP 比重，批发零售业份额对文化、体育、娱乐业人才的集聚都有显著正影响，而科技支出占总财政支出比例对文化、体育、娱乐业人才的集聚却有显著负影响。这与黄斌和 Scott 的结果基本一致[105,399]。黄斌通过对北京市文化创意产业分布进行研究，也发现第三产业增加值是影响文化、体育、娱乐业分布的主要要素，而财政支出对北京文化、体育、娱乐业分布影响比较弱[105]，本章研究的结果甚至显示政府财政支出对文化、体育、娱乐业人才分布为负影响，这说明政府财政支出对于文化、体育和娱乐业人才分布的影响较为微弱。Scott 在研究文化创意产业集群时发现小而多的专业化生产和服务商对成功的文化创意产业集群至关重要[399]，本章研究的结果也显示批发零售业份额对文化、体育、娱乐业人才的集聚有显著正影响。此外，本章研究的结果还发现生活成本（城市住宅房价/月工资）和每万人拥有的专利授权量也是影响文化、体育、娱乐业人才集聚的主要要素之一，这说明文化、体育、娱乐业人才倾向于集聚到生活水平高、创新活力强的城市。

　　最后，本章研究的结果显示休闲文化设施与环境因素也对文化、体育、娱乐业人才分布有显著影响，其中每万人拥有的博物馆数量，每万人拥有的公园绿地面积，每万人拥有的绿地面积，以及每万人拥有的公园个数均对文化、体育、娱乐业人才的分布有显著的正影响，而每平方千米工业烟（粉）尘排放量对文化、体育、娱乐业人才的分布却有显著的负影响。这表明文化、体育、娱乐业人才倾向于集聚在休闲氛围好，自然环境较好的地区。

综上所述，影响文化、体育、娱乐业人才集聚的主要因素为社会适宜性、经济适宜性、休闲适宜性和自然适宜性。具体到各个影响要素上，即社会适宜性中的每万人拥有的大学数量、每万人拥有的中学数量、每万人拥有的床位数量、每万人拥有的公交车数量、每万人移动电话用户数和每万人互联网接入用户数，经济适宜性中的生活成本，第三产业占 GDP 比重、批发零售业份额、每万人拥有的专利授权量和科技支出占总财政支出比例，休闲适宜性中的每万人拥有的博物馆数量、每万人拥有的公园绿地面积、每万人拥有的绿地面积和每万人拥有的公园个数，以及自然适宜性中的每平方千米工业烟（粉）尘排放量都对文化、体育、娱乐业人才集聚有显著影响。其中，每万人拥有的大学数量对文化、体育、娱乐业人才集聚的相关性最高。

五、城市适宜性对教育业人才集聚的作用机制

相对于文化、体育、娱乐业人才，我国的教育业人才在数量上具有绝对的优势。根据《中国城市统计年鉴 2007》、《中国城市统计年鉴 2017》和中国劳动就业与经济社会发展统计数据，中国 272 个城市中，2006 年共有 13550700 位教育业人才。其中，东部地区的教育业人才数量居全国四大区域首位，占全国的 40.41%。中部、西部和东北地区教育业人才数量分别占全国的 27.36%、23.10% 和 9.12%。2016 年教育业人才数量达到了 15594949 人。虽然东部地区教育业人才的数量平均每年仍以 1.64% 的速度增长，但是占全国的比例却增长缓慢，2016 年东部地区教育业人才占全国的比例仅增长到了 41.27%。西部地区教育业人才的数量却在逐年稳步提升，平均每年以 1.87% 的速度增长。2016 年西部地区教育业人才的数量占全国的比例增长到了 24.14%。此外，相较于西部地区，中部地区和东北地区的教育业人才数量增长缓慢，占全国的比例也在逐年锐减，2016 年分别跌至 26.70% 和 7.89%。

从教育业人才密度来看，我国教育业人才密度较高的城市主要为北京、广州、上海和南京等城市。近年来成都教育业人才密度迅猛增长，从 2006 年的全国第 51 名跃升至 2016 年的第 26 名。武汉、西安、沈阳等城市的教育业人才密度则呈下降趋势。武汉的教育业人才密度从 2006 年的全国第 7 名下降至第 11 名；西安的教育业人才密度则从全国第 12 名下降至第 15 名；而沈阳的下降幅度最大，教育业人才密度从全国第 25 名下降至第 32 名。然而，教育业人才的空间分布受哪些城市适宜性的影响？吸纳教育业人才集聚的核心要素到底是什么？这是本小节主要研究的内容。

表5-14和表5-15汇报了基于教育业人才密度的面板数据回归结果。其中，表5-14呈现了以教育业人才密度为因变量，以四种城市适宜性为自变量的面板回归结果。由于Hausman test和F-test的p值均小于0.05，故表5-14中的面板回归采用固定效应模型进行分析。Modified Wald statistic test和LR test的检验结果均表明表5-14中的固定效应模型存在异方差。Wooldridge test的p值为0.000，故该固定效应模型也存在组内自相关。Pesaran's test和Friedman's test两种检验的p值均小于0.01，且Frees' test检验非主对角线元素绝对值的平均值高达0.465，由此认为该固定效应模型存在同期自相关。

表5-14　基于教育业人才密度的面板数据回归结果（1）

变量	（1）固定效应估计 FE	（2）Drisc-kraay 稳健型标准误估计	（3）面板修正误差标准误估计 PSCE
Em	0.3042 ***	0.3042 ***	**0.3759 *****
	(12.51)	(3.04)	**(9.05)**
Sm	0.1964 ***	0.1964 *	**0.2993 *****
	(15.66)	(2.34)	**(7.29)**
Lm	0.0602 ***	0.0602 ***	**0.0617 ****
	(7.36)	(4.05)	**(2.22)**
Nm	0.0985 ***	0.0985 ***	**-0.0831 *****
	(8.70)	(4.62)	**(-2.63)**
常数项	0.0000	0.0000	0.0001
	(0.00)	(0.00)	(0.00)
F or Wald statistic	F = 293.42 ***	F = 111.09 ***	chi2(4) = 411.94 ***
R^2	0.3017	0.3017	0.5057
Hausman test	205.00 ***	—	—
F test	177.85 ***	—	—
Modified Wald statistic test	4400000.00 ***	—	—
LR test	6202.44 ***	—	—
Wooldridge test	34.03 ***	—	—
Pesaran's test	109.41 ***	—	—

变量	(1) 固定效应估计 FE	(2) Drisc - kraay 稳健 型标准误估计	(3) 面板修正误差标准 误估计 PSCE
Friedman's test	478.07 ***	—	—
Frees' test	49.68 ***	—	—
观测值	2992	2992	2992
城市数	272	272	272

注：（1）括号中的数字为聚类稳健标准误估计和固定效应估计的 t 值，以及面板修正误差标准误估计的 z 值。

（2）*** 表示在 1% 的置信水平上显著；** 表示在 5% 的置信水平上显著；* 表示在 10% 的置信水平上显著。

（3）Hausman test 用于检验面板回归中随机效应是否比固定效应更合适。

（4）F test 用于检验面板回归中混合回归是否比固定效应更合适。

（5）Likelihood - Ratio （LR）test 和 Modified Wald statistic test 在面板回归模型中检测组间异方差。

（6）Wooldridge test 在面板数据回归中检测组内自相关。

（7）Pesaran's test、Friedman's test 和 Frees' test 用于检验短面板回归中组间同期自相关。

通过运用 Drisc - Kraay 稳健型标准误估计克服异方差和组内自相关，结果表明城市经济适宜性、社会适宜性、休闲适宜性和自然适宜性均影响教育业人才的空间分布。而后，进一步运用面板修正误差标准误估计来克服组间同期自相关，结果进一步证实教育业人才的空间集聚受城市经济适宜性、社会适宜性、休闲适宜性和自然适宜性的共同影响，这与前人的研究结果基本一致，如李瑞等分析了我国两院院士的空间分布后提出经济因素（薪资、地区经济等），社会因素（交通、教育等基础设施），自然环境因素等都是影响其分布的主要因素[98]。Cowling 和 Lee 分析了英国教师等创新型人才的分布后，提出影响其分布的主要因素为经济因素（企业活力）和社会因素（大学分布等）[41]。Florida 分析了美国教育工作者等创新型人才的分布后，提出影响其分布的主要因素为社会因素（大学和研究所分布等）和休闲文化因素（艺术、博物馆等）[20]。本章研究结果也证实经济适宜性、社会适宜性、休闲适宜性和自然适宜性均对教育业人才有显著影响，为了检验本章研究结果的稳健性，本章又以教育业人才密度为因变量，以各个适宜性中包含的变量为自变量，来进一步探索吸纳教育业人才集聚的核心要素（见表 5 - 15）。

表 5 - 15 前两列展现了所有自变量回归结果。然而受共线性影响，回归结果误差较大，回归模型拟合度较低。本章通过逐个剔除共线自变量，提高了回归模型的拟合优度，详见表 5 - 15 中的列（1）、列（2）和列（3）。由于 Hausman test 和 F - test 的 p 值均小于 0.05，故表 5 - 15 中的面板回归采用固定效应模型进行分析。Modified Wald statistic test、LR test 以及 Wooldridge test 的检验结果均显示 p = 0.000，表明该固定效应模型存在异方差和组内自相关。Pesaran's test 和 Friedman's test 两种检验的 p 值均小于 0.01，且 Frees' test 检验非主对角线元素绝对值的平均值高达 0.381，表明该固定效应模型中存在同期自相关。本章首先采用 Drisc - kraay 稳健型标准误估计来克服异方差和组内自相关，而后采用面板修正误差标准误估计来克服同期组间自相关，详见表 5 - 15 中列（2）和列（3）面板数据回归。

表 5 - 15　基于教育业人才密度的面板数据回归结果（2）

变量	固定效应估计	变量	（1） 固定效应估计 FE	（2） Drisc - kraay 稳健 型标准误估计	（3） 面板修正误差标 准误估计 PSCE
Industry	- 0.0802 *** （ - 2.78）	Lcost	0.0168 * （2.54）	0.0168 * （2.50）	**0.0404 *** （3.68）**
Tindustry	- 0.0738 *** （ - 2.62）	Tndustry	- 0.0827 *** （ - 3.09）	- 0.0827 *** （ - 2.97）	**0.0195 *** （5.77）**
Lcost	0.0196 * （1.78）	Tindustry	- 0.0742 *** （ - 2.72）	- 0.0742 ** （ - 2.25）	**0.2205 *** （9.74）**
Ln（Pgdp）	0.0611 （0.67）	Patent	0.0671 *** （4.08）	0.0671 *** （6.72）	**0.0493 * （1.92）**
Finvest	0.0343 （1.55）	Wholesale	0.0297 *** （2.73）	0.0297 *** （3.54）	**0.0746 *** （4.21）**
Hinvest	- 0.0517 （ - 1.85）	Sexpenditure	0.0069 * （2.71）	0.0069 * （2.62）	**0.0016 ** （2.23）**
Wholesale	0.0238 ** （2.14）	Eexpenditure	- 0.0029 * （ - 2.50）	- 0.0029 （ - 2.78）	
Sexpenditure	0.0101 * （2.02）	Middle	0.0952 *** （7.04）	0.0952 *** （6.86）	**0.1115 *** （6.40）**
Eexpenditure	- 0.0039 * （ - 1.65）	University	0.0239 * （2.07）	0.0239 * （2.92）	**0.2171 *** （7.82）**
Patent	0.0840 *** （4.88）	Hbeds	0.0510 *** （3.40）	0.0510 *** （3.65）	0.0076 （0.34）

续表

变量	固定效应估计	变量	(1) 固定效应估计 FE	(2) Drisc – kraay 稳健 型标准误估计	(3) 面板修正误差标 准误估计 PSCE
Primary	− 0. 0244 * (− 1. 92)	Taxi	0. 1670 *** (7. 64)	0. 1670 *** (12. 03)	**0. 0982 *** (3. 99)**
Middle	0. 0970 *** (6. 28)	Bus	− 0. 0162 *** (− 2. 48)	− 0. 0162 * (− 2. 04)	− 0. 0124 (0. 76)
University	0. 0151 * (1. 67)	Electricity	0. 0553 *** (4. 04)	0. 0553 *** (2. 71)	**0. 0477 ** (2. 41)**
Hospital	− 0. 0085 (− 1. 25)	Mobile	0. 2198 *** (10. 03)	0. 2198 *** (4. 25)	**0. 1765 *** (5. 67)**
Hbed	0. 0606 *** (3. 80)	Internet	0. 0121 * (2. 13)	0. 0121 * (1. 10)	**0. 0236 ** (2. 12)**
Taxi	0. 1698 *** (7. 74)	Parka	0. 0807 *** (3. 86)	0. 0807 * (1. 93)	**0. 0753 * (1. 74)**
Roadway	0. 0150 (1. 36)	Parkn	0. 0459 * (1. 92)	0. 0459 * (2. 88)	**0. 0641 * (1. 15)**
Bus	− 0. 0174 * (− 2. 60)	Restaurant	− 0. 0341 *** (− 4. 43)	− 0. 0341 *** (− 4. 09)	**− 0. 0158 *** (− 3. 22)**
Waste	− 0. 0030 (− 0. 47)	Cinema	0. 0035 * (2. 48)	0. 0035 (0. 55)	—
Sewage	− 0. 0087 (− 1. 18)	museum	0. 0470 *** (4. 58)	0. 0470 *** (6. 41)	**0. 0410 *** (3. 22)**
Water	0. 0004 (0. 05)	Books	0. 0912 *** (6. 10)	0. 0912 *** (4. 32)	**0. 1039 *** (3. 87)**
Electricity	0. 0541 *** (3. 55)	Humidity	0. 0855 ** (2. 53)	0. 0855 ** (2. 56)	**− 0. 0823 *** (− 5. 42)**
Gas	− 0. 0284 * (− 1. 84)	SO_2	− 0. 0378 *** (− 7. 07)	− 0. 0378 (− 0. 20)	—
Fixedl	0. 0177 (0. 83)	Smoke	− 0. 0364 *** (− 4. 64)	− 0. 0364 *** (− 3. 48)	− 0. 0139 (− 1. 03)
Mobile	0. 2154 *** (9. 67)	常数项	− 0. 0000 (− 0. 00)	− 0. 0000 (− 0. 00)	0. 0337 (1. 44)

续表

变量	固定效应估计	变量	(1) 固定效应估计 FE	(2) Drisc-kraay 稳健 型标准误估计	(3) 面板修正误差标 准误估计 PSCE
Internet	0.0176* (1.77)	F or Wald statistic	F = 54.37***	F = 163.46***	chi2(15) = 2885.24***
Parka	0.0861*** (3.87)	R^2	0.5009	0.5009	0.6847
Greenl	0.0287*** (2.64)	Hausman test	672.43***	—	—
Greenc	-0.0044 (-0.64)	F test	35.79***	—	—
Parkn	-0.0174 (-0.61)	Modified Wald statistic test	3700000.00***	—	—
Restaurant	0.0018 (0.09)	LR test	5536.88***	—	—
Cinema	0.0022* (2.30)	Wooldridge test	29.82***	—	—
Museum	0.0357*** (3.32)	Pesaran's test	13.88***	—	—
Library	0.0727 (0.18)	Friedman's test	67.46**	—	—
Books	0.0669** (4.32)	Frees' test	26.51***	—	—
Gallary	0.0205 (1.04)	观测值	2990	2990	2990
Art	0.0217*** (3.37)	城市数	272	272	272
Temperature	0.0214 (0.16)	—	—	—	—
Humidity	0.0773** (2.29)	—	—	—	—
SO_2	0.0068 (0.52)	—	—	—	—

续表

变量	固定效应估计	变量	(1) 固定效应估计 FE	(2) Drisc – kraay 稳健 型标准误估计	(3) 面板修正误差标 准误估计 PSCE
Effluent	0. 0346 *** (2. 93)	—	—	—	—
Smoke	− 0. 0363 *** (− 4. 64)	—	—	—	—
常数项	0. 0001 (0. 03)	—	—	—	—
F 值	32. 11 ***	—	—	—	—
R^2	0. 4656	—	—	—	—
Hausman test	778. 67 ***	—	—	—	—
F test	29. 00 ***	—	—	—	—
观测值	2990	—	—	—	—
城市数	272	—	—	—	—

注：（1）括号中的数字为聚类稳健标准误估计和固定效应估计的 t 值，以及面板修正误差标准误估计的 z 值。

（2） *** 表示在 1% 的置信水平上显著；** 表示在 5% 的置信水平上显著；* 表示在 10% 的置信水平上显著。

（3）Hausman test 用于检验面板回归中随机效应是否比固定效应更合适。

（4）F test 用于检验面板回归中混合回归是否比固定效应更合适。

（5）Likelihood – Ratio（LR）test 和 Modified Wald statistic test 在面板回归模型中检测组间异方差。

（6）Wooldridge test 在面板数据回归中检测组内自相关。

（7）Pesaran's test、Friedman's test 和 Frees' test 用于检验短面板回归中组间同期自相关。

通过克服异方差、组内自相关和同期自相关，表 5 – 15 列（3）呈现了影响教育业人才集聚的要素，主要包含经济适宜性中的生活成本（Lcost），第二产业占 GDP 比重（Industry），第三产业占 GDP 比重（Tindustry），每万人拥有的专利授权量（Patent），批发零售业份额（Wholesale）和科学技术支出占总财政支出比（Sexpenditure）；社会适宜性中的每万人拥有的中学数（Middle），每万人拥有的大学数（University），每万人生活用电量（Electricity），每万人拥有的出租车数量（Taxi），每万人移动电话用户数（Mobile）和每万人互联网接入用户数（Internet）；休闲适宜性中的每万人拥有的公园绿地面积（Parka），每万人拥有的公园个数（Parkn），每万人拥有的星级饭店数量（Restaurant），每万人拥有的博物馆数量（Museum）和每万人公共图书馆藏书数量（Books）；自然适宜中的城市年平均相对湿度（Humidity）。

首先，本章研究的结果显示反映地区创新活力的每万人拥有的专利授权量，反映地区消费活力的批发零售业份额，以及反映现代经济发展水平的第二产业和第三产业占 GDP 比重都对教育业人才分布有显著的正影响，这与前人的研究结果基本一致。如 Florida 对美国的教育工作者等创新型人才进行研究，发现他们更注重追求创意，更偏好创新活力高的城市[20]。刘善槐、邱均平和温芳芳等，以及王英利等人的研究结果显示地区经济发展水平也是影响教育业人才分布的主要要素[282~284]。此外，本章研究的结果显示生活成本（城市住宅房价/月工资）对教育业人才集聚也有积极正效应。

其次，本章研究的结果显示科技支出占总财政支出比例也对教育业人才分布有显著影响。这主要是因为科技支出占总财政支出的比例是衡量一个地区综合实力的重要指标[400]，加大科技支出对吸引人才集聚、提高城市自主创新能力也具有重要意义[401]。依据 2016 年《中国城市统计年鉴》，目前我国科技支出较高的城市为北京、上海、广州、成都、重庆等地区。因此，这些城市的教育业人才也较多。闫建璋和余三也指出政府的投入对大学及教师的分布有重要影响[402]。

再次，本章研究的结果显示每万人拥有的中学数、每万人拥有的大学数，以及每万人拥有的博物馆数量也是影响教育业人才分布的主要要素，这与前人的研究结果基本一致。如况红和彭露调查了重庆的教师分布，提出学校的数量和办学政策是影响重庆教师分布的直接要素[285]。Florida 以及 Cowling 和 Lee 分别分析了英国和美国教师等创新型人才的分布，提出影响其分布的主要要素包括大学和研究所分布[20,41]。另外，本章研究的结果显示每万人公共图书馆藏书数量对教育业人才集聚也有显著正影响。

又次，本章研究的结果也显示每万人移动电话用户数、每万人互联网接入用户数、每万人拥有的出租车数量以及每万人生活用电量都对教育业人才分布有显著的正影响。这可能是由于教育业属于创新性较强的行业，而教育业人才也具有较强的创新意识和创新能力[158]。受知识外部性的驱使，教育业人才喜欢集聚在创新活力强，信息化程度较高，交通便利和电力供应充足的地区，而完善的信息化服务，便利的交通和充足的电力供应也有利于教育业人才沟通与交流，产出创意成果、提升创新绩效[109]。

最后，本章研究的结果也显示每万人拥有的星级饭店数对教育业人才集聚有显著的负影响。这主要是由于星级饭店的分布多集中在市中心、景区或城市主干道附近[403]，这些区域客流量较大不适宜学校的分布。张艺琼也证实星级饭店与高校分布有明显的极化差异[404]。另外，本章研究的结果显示每万人拥有的公园绿地面积、每万人拥有的公园个数对教育业人才分布有积极的正影响，而城市年平均相对湿度却对教育业人才分布有显著负影响。这表明教育业人才倾向于集聚在气候干燥舒适、生态环境较好的城市。

综上所述，影响教育业人才集聚的主要因素为经济适宜性、社会适宜性、休闲适宜性和自然适宜性。具体到各个影响要素上，即经济适宜性中的生活成本、第二产业占 GDP 比重、第三产业占 GDP 比重、每万人拥有的专利授权量、批发零售业份额和科学技术支出占总财政支出比，社会适宜性中的每万人拥有的中学数、每万人拥有的大学数、每万人生活用电量、每万人拥有的出租车数量、每万人移动电话用户数和每万人互联网接入用户数，休闲适宜性中的每万人拥有的公园绿地面积、每万人拥有的公园个数、每万人拥有的博物馆数量、每万人拥有的星级饭店数量和每万人公共图书馆藏书数量，以及自然适宜性中的城市年平均相对湿度都对教育业人才集聚有显著影响。其中代表现代经济发展水平的第三产业占 GDP 比重与教育业人才集聚的相关性最高。

六、城市适宜性对房地产业人才集聚的作用机制

根据《中国城市统计年鉴 2007》、《中国城市统计年鉴 2017》，以及中国劳动就业与经济社会发展统计数据，中国 272 个城市中，2006 年共有 1503100 位房地产业人才。其中，东部地区的房地产业人才数量居全国四大区域首位，占全国的 59.86%。中部、西部和东北地区房地产业人才数量分别占全国的 15.52%、14.68% 和 9.95%。2016 年房地产业人才数量达到了 4255266 人。虽然东部地区房地产业人才的数量每年仍以 10.80% 的速度增长，但是占全国的比例却在逐年锐减，2016 年东部地区房地产业人才数量占全国的比例跌至 56.83%。中部和西部地区房地产业人才的数量却在逐年稳步提升，每年分别以 12.27% 和 16.36% 的速度增长。2016 年中部和西部地区房地产业人才的数量占全国的比例也分别增长到了 17.31% 和 20.24%。此外，相较于中部、西部地区，东北地区的房地产业人才数量增长缓慢，占全国的比例也在逐年锐减，2016 年跌至 5.61%。

从创新型人才密度来看，我国的房地产业人才密度较高的城市主要为深圳、北京、海口、珠海、厦门、广州等城市。自 2013 年以来，成都房地产业人才密度增长迅猛，2013 年成都房地产业人才密度从 2006 年的全国第 42 名跃居全国第 9 名，2015～2016 年稳居全国第 12 名。此外，西安也不甘落后，房地产业人才密度也在逐年提升，2016 年西安房地产业人才密度从 2006 年的全国第 38 名跃居全国第 17 名。然而，城市适宜性如何影响房地产业人才的空间分布？吸纳房地产业人才集聚的核心要素到底是什么？这是本小节主要研究的内容。

表 5-16 和表 5-17 汇报了基于房地产业人才密度的面板数据回归结果。其中，表 5-16 呈现了以房地产业人才密度为因变量，以四种城市适宜性为自变量的面板回归结果。由于 Hausman test 和 F-test 的 p 值均小于 0.05，故表 5-16

中的面板回归采用固定效应模型进行分析。

表 5 – 16 基于房地产业人才密度的面板数据回归结果（1）

变量	（1） 固定效应估计 FE	（2） Drisc – kraay 稳健 型标准误估计	（3） 面板修正误差标准 误估计 PSCE
Em	0. 5448 *** (35. 49)	0. 5448 *** (3. 09)	**0. 3799 **** **(4. 51)**
Sm	0. 3002 *** (20. 39)	0. 3002 * (6. 37)	**0. 2560 **** **(2. 61)**
Lm	0. 2754 *** (9. 20)	0. 2754 *** (6. 94)	**0. 1682 **** **(3. 91)**
Nm	0. 1783 *** (5. 20)	0. 1783 *** (4. 04)	**0. 1338 *** **(2. 49)**
常数项	– 0. 0000 (– 0. 00)	– 0. 0000 (– 0. 00)	– 0. 0455 (– 1. 08)
F or Wald statistic	F = 501. 28 ***	F = 41. 51 ***	chi2(4) = 62. 02 ***
R^2	0. 4247	0. 4247	0. 5471
Hausman test	31. 99 ***	—	—
F test	59. 03 ***	—	—
Modified Wald statistic test	280000. 00 ***	—	—
LR test	9115. 55 ***	—	—
Wooldridge test	64. 35 ***	—	—
Pesaran's test	111. 09 ***	—	—
Friedman's test	514. 72 ***	—	—
Frees' test	58. 45 ***	—	—
观测值	2992	2992	2992
城市数	272	272	272

注：（1）括号中的数字为聚类稳健标准误估计和固定效应估计的 t 值，以及面板修正误差标准误估计的 z 值。

（2）***表示在 1% 的置信水平上显著；**表示在 5% 的置信水平上显著；*表示在 10% 的置信水平上显著。

（3）Hausman test 用于检验面板回归中随机效应是否比固定效应更合适。

（4）F test 用于检验面板回归中混合回归是否比固定效应更合适。

（5）Likelihood – Ratio（LR）test 和 Modified Wald statistic test 在面板回归模型中检测组间异方差。

（6）Wooldridge test 在面板数据回归中检测组内自相关。

（7）Pesaran's test、Friedman's test 和 Frees' test 用于检验短面板回归中组间同期自相关。

Modified Wald statistic test 和 LR test 的检验结果均表明表 5 – 16 中的固定效应模型存在异方差。Wooldridge test 的 p 值为 0. 000，故该固定效应模型也存在组内自相关。Pesaran's test 和 Friedman's test 两种检验的 p 值均小于 0. 01，且 Frees' test 检验非主对角线元素绝对值的平均值高达 0. 499，由此认为该固定效应模型存在同期自相关。通过运用 Drisc – Kraay 稳健型标准误估计克服异方差和组内自相关，结果表明城市经济适宜性、社会适宜性、休闲适宜性和自然适宜性均影响房地产业人才的空间分布。而后，进一步运用面板修正误差标准误估计来克服组间同期自相关，结果证实房地产业人才的空间集聚受城市经济适宜性、社会适宜性、休闲适宜性和自然适宜性的共同影响。其中，经济适宜性和社会适宜性是影响房地产业人才集聚的最主要因素，这与前人的研究结果基本一致。国内学者普遍认为房地产业的集聚主要受经济因素（地区发展水平、经济政策等）的影响[405~407]。此外，邓必荣发现社会因素（教育、交通、医疗设施等）也是影响房地产业集聚的主要因素[289]。房地产业的集聚影响着房地产业人才的集聚，因此经济因素和社会因素也是影响房地产业人才集聚的主要因素。然而，本章研究的结果还显示休闲适宜性和自然适宜性也是影响房地产业人才集聚的重要因素。为了检验结果的稳健性，本章又以房地产业人才密度为因变量，以各个适宜性中包含的变量为自变量，来进一步探索吸纳房地产业人才集聚的核心要素（见表 5 –17）。

表 5 –17 基于房地产业人才密度的面板数据回归结果 （2）

变量	固定效应估计	变量	(1) 固定效应估计 FE	(2) Drisc – kraay 稳健型标准误估计	(3) 面板修正误差标准误估计 PSCE
Industry	− 0. 0092 (− 0. 37)	Lcost	− 0. 0052 * (− 2. 54)	− 0. 0052 * (− 2. 25)	**0. 0610 *** ** (2. 98)**
Tindustry	0. 0177 (0. 72)	Hinvest	− 0. 0577 ** (− 2. 55)	− 0. 0577 ** (− 1. 97)	**0. 0384 * (1. 89)**
Lcost	− 0. 0050 * (− 2. 52)	Wholesale	0. 0470 *** (4. 99)	0. 0470 *** (3. 13)	**0. 1146 *** (4. 99)**
Ln （Pgdp）	0. 0395 (0. 49)	Middle	0. 0748 *** (6. 16)	0. 0748 *** (4. 02)	**0. 0295 ** (2. 55)**
Finvest	0. 0259 (1. 33)	Hbeds	0. 0394 *** (3. 00)	0. 0394 ** (2. 35)	0. 0151 (0. 64)

续表

变量	固定效应估计	变量	(1) 固定效应估计 FE	(2) Drisc-kraay 稳健 型标准误估计	(3) 面板修正误差标 准误估计 PSCE
Hinvest	-0.0701*** (-2.86)	Taxi	0.0631*** (3.34)	0.0631* (1.86)	**0.0654*** (1.81)
Patent	0.0139 (0.92)	Roadway	0.0343*** (3.72)	0.0343 (1.59)	—
Wholesale	0.0459*** (4.71)	Sewage	-0.0290*** (-4.75)	-0.0290*** (-4.27)	-0.0013 (-0.16)
Sexpenditure	0.0001 (0.02)	Water	-0.0274*** (-3.43)	-0.0274*** (-3.50)	-0.0169 (-0.87)
Eexpenditure	-0.0046 (-0.88)	Electricity	0.1231*** (9.44)	0.1231*** (7.01)	**0.0996*** (3.37)
Primary	0.0147 (1.32)	Gas	-0.0702*** (-5.28)	-0.0702*** (-5.58)	0.0489 (1.56)
Middle	0.0665*** (4.91)	Mobile	0.1044*** (3.74)	0.1044*** (3.12)	**0.1083*** (2.61)
University	0.0199 (1.01)	Internet	0.0706*** (8.25)	0.0706*** (7.56)	**0.0897*** (4.41)
Hospital	0.0078 (1.31)	Parka	0.2111*** (11.46)	0.2111*** (9.25)	**0.0869*** (3.50)
Hbed	0.0393*** (2.81)	Greenl	0.0266*** (2.90)	0.0266*** (4.46)	**0.0372** (2.28)
Taxi	0.0603*** (3.13)	Greenc	-0.0216*** (-3.59)	-0.0216*** (-6.31)	0.0127 (0.16)
Roadway	0.0380*** (3.94)	Restaurant	-0.1179*** (-7.15)	-0.1179*** (-5.27)	0.0100 (0.69)
Bus	-0.0144 (-1.50)	Cinema	0.0378*** (5.87)	0.0378*** (2.19)	**0.0157*** (2.54)
Waste	0.0015 (0.26)	Museum	0.0218** (2.36)	0.0218** (3.24)	0.0237 (0.43)
Sewage	-0.0259*** (-4.02)	Library	0.0563*** (4.30)	0.0563** (2.18)	-0.0501 (-0.82)

续表

变量	固定效应估计	变量	(1) 固定效应估计 FE	(2) Drisc－kraay 稳健 型标准误估计	(3) 面板修正误差标 准误估计 PSCE
Water	− 0. 0293 *** (− 3. 48)	Books	0. 1477 *** (11. 47)	0. 1477 ** (2. 33)	**0. 1051** *** **(2. 14)**
Electricity	0. 1192 *** (8. 91)	Gallary	0. 0424 ** (2. 48)	0. 0424 ** (1. 99)	0. 0132 (0. 57)
Gas	− 0. 0690 *** (− 5. 09)	Art	0. 0109 * (1. 94)	0. 0109 *** (3. 94)	0. 0051 (0. 68)
Fixedl	0. 0124 (0. 67)	Temperature	0. 1128 *** (2. 72)	0. 1128 ** (1. 98)	**0. 0843** *** **(2. 12)**
Mobile	0. 2006 *** (10. 26)	Humidity	0. 1071 *** (3. 63)	0. 1071 *** (4. 11)	− 0. 0070 (− 0. 35)
Internet	0. 0674 *** (7. 75)	SO_2	− 0. 0288 *** (− 2. 61)	− 0. 0288 (− 1. 10)	—
Parka	0. 2037 *** (10. 44)	Effluent	− 0. 0601 *** (− 5. 87)	− 0. 0601 *** (− 5. 36)	**− 0. 0847** *** **(− 3. 90)**
Greenl	0. 0243 ** (2. 55)	常数项	− 0. 0000 (− 0. 01)	− 0. 0000 (− 0. 00)	− 0. 0063 (− 0. 22)
Greenc	− 0. 0203 *** (− 3. 35)	F or Wald statistic	F = 145. 83 ***	F = 691. 14 ***	chi2(15) = 645. 09 ***
Parkn	0. 0023 (0. 09)	R^2	0. 5940	0. 5940	0. 6864
Restaurant	− 0. 1147 *** (− 6. 87)	Hausman test	358. 58 ***	—	—
Cinema	0. 0379 *** (5. 76)	F test	42. 24 ***	—	—
Museum	0. 0202 ** (2. 14)	Modified Wald statistic test	210000. 00 ***	—	—
Library	0. 0530 *** (3. 48)	LR test	7734. 98 ***	—	—
Books	0. 1457 *** (10. 72)	Wooldridge test	59. 82 ***	—	—

续表

变量	固定效应估计	变量	（1） 固定效应估计 FE	（2） Drisc‐kraay 稳健 型标准误估计	（3） 面板修正误差标 准误估计 PSCE
Gallary	0.0443 ** (2.56)	Pesaran's test	67.20 ***	—	—
Art	0.0100 * (1.78)	Friedman's test	220.41 **	—	—
Temperature	0.3159 *** (2.72)	Frees' test	24.27 ***	—	—
Humidity	0.1060 *** (3.57)	观测值	2990	2990	2990
SO$_2$	−0.0276 ** (−2.41)	城市数	272	272	272
Effluent	−0.0574 *** (−5.54)	—	—	—	—
Smoke	0.0113 (1.64)	—	—	—	—
常数项	−0.0004 (−0.01)	—	—	—	—
F 值	94.33 ***				
R^2	0.5763				
Hausman test	429.43 ***				
F test	28.74 ***				
观测值	2990				
城市数	272				

注：（1）括号中的数字为聚类稳健标准误估计和固定效应估计的 t 值，以及面板修正误差标准误估计的 z 值。

（2）＊＊＊表示在1%的置信水平上显著；＊＊表示在5%的置信水平上显著；＊表示在10%的置信水平上显著。

（3）Hausman test 用于检验面板回归中随机效应是否比固定效应更合适。

（4）F test 用于检验面板回归中混合回归是否比固定效应更合适。

（5）Likelihood‐Ratio（LR）test 和 Modified Wald statistic test 在面板回归模型中检测组间异方差。

（6）Wooldridge test 在面板数据回归中检测组内自相关。

（7）Pesaran's test、Friedman's test 和 Frees' test 用于检验短面板回归中组间同期自相关。

表 5 – 17 前两列展现了所有自变量回归结果。然而受共线性影响，回归结果误差较大，回归模型拟合度较低。本章通过逐个剔除共线自变量，提高了回归模型的拟合优度，详见表 5 – 17 中的列（1）、列（2）和列（3）。由于 Hausman test 和 F – test 的 p 值均小于 0.05，故表 5 – 17 中的面板回归采用固定效应模型进行分析。Modified Wald statistic test、LR test 以及 Wooldridge test 的检验结果均显示 p = 0.000，表明该固定效应模型存在异方差和组内自相关。Pesaran's test 和 Friedman's test 两种检验的 p 值均小于 0.01，且 Frees' test 检验非主对角线元素绝对值的平均值高达 0.391，因此强烈拒绝原假设"无组间同期自相关"，而认为该固定效应模型存在同期自相关。本章首先采用 Drisc – kraay 稳健型标准误估计来克服异方差和组内自相关，而后采用面板修正误差标准误估计来克服同期组间自相关，详见表 5 – 17 中列（2）和列（3）面板数据回归。

通过克服异方差、组内自相关和同期自相关，表 5 – 17 列（3）呈现了影响房地产业人才集聚的要素，主要包含：经济适宜性中的生活成本（Lcost），港澳台投资企业份额（Hinvest），批发零售业份额（Wholesale）；社会适宜性中的每万人拥有的中学数（Middle），每万人拥有的出租车数量（Texi），每万人互联网接入用户数（Internet），每万人移动电话用户数（Mobile）和每万人生活用电量（Electricity）；休闲适宜性中的每万人拥有的公园绿地面积（Parka），每万人拥有绿地面积（Greenl），每万人拥有的电影院数量（Cinema）和每万人公共图书馆藏书数量（Books）；自然适宜性中的城市平均气温（Temperature）和每平方千米工业废水排放量（Effluent）。其中，生活成本、批发零售业份额、港澳台投资企业份额、每万人拥有的中学数、每万人生活用电量、每万人移动电话用户数、每万人互联网接入用户数、每万人拥有的出租车数量、每万人拥有的公园绿地面积、每万人拥有绿地面积、每万人拥有的电影院数量、每万人公共图书馆藏书数量和城市平均气温对房地产业人才集聚具有正影响。每万人拥有的博物馆数和每平方千米工业废水排放量对房地产业人才的集聚产生负影响。

首先，本章研究结果显示生活成本（城市住宅房价/月工资）、批发零售业份额、港澳台投资企业份额是影响房地产业人才空间分布的重要因素。这主要是由于房地产业的集聚依赖于地区经济的开放程度、发达程度[287,288] 和市场需求强度[289]，因此房地产业多集聚在经济发达、市场开放程度高、消费活力高的地区。由于经济发展与房价是相互促进的关系[408]，因此经济发达的地区，房价普遍偏高，生活成本也偏高。由此，房地产业多集聚在生活成本高、市场开放程度高（港澳台投资份额高）和消费活力高（批发零售业份额大）的地区，而房地产业的集聚也影响着房地产业人才的集聚。研究结果也显示，生活成本每增加 1 个百分点，将带动房地产业人才密度提高 6.10 个百分点，港澳台投资企业份额每增加 1 个百分点，将带动房地产业人才密度提高 3.84 个百分点，而批发零售业份额每增加 1 个百分点，将带动房地产业人才密度提高 11.46 个百分点。

其次，本章研究的结果显示每万人拥有的中学数、每万人生活用电量、每万人拥有的出租车数量、每万人移动电话用户数，以及每万人互联网接入用户数都对房地产业人才集聚有显著正影响。这主要是由于基础设施是影响房地产业集聚的重要因素[289]。学校、交通、电力、通信等基础设施配套都会通过影响房价而影响房地产业集聚[409]，进而会对房地产业人才集聚产生影响。

再次，本章研究的结果显示每万人拥有的公园绿地面积、每万人拥有的绿地面积、每万人拥有的图书馆藏书数量和每万人拥有的电影院数量均对中国房地产业人才集聚有显著正影响。这主要是因为较高的绿地面积可以以隐蔽价格的形式"转嫁"到房价上，以此抬高房价[185,186]，而完善的文化配套也对房价的提升有显著影响[291]。因此绿地面积越多，文化配套较完善的城市越容易吸引房地产业投资，而房地产业的分布也影响着房地产业人才的分布。因此，每万人拥有的公园绿地面积、每万人拥有的绿地面积、每万人拥有的电影院数量和每万人拥有的图书馆藏书数量均对房地产业人才集聚有显著正影响。

最后，本章研究的结果显示城市年平均气温和每平方千米工业废水排放量均对房地产业人才的空间集聚有显著影响，且城市年平均气温每上升 1 个单位将会带动房地产业人才密度增加 0.0843 个单位，而每平方千米工业废水排放量每增加 1 个单位，将会引发房地产业人才密度减少 0.0847 个单位。这主要是由于适宜的气候条件和良好的环境质量能以隐蔽价格的形式"转嫁"到房价上，以此抬高房价[185,186]。因此，房地产业也倾向于集聚到气候适宜、环境质量良好的城市[291]，而房地产业的集聚也影响着房地产业人才的集聚。

综上所述，影响房地产业人才集聚的主要因素为经济适宜性、社会适宜性、休闲适宜性和自然适宜性。具体到各个影响要素上，即经济适宜性中的生活成本、批发零售业份额和港澳台投资企业份额，社会适宜性中的每万人拥有的中学数、每万人生活用电量、每万人移动电话用户数、每万人互联网接入用户数和每万人拥有的出租车数量，休闲适宜性中的每万人拥有的公园绿地面积、每万人拥有绿地面积、每万人拥有的电影院数量和每万人公共图书馆藏书数量，以及自然适宜性中的城市年平均气温和每平方千米工业废水排放量都对房地产业人才集聚有显著影响。其中，代表城市消费活力的批发零售业份额与房地产业人才集聚的相关性最高。

七、城市适宜性对水利、环境和公共设施管理业人才集聚的作用机制

基于 2007 年、2017 年《中国城市统计年鉴》，以及中国劳动就业与经济社会发展统计数据，中国 272 个城市中，2006 年共有 1700700 位水利、环境和公共设施管理业人才。其中，东部地区的水利、环境和公共设施管理业人才数量居全国四大区域首位，占全国的 41.11%。中部、西部和东北地区水利、环境和公共设施管理业人才数量分别占全国的 24.15%、20.82% 和 13.92%。2016 年水利、环境和公共设施管理业人才数量达到了 2486491 人。虽然东部地区水利、环境和公共设施管理业人才的数量每年仍以 3.95% 的速度增长，但是占全国的比例却增长缓慢，甚至有下降趋势。2014 年东部地区水利、环境和公共设施管理业人才占全国的比例为 41.48%，2016 年却跌至 41.30%。而西部地区水利、环境和公共设施管理业人才的数量却在逐年稳步提升，每年以 5.39% 的速度增长。2016 年西部地区水利、环境和公共设施管理业人才的数量占全国的比例也增长到了 23.91%。相较于西部地区，中部、东北地区的水利、环境和公共设施管理业人才数量增长缓慢，占全国的比例也在逐年锐减，2016 年分别跌至 22.56% 和 12.23%。

从创新型人才的密度来看，我国的水利、环境和公共设施管理业人才密度较高的城市主要为东部地区的深圳、三亚、珠海、北京等城市。但西部地区的嘉峪关、呼和浩特、鄂尔多斯等城市的水利、环境和公共设施管理业人才密度也在逐年增长。2016 年嘉峪关和呼和浩特的水利、环境和公共设施管理业人才密度占全国排名稳居全国第 2 名和第 3 名，鄂尔多斯的水利、环境和公共设施管理业人才密度占全国的排名也从 2006 年的第 19 名上升至 2016 年的第 7 名。然而，东北地区的长春、沈阳、丹东等城市的水利、环境和公共设施管理业人才的密度却增长缓慢，且占全国的排名也在逐年下跌。城市适宜性究竟如何影响水利、环境和公共设施管理业人才的空间分布？吸纳水利、环境和公共设施管理业人才集聚的核心要素到底是什么？这是本小节主要研究的内容。

基于水利、环境和公共设施管理业人才密度的面板数据回归结果均呈现在表 5 – 18 和表 5 – 19 中。其中，表 5 – 18 呈现了以水利、环境和公共设施管理业人才密度为因变量，以四种城市适宜性为自变量的面板回归结果。由于 Hausman test 和 F – test 的 p 值均小于 0.05，故表 5 – 18 中的面板回归采用固定效应模型进行分析。Modified Wald statistic test 和 LR test 的检验结果均显示 p < 0.001，表明表 5 – 18 中固定效应模型存在异方差。Wooldridge test 的 p 值为 0.000，故该固定效应模型也存在组内自相关。Pesaran's test 和 Friedman's test 两种检验的 p 值均小于 0.01，且 Frees' test 检验非主对角线元素绝对值的平均值高达 0.434，由此认为该固定效应模型存在同期自相关。

表5-18　基于水利、环境和公共设施管理业人才密度的面板数据回归结果（1）

变量	（1） 固定效应估计 FE	（2） Drisc-kraay 稳健 型标准误估计	（3） 面板修正误差标准 误估计 PSCE
Em	0.2655*** (13.99)	0.2655*** (10.74)	**0.1828*** (4.15)**
Sm	0.4480 (19.48)	0.4480 (9.75)	**0.3504*** (5.07)**
Lm	0.1780*** (5.58)	0.1780** (5.06)	**0.1468** (2.82)**
Nm	0.0894** (2.57)	0.0894** (2.37)	**-0.1037** (-2.35)**
常数项	-0.0000 (-0.00)	-0.0000 (-0.00)	0.0248 (0.52)
F or Wald statistic	F=218.16***	F=147.18***	chi2(4)=116.88***
R^2	0.3432	0.3432	0.5454
Hausman test	76.61***	—	—
F test	64.36***	—	—
Modified Wald statistic test	340000.00***	—	—
LR test	4901.18***	—	—
Wooldridge test	12.21***	—	—
Pesaran's test	19.50***	—	—
Friedman's test	94.80***	—	—
Frees' test	36.69***	—	—
观测值	2992	2992	2992
城市数	272	272	272

注：（1）括号中的数字为聚类稳健标准误估计和固定效应估计的 t 值，以及面板修正误差标准误估计的 z 值。

（2）***表示在1%的置信水平上显著；**表示在5%的置信水平上显著；*表示在10%的置信水平上显著。

（3）Hausman test 用于检验面板回归中随机效应是否比固定效应更合适。

（4）F test 用于检验面板回归中混合回归是否比固定效应更合适。

（5）Likelihood-Ratio（LR）test 和 Modified Wald statistic test 在面板回归模型中检测组间异方差。

（6）Wooldridge test 在面板数据回归中检测组内自相关。

（7）Pesaran's test、Friedman's test 和 Frees' test 用于检验短面板回归中组间同期自相关。

通过运用 Drisc - kraay 稳健型标准误估计克服异方差和组内自相关，运用面板修正误差标准误估计来克服组间同期自相关，结果显示水利、环境和公共设施管理业人才的空间集聚受城市经济适宜性、社会适宜性、休闲适宜性和自然适宜性的共同影响。关于公共设施管理业及其人才，国外学者普遍认为影响其分布的主要因素为社会因素（区位交通和公平性）[295~298]和人文因素（需求偏好等）[301, 302]。国内学者也提出公共设施管理业及其人才的分布主要受经济因素（经济发展水平）[300]，社会因素（公平性）和人文因素（需求偏好）[299]等因素影响。关于水利人才的分布，国内学者也提出社会因素（区位、交通和高校分布）是影响其分布的主要因素[303]。综合前人的研究，影响水利、环境和公共设施管理业人才集聚的主要因素为经济因素和社会因素。本章研究的结果也显示经济适宜性和社会适宜性均是影响水利、环境和公共设施管理业人才集聚的重要因素。此外，本章研究的结果还显示自然适宜性和休闲适宜性也是影响水利、环境和公共设施管理业人才分布的主要因素。为了检验本章研究结果的稳健性，本章又以水利、环境和公共设施管理业人才密度为因变量，以各个适宜性中包含的变量为自变量，来进一步探索吸纳水利、环境和公共设施管理业人才的核心要素（见表5-19）。

表5-19 基于水利、环境和公共设施管理业人才密度的面板数据回归结果（2）

变量	固定效应估计	变量	(1) 固定效应估计 FE	(2) Drisc - kraay 稳健型标准误估计	(3) 面板修正误差标准误估计 PSCE
Industry	0.0402 (1.19)	Patent	-0.0797*** (-3.97)	-0.0797*** (-5.15)	-0.0996 (-0.93)
Tindustry	0.0857** (2.51)	Hinvest	0.1767*** (5.51)	0.1767*** (4.47)	0.0522 (-0.65)
Lcost	0.0092 (0.69)	Wholesale	0.0720*** (5.92)	0.0720*** (5.24)	**0.0848*** (4.58)**
Ln（Pgdp）	0.1581 (5.43)	Sexpenditure	0.1126* (1.89)	0.1126* (1.76)	**0.1733*** (4.60)**
Finvest	0.0026 (0.10)	Eexpenditure	-0.0115** (-2.13)	-0.0115*** (-3.17)	-0.0083 (-1.40)
Hinvest	0.1858*** (5.49)	University	0.0665** (2.48)	0.0665** (1.92)	**0.1827*** (7.23)**

续表

变量	固定效应估计	变量	（1）固定效应估计 FE	（2）Drisc - kraay 稳健型标准误估计	（3）面板修正误差标准误估计 PSCE
Wholesale	0.0538 *** （3.99）	Taxi	0.0985 *** （3.80）	0.0985 *** （3.62）	**0.1788 *** （5.06）**
Sexpenditure	0.1156 * （1.70）	Roadway	0.0573 *** （4.52）	0.0573 *** （2.73）	**0.0696 *** （2.77）**
Eexpenditure	− 0.0105 * （− 1.44）	Bus	− 0.0727 *** （− 5.54）	− 0.0727 *** （− 3.11）	**− 0.0382 * （− 1.93）**
Patent	− 0.0704 *** （− 3.38）	Electricity	0.0137 *** （4.76）	0.0137 * （1.85）	− 0.0119 （− 0.65）
Primary	− 0.0528 *** （− 3.43）	Gas	0.0686 *** （5.63）	0.0686 *** （5.63）	− 0.0423 （− 1.56）
Middle	0.0135 （0.72）	Fixedl	− 0.1042 *** （− 4.26）	− 0.1042 * （− 2.68）	0.0298 （0.95）
University	0.0590 ** （2.17）	Mobile	0.1802 *** （7.35）	0.1802 *** （4.60）	0.0368 （0.83）
Hospital	0.0092 （1.11）	Internet	0.0318 *** （2.72）	0.0318 *** （2.93）	0.0184 （1.17）
Hbed	− 0.0054 （− 0.28）	Parka	0.1370 *** （8.56）	0.1370 *** （3.98）	**0.1720 *** （4.42）**
Taxi	0.1093 *** （4.11）	Greenc	− 0.0205 ** （− 2.52）	− 0.0205 ** （− 2.60）	− 0.0078 （− 0.95）
Roadway	0.0625 *** （4.69）	Restaurant	0.0421 * （1.87）	0.0421 * （1.75）	0.1397 （1.08）
Bus	− 0.0770 *** （− 5.83）	Museum	0.0539 *** （4.42）	0.0539 *** （7.58）	0.0285 （1.59）
Waste	− 0.0065 （− 0.83）	Library	0.1316 *** （7.29）	0.1316 ** （2.19）	**0.0955 * （1.87）**
Sewage	− 0.0066 （− 0.75）	Books	0.0395 ** （2.13）	0.0395 *** （3.00）	0.0319 （1.01）
Water	− 0.0169 （− 1.45）	Humidity	0.0711 * （1.76）	0.0711 * （1.90）	**− 0.0661 *** （− 3.95）**

续表

变量	固定效应估计	变量	(1) 固定效应估计 FE	(2) Drisc - kraay 稳健 型标准误估计	(3) 面板修正误差标 准误估计 PSCE
Electricity	0.0339 * (1.84)	SO$_2$	− 0.0251 (− 1.64)	− 0.0251 * (− 1.68)	**− 0.0415 *** (− 2.52)**
Gas	0.0240 (1.28)	常数项	− 0.0000 (− 0.00)	− 0.0000 (− 0.00)	− 0.0272 (− 1.76)
Fixedl	− 0.0838 *** (− 3.25)	F or Wald statistic	F = 61.19 ***	F = 352.23 ***	chi2（15） = 328.75 ***
Mobile	0.1734 *** (6.43)	R^2	0.3329	0.3972	0.5660
Internet	0.0274 ** (2.28)	Hausman test	233.52 ***	—	—
Parka	0.0293 *** (2.22)	F test	38.51 ***	—	—
Greenl	0.0081 (0.62)	Modified Wald statistic test	2.9e + 05 ***	—	—
Greenc	− 0.0236 *** (− 2.82)	LR test	4170.63 ***	—	—
Parkn	− 0.0516 (− 1.49)	Wooldridge test	31.68 ***	—	—
Restaurant	0.0478 ** (2.07)	Pesaran's test	19.50 ***	—	—
Cinema	0.0057 (0.63)	Friedman's test	94.80 **	—	—
Museum	0.0506 *** (3.88)	Frees' test	28.87 ***	—	—
Library	0.1139 *** (5.41)	观测值	2990	2990	2990
Books	0.0419 ** (2.23)	城市数	272	272	272
Gallary	− 0.0118 (− 0.49)	—	—	—	—

续表

变量	固定效应估计	变量	(1)固定效应估计 FE	(2)Drisc - kraay 稳健型标准误估计	(3)面板修正误差标准误估计 PSCE
Art	0.0006 (0.08)	—	—	—	—
Temperature	− 0.0127 (− 0.08)	—	—	—	—
Humidity	0.0642 (1.57)	—	—	—	—
SO_2	− 0.0143 (− 0.90)	—	—	—	—
Effluent	0.0074 (0.52)	—	—	—	—
Smoke	− 0.0244 ** (− 2.57)	—	—	—	—
常数项	− 0.0001 (− 0.01)	—	—	—	—
F 值	33.30 ***	—	—	—	—
R^2	0.3287	—	—	—	—
Hausman test	216.48 ***	—	—	—	—
F test	27.80 ***	—	—	—	—
观测值	2988	—	—	—	—
城市数	272	—	—	—	—

注：（1）括号中的数字为聚类稳健标准误估计和固定效应估计的 t 值，以及面板修正误差标准误估计的 z 值。

（2）*** 表示在 1% 的置信水平上显著；** 表示在 5% 的置信水平上显著；* 表示在 10% 的置信水平上显著。

（3）Hausman test 用于检验面板回归中随机效应是否比固定效应更合适。

（4）F test 用于检验面板回归中混合回归是否比固定效应更合适。

（5）Likelihood - Ratio（LR）test 和 Modified Wald statistic test 在面板回归模型中检测组间异方差。

（6）Wooldridge test 在面板数据回归中检测组内自相关。

（7）Pesaran's test、Friedman's test 和 Frees' test 用于检验短面板回归中组间同期自相关。

表 5 - 19 前两列展现了所有自变量回归结果。然而受共线性影响，回归结果误差较大，回归模型拟合度较低。本章通过逐个剔除共线自变量，提高了回归模

型的拟合优度，详见表 5 - 19 中的列（1）、列（2）和列（3）。由于 Hausman test 和 F - test 的 p 值均小于 0.05，故表 5 - 19 中的面板回归采用固定效应模型进行分析。Modified Wald statistic test、LR test 和 Wooldridge test 的检验结果均显示 p = 0.000，表明该固定效应模型存在异方差和组内自相关。Pesaran's test 和 Friedman's test 两种检验的 p 值均小于 0.01，且 Frees' test 检验非主对角线元素绝对值的平均值高达 0.403。因此强烈拒绝原假设"无组间同期自相关"，而认为该固定效应模型中存在同期自相关。本章首先采用 Drisc - kraay 稳健型标准误估计来克服异方差和组内自相关，而后采用面板修正误差标准误估计来克服同期组间自相关，详见表 5 - 19 中列（2）和列（3）面板数据回归。

表 5 - 19 列（3）呈现了影响水利、环境和公共设施管理业人才集聚的要素，主要包含经济适宜性中的批发零售业份额（Wholesale），科学技术支出占总财政支出比（Sexpenditure）；社会适宜性中的每万人拥有的大学数（University），每万人拥有的道路面积（Roadway），每万人拥有的出租车数量（Taxi），每万人拥有的公共汽车数量（Bus）；休闲适宜性中的每万人拥有的公园绿地面积（Parka）和每万人拥有的图书馆数量（Library）；以及自然适宜性中的城市年平均相对湿度（Humidity）和每平方千米二氧化硫排放量（SO_2）。其中，批发零售业份额、科学技术支出占总财政支出比、每万人拥有的大学数、每万人拥有的道路面积、每万人拥有的出租车数量、每万人拥有的公园绿地面积和每万人拥有的图书馆数量对水利、环境和公共设施管理业人才集聚具有正影响。每万人拥有的公共汽车数量、城市年平均相对湿度和每平方千米二氧化硫排放量对水利、环境和公共设施管理业人才的集聚有显著的负影响。

首先，本章研究的结果显示每万人拥有的大学数量、每万人拥有的图书馆数量对水利、环境和公共设施管理业人才分布有显著的正影响。其中，每万人拥有的大学数量是影响水利、环境和公共设施管理业人才分布最重要的要素，且每万人拥有的大学数量每增加 1 个百分点，将带动水利、环境和公共设施管理业人才密度增加 18.27 个百分点。这与张伟兵等的研究结论一致，他们提出正是因为长三角和京津拥有诸多土木工程专业的高等学府以及图书馆，才导致水利人才多集中于这两个地区[303]。同理也正是由于呼和浩特、鄂尔多斯每万人拥有生态环境和公共设施管理相关专业的普通高校较多，才导致环境和公共设施管理业人才多集中在这些城市。

其次，本章研究的结果显示科技支出占总财政支出比对水利、环境和公共设施管理业人才分布也有显著的正影响。这与 Teitz 和 De Verteuil 的结论相似，公共设施管理业的分布与财政预算框架内的投入密切相关[295,410]。科技支出占总财政支出是衡量一个地区综合实力的重要指标[400]，加大科技支出对吸引人才集聚，提高城市自主创新能力也具有重要意义[401]。目前我国科技支出较高的城市为北京、上海、广州、成都等地区，而投入的重点领域为卫生、环境、公共设施管理等领域[400]。因此，北京、上海、广州、成都等地区水利、环境和公共设施管理业人才密度较大。然而，本章研究的结果也显示批发零售业份额也对水利、环境和公共设施管理业人才有显著正影响，这说明水利、环境和公共设施管理业人才也倾向于集聚在消费活力高的城市。

再次，本章研究的结果显示每万人拥有的道路面积，每万人拥有的出租车数量和每万人拥有的公共汽车数量也对水利、环境和公共设施管理业人才分布有显著影响。其中，每万人拥有的出租车数量和每万人拥有的道路面积对水利、环境和公共设施管理业人才分布有显著正影响，这主要是由于交通便利性会影响公共设施的可达性[299,411,412]，从而影响公共设施管理业人才的分布以及水利人才的分布。中国的水利人才也多分布在两广沿线等交通便利的区域[303]。然而每万人拥有的公共汽车数量却对水利、环境和公共设施管理业人才分布有显著负影响。这可能是由于我国每万人拥有的公共汽车数量较多的城市多分布在汕尾、东莞、开封和厦门等平原城市[413]，这些城市土木工程专业相关的高等学校较少，因此水利、环境和公共设施管理业人才分布较少。

又次，本章研究的结果显示每万人拥有的公园绿地面积对水利、环境和公共设施管理业人才分布有显著的正影响。这主要是因为我国的自然保护区主要分布在东部地区（如广州、海南等）[414]，且每万人拥有的公园绿地面积较多的城市主要为深圳、广州、北京、嘉峪关、呼和浩特等城市[413]，再加上这些城市便利的交通条件和较多的科研投入，使得这些城市水利、环境和公共设施管理业人才密度相对其他城市较高。

最后，本章研究的结果还显示城市年平均相对湿度和每平方千米二氧化硫排放量对水利、环境和公共设施管理业人才的集聚有显著的负影响，这说明我国水利、环境和公共设施管理业人才倾向于集聚到气候干燥、空气质量较好的区域。

综上所述，影响水利、环境和公共设施管理业人才集聚的主要因素为社会适宜性、经济适宜性、休闲适宜性和自然适宜性。具体到各个影响要素上，即社会适宜性中的每万人拥有的大学数量、每万人拥有的道路面积、每万人拥有的出租车数量和每万人拥有的公共汽车数量，经济适宜性中的批发零售业份额和科学技术支出占总财政支出比，休闲适宜性中的每万人拥有的公园绿地面积和每万人拥有的图书馆数量，以及自然适宜性中的城市年平均相对湿度和每平方千米二氧化硫排放量都对水利、环境和公共设施管理业人才集聚有显著影响。其中，每万人拥有的大学数量与水利、环境和公共设施管理业人才分布的相关性最高。

八、城市适宜性对公共管理和社会组织行业人才集聚的作用机制

依据《中国城市统计年鉴2007》、《中国城市统计年鉴2017》和中国劳动就业与经济社会发展统计数据，中国272个城市中，2006年共有11096900位公共管理和社会组织行业人才，2016年则达到了14589025人。2006年，东部、中部、西部和东北四个地区公共管理和社会组织行业人才数量占全国公共管理和社会组织行业人才数量的比例分别为39.95%、28.57%、22.09%和9.38%。2016年，这四个地区公共管理和社会组织行业人才数量占全国的比例除西部地区增长到24.58%之外，其他三个地区都有所下降。2016年东部地区公共管理和社会组织行业人才数量占全国的比例为39.42%，相比2006年下降了0.53%；中部地区公共管理和社会组织行业人才数量占全国的比例为27.53%，相比2006年下降了1.04%；东北地区公共管理和社会组织行业人才数量占全国的比例为8.46%，下降了0.92%。

从人才密度来看，中国的公共管理和社会组织行业人才密度较高的城市主要为深圳、珠海、北京等东部城市。然而近年来，乌鲁木齐、克拉玛依等西部城市的公共管理和社会组织行业人才密度飞速增长。乌鲁木齐、克拉玛依2016年公共管理和社会组织行业人才密度分别达到427人/万人和418人/万人，远超北京、深圳，成为我国第一和第二大公共管理和社会组织行业人才集聚地。鄂尔多斯和嘉峪关也不甘落后，公共管理和社会组织行业人才的密度也分别以年均5.50%和9.68%的速度增长，2016年成为中国第六和第十一大公共管理和社会组织行业人才集聚地。沈阳、长春等东北城市的公共管理和社会组织行业人才的密度较少且增长缓慢，占全国的排名也呈逐年下降的趋势。公共管理和社会组织行业人才的空间分布受哪些城市适宜性的影响？吸纳公共管理和社会组织行业人才集聚的核心要素是什么？这是本小节主要探讨的内容。

表5-20和表5-21汇报了基于公共管理和社会组织行业人才的面板数据回归结果。其中，表5-20呈现了以公共管理和社会组织行业人才密度为因变量，以四种城市适宜性为自变量的面板回归结果。由于Hausman检验和F检验的p值均小于0.05，故表5-20中的面板回归采用固定效应模型进行分析。

表5-20中第（1）列显示，无论是异方差检验（Modified Wald statistic test和LR test），还是同期自相关检验（Pesaran's test和Friedman's test），p值均小于0.001，且Frees' test检验非主对角线元素绝对值的平均值高达0.429，这表明表5-20中的固定效应模型存在异方差和同期自相关。然而组内自相关检验（Wooldridge test）的p值为0.062，大于0.05，故该固定效应模型不存在组内自相关。通过分别运用Drisc-kraay稳健型标准误估计和面板修正误差标准误估计

克服异方差和组间同期自相关，结果证明公共管理和社会组织行业人才的空间集聚受城市经济适宜性、社会适宜性、休闲适宜性和自然适宜性的共同影响。其中经济适宜性是影响公共管理和社会组织行业人才最主要的因素，这与李国武的研究结果基本一致，他通过分析中国 31 个省份的社会组织分布，认为影响社会组织及其人才空间分布的主要因素为经济因素[308]。此外，本章研究的结果显示城市社会适宜性、休闲适宜性和自然适宜性也对公共管理和社会组织行业人才的空间集聚有显著影响。为了检验表 5 - 20 计量结果的稳健性，本章又以公共管理和社会组织行业人才密度为因变量，以各个适宜性中包含的变量为自变量，进一步分析影响公共管理和社会组织行业人才集聚的核心要素，如表 5 - 21 所示。

表 5 - 20　基于公共管理和社会组织行业人才密度的面板数据回归结果（1）

变量	（1） 固定效应估计 FE	（2） Drisc - kraay 稳健 型标准误估计	（3） 面板修正误差标准 误估计 PSCE
Em	0. 5447 *** (28. 26)	0. 5447 *** (7. 79)	**0. 2579 *** (7. 02)**
Sm	0. 2491 *** (14. 96)	0. 2491 *** (13. 35)	**0. 2221 *** (6. 21)**
Lm	0. 2426 * (2. 57)	0. 2426 * (4. 20)	**0. 2066 *** (5. 99)**
Nm	- 0. 0455 ** (- 2. 27)	- 0. 0455 * (- 1. 84)	**- 0. 1646 *** (- 7. 64)**
常数项	- 0. 0000 (- 0. 00)	- 0. 0000 (- 0. 00)	- 0. 0201 (- 0. 57)
F or Wald statistic	F = 367. 93 ***	F = 194. 98 ***	chi2(4) = 321. 38 ***
R^2	0. 3514	0. 3514	0. 5787
Hausman test	33. 31 ***	—	—
F test	68. 37 ***	—	—
Modified Wald statistic test	520000. 00 ***	—	—
LR test	3561. 36 ***	—	—
Wooldridge test	3. 40 *	—	—
Pesaran's test	15. 09 ***	—	—
Friedman's test	81. 18 ***	—	—

续表

变量	(1) 固定效应估计 FE	(2) Drisc – kraay 稳健 型标准误估计	(3) 面板修正误差标准 误估计 PSCE
Frees' test	41. 77 ***	—	—
观测值	2992	2992	2992
城市数	272	272	272

注：（1）括号中的数字为聚类稳健标准误估计和固定效应估计的 t 值，以及面板修正误差标准误估计的 z 值。

（2）*** 表示在 1% 的置信水平上显著；** 表示在 5% 的置信水平上显著；* 表示在 10% 的置信水平上显著。

（3）Hausman test 用于检验面板回归中随机效应是否比固定效应更合适。

（4）F test 用于检验面板回归中混合回归是否比固定效应更合适。

（5）Likelihood – Ratio（LR）test 和 Modified Wald statistic test 在面板回归模型中检测组间异方差。

（6）Wooldridge test 在面板数据回归中检测组内自相关。

（7）Pesaran's test、Friedman's test 和 Frees' test 用于检验短面板回归中组间同期自相关。

表 5 – 21　基于公共管理和社会组织行业人才密度的面板数据回归结果（2）

变量	固定效应估计	变量	(1) 固定效应估计 FE	(2) Drisc – kraay 稳健 型标准误估计	(3) 面板修正误差标 准误估计 PSCE
Industry	0. 0295 （1. 09）	Tindustry	0. 0297 ** （2. 34）	0. 0297 ** （2. 35）	0. 0206 （0. 90）
Tindustry	0. 0560 ** （2. 06）	Ln（Pgdp）	− 0. 2041 ** （− 2. 34）	− 0. 2041 ** （− 4. 73）	**0. 1919 *** （7. 55）**
Lcost	− 0. 0072 （− 0. 68）	Patent	− 0. 0505 *** （− 3. 20）	− 0. 0505 ** （− 2. 17）	**0. 0418 * （1. 65）**
Ln（Pgdp）	− 0. 1973 ** （− 2. 24）	Hinvest	0. 1756 *** （6. 69）	0. 1756 *** （6. 69）	− 0. 0243 （− 1. 28）
Finvest	0. 0351 （1. 64）	Wholesale	0. 0601 *** （5. 75）	0. 0601 *** （8. 14）	**0. 0792 *** （4. 33）**
Hinvest	0. 1721 *** （6. 38）	Sexpenditure	− 0. 0284 *** （− 3. 23）	− 0. 0284 *** （− 2. 95）	− 0. 0340 （− 0. 23）
Wholesale	0. 0577 *** （5. 38）	Primary	− 0. 0792 *** （− 7. 21）	− 0. 0792 *** （− 9. 13）	**0. 0448 ** （2. 51）**

续表

变量	固定效应估计	变量	(1) 固定效应估计 FE	(2) Drisc - kraay 稳健 型标准误估计	(3) 面板修正误差标 准误估计 PSCE
Sexpenditure	− 0. 0282 *** (− 2. 96)	University	0. 1128 *** (5. 27)	0. 1128 *** (3. 98)	**0. 0504 ***** **(2. 71)**
Eexpenditure	− 0. 0007 (− 0. 13)	Taxi	0. 1636 *** (7. 91)	0. 1636 *** (5. 95)	0. 0328 (1. 27)
Primary	− 0. 0794 *** (− 6. 48)	Roadway	0. 0452 *** (4. 58)	0. 0452 *** (10. 75)	**0. 0268 *** **(1. 93)**
Middle	− 0. 0005 (− 0. 04)	Bus	− 0. 0181 * (− 1. 74)	− 0. 0181 ** (− 2. 28)	0. 0104 (0. 78)
University	0. 1123 *** (5. 17)	Sewage	0. 0266 *** (4. 03)	0. 0266 *** (3. 02)	0. 0024 (0. 35)
Hospital	− 0. 0044 (− 0. 66)	Water	− 0. 0446 *** (− 5. 32)	− 0. 0446 *** (− 4. 94)	− 0. 0151 (− 1. 06)
Hbed	0. 0058 (0. 38)	Electricity	0. 0558 *** (3. 90)	0. 0558 *** (3. 99)	0. 0151 (0. 99)
Taxi	0. 1650 *** (7. 79)	Mobile	0. 1732 *** (8. 60)	0. 1732 *** (7. 69)	**0. 1861 ***** **(6. 37)**
Roadway	0. 0491 *** (4. 63)	Internet	0. 0236 ** (2. 51)	0. 0236 ** (1. 97)	0. 0129 (1. 15)
Bus	− 0. 0196 * (− 1. 86)	Parka	0. 1254 *** (6. 07)	0. 1254 *** (4. 02)	**0. 1357 ***** **(6. 75)**
Waste	− 0. 0003 (− 0. 05)	Greenl	0. 0389 *** (3. 81)	0. 0389 *** (3. 77)	0. 0074 (0. 62)
Sewage	0. 0272 *** (3. 83)	Parkn	0. 0553 ** (2. 30)	0. 0553 * (1. 66)	**0. 1318 ***** **(3. 53)**
Water	− 0. 0458 *** (− 4. 94)	Restaurant	− 0. 0885 *** (− 4. 90)	− 0. 0885 ** (− 2. 57)	0. 0360 (1. 03)
Electricity	0. 0550 *** (3. 74)	Books	0. 1362 *** (9. 45)	0. 1362 *** (6. 06)	**0. 0469 **** **(1. 98)**
Gas	− 0. 0248 * (− 1. 67)	Museum	0. 0230 ** (2. 32)	0. 0230 ** (5. 50)	**0. 0355 ***** **(3. 00)**

续表

变量	固定效应估计	变量	(1) 固定效应估计 FE	(2) Drisc – kraay 稳健 型标准误估计	(3) 面板修正误差标 准误估计 PSCE
Fixedl	0.0247 (1.20)	Cinema	0.0002 *** (3.03)	0.0002 *** (3.03)	0.0035 (0.24)
Mobile	0.1773 *** (8.24)	Gallary	0.0617 *** (3.34)	0.0617 *** (4.03)	**0.1188** *** **(10.05)**
Internet	0.0228 ** (2.38)	Temperature	0.1816 ** (2.22)	0.1816 *** (2.94)	**− 0.1686** *** **(− 10.13)**
Parka	0.1239 ** (6.76)	Humidity	− 0.0655 ** (− 2.02)	− 0.0655 (− 1.42)	—
Greenl	0.0430 (4.11)	Effluent	− 0.0323 *** (− 2.87)	− 0.0323 ** (− 2.22)	**− 0.0818** ** **(− 5.01)**
Greenc	− 0.0090 (− 1.36)	Smoke	− 0.0300 *** (− 4.02)	− 0.0300 *** (− 5.15)	**− 0.0156** ** **(− 1.99)**
Parkn	0.0574 ** (2.08)	常数项	0.0001 (0.02)	0.0001 (0.02)	− 0.0289 (− 1.48)
Restaurant	− 0.0875 *** (− 4.77)	F or Wald statistic	F = 91.95 ***	F = 189.06 ***	chi2(15) = 2334.14 ***
Cinema	0.0011 (0.15)	R²	0.4890	0.4890	0.6369
Museum	0.0273 *** (2.63)	Hausman test	211.76 ***	—	—
Library	− 0.0168 (− 1.00)	F test	49.53 ***	—	—
Books	0.1324 *** (8.86)	Modified Wald statistic test	120000.00 ***	—	—
Gallary	0.0652 *** (3.43)	LR test	3144.51 ***	—	—
Art	− 0.0075 (− 1.20)	Wooldridge test	18.64 ***	—	—
Temperature	0.2728 ** (2.14)	Pesaran's test	2.62 ***	—	—

续表

变量	固定效应估计	变量	(1) 固定效应估计 FE	(2) Drisc – kraay 稳健 型标准误估计	(3) 面板修正误差标 准误估计 PSCE
Humidity	− 0. 0645 ** (− 1. 98)	Friedman's test	18. 73 **	—	—
SO₂	− 0. 0016 (− 0. 13)	Frees' test	29. 88 ***	—	—
Effluent	− 0. 0336 *** (− 2. 95)	观测值	2990	2990	2990
Smoke	− 0. 0294 *** (− 3. 89)	城市数	272	272	272
常数项	0. 0001 (0. 02)	—	—	—	—
F 值	61. 58 ***	—	—	—	—
R²	0. 3149	—	—	—	—
Hausman test	332. 64 ***	—	—	—	—
F test	38. 45 ***	—	—	—	—
观测值	2990	—	—	—	—
城市数	272	—	—	—	—

注：（1）括号中的数字为聚类稳健标准误估计和固定效应估计的 t 值，以及面板修正误差标准误估计的 z 值。

（2）***表示在 1% 的置信水平上显著；**表示在 5% 的置信水平上显著；*表示在 10% 的置信水平上显著。

（3）Hausman test 用于检验面板回归中随机效应是否比固定效应更合适。

（4）F test 用于检验面板回归中混合回归是否比固定效应更合适。

（5）Likelihood – Ratio（LR）test 和 Modified Wald statistic test 在面板回归模型中检测组间异方差。

（6）Wooldridge test 在面板数据回归中检测组内自相关。

（7）Pesaran's test、Friedman's test 和 Frees' test 用于检验短面板回归中组间同期自相关。

表 5 – 21 前两列展现了所有自变量回归结果。然而受共线性影响，回归结果误差较大，回归模型拟合度相对较低。本章通过逐个剔除共线变量，提高了回归模型的拟合优度，详见表 5 – 21 中的列（1）、列（2）和列（3）。由于 Hausman 检验和 F 检验的 p 值均小于 0. 05，故表 5 – 21 中的面板回归采用固定效应模型进行分析。Modified Wald statistic test 和 LR test 的结果（p = 0. 000）均显示该固定

效应模型存在异方差。此外，Wooldridge test 的检验结果显示该固定效应模型存在组内自相关。Pesaran's test 和 Friedman's test 两种检验的 p 值均小于 0.01，且 Frees' test 检验非主对角线元素绝对值的平均值高达 0.405，表明该固定效应模型存在同期自相关。本章首先采用 Drisc-kraay 稳健型标准误估计来克服异方差和组内自相关，而后采用面板修正误差标准误估计来克服同期组间自相关，详见表 5-21 中列（2）和列（3）面板数据回归。

通过克服异方差、组内自相关和同期自相关，表 5-21 列（3）呈现了影响公共管理和社会组织行业人才集聚的要素，主要包含：经济适宜性中的人均 GDP（Pgdp），批发零售业份额（Wholesale），每万人拥有的专利授权量（Patent）；社会适宜性中的每万人拥有的小学数（Primary），每万人拥有的大学数量（University），每万人拥有的道路面积（Roadway）和每万人移动电话用户数量（Mobile）；休闲适宜性中的每万人拥有的公园绿地面积（Parka），每万人公共图书馆藏书数量（Books），每万人拥有的博物馆数量（Museum），每万人拥有的文化馆数量（Gallary），每万人拥有的公园个数（Parkn）；自然适宜性中的城市年平均气温（Temperature），每平方千米工业烟（粉）尘排放量（Smoke）和每平方千米工业废水排放量（Effluent）。

首先，本章研究的结果显示经济发展水平（人均 GDP）、消费活力（批发零售业份额）、创新活力（每万人拥有的专利授权量）都是影响公共管理和社会组织行业人才分布的主要要素。其中，地区经济发展水平（人均 GDP）对公共管理和社会组织行业人才分布相关性最高。这与前人的研究结果基本一致，如中国行政管理学会课题组认为中国社会组织分布严重不平衡，主要是由于地区经济发展不平衡，经费资源不一致造成的[307]。王玉珍和王李浩以及李国武通过对中国省域社会组织进行分析，也提出地区经济水平是影响社会组织及其人才分布的主要因素[306,308]。本章研究的结果也显示 ln（Pgdp）每提升 1 个百分点，将带动公共管理和社会组织行业人才提升 19.19 个百分点，而批发零售业份额和每万人拥有的专利授权量每增加 1 个百分点，将分别带动公共管理和社会组织行业人才提升 7.92 个百分点和 4.18 个百分点。

其次，本章研究的结果显示每万人拥有的大学数量也对公共管理和社会组织行业人才分布有重要影响，这与赖先进和王登礼的研究结果基本一致，他们通过分析中国社会组织的分布，提出影响其分布的主要要素为地区高校教育设施等[310]。另外，本章研究的结果还显示每万人拥有的小学数量、每万人公共图书馆藏书数量、每万人拥有的博物馆数量和每万人拥有的文化馆数量也对公共管理和社会组织行业人才有显著正影响。

再次，本章研究的结果显示交通和通信等基础设施也对公共管理和社会组织行业人才分布有重要影响，即每万人拥有的道路面积和每万人移动电话用户数对公共管理和社会组织行业人才分布有显著正影响，且每万人拥有的道路面积和每万人移动电话用户数每增长 1 个百分点，将分别带动公共管理和社会组织行业人才增加 2.68 个和 18.61 个百分点。

最后，本章研究的结果还显示生态环境、气候和空气质量也对公共管理和社会组织行业人才分布有显著影响。其中，每万人拥有的公园绿地面积、每万人拥有的公园个数均对公共管理和社会组织行业人才的集聚有显著正影响，且每万人拥有的公园绿地面积和每万人拥有的公园个数每增加 1 个百分点，将分别带动公共管理和社会组织行业人才的密度增加 13.57 个和 13.18 个百分点。然而，城市年平均气温、每平方千米工业烟（粉）尘排放量和每平方千米工业废水排放量却对公共管理和社会组织行业人才集聚有显著负影响，且城市年平均气温每增加 1 个单位，将带动公共管理和社会组织行业人才的密度减少 0.1686 个单位。每平方千米工业烟（粉）尘排放量和每平方千米工业废水排放量每增加 1 个单位，将分别带动公共管理和社会组织行业人才的密度减少 0.0156 个和 0.0818 个单位。

综上，影响公共管理和社会组织行业人才集聚的主要因素为经济适宜性、社会适宜性、休闲适宜性和自然适宜性。具体到各个影响要素上，即经济适宜性中的人均 GDP、批发零售业份额和每万人拥有的专利授权量，社会适宜性中每万人拥有的小学数、每万人拥有的大学数、每万人拥有的道路面积和每万人移动电话用户数，休闲适宜性中每万人拥有的公园绿地面积、每万人公共图书馆藏书数量、每万人拥有的文化馆数量、每万人拥有的博物馆数量和每万人拥有的公园个数，以及自然适宜性中的城市年平均气温、每平方千米工业烟（粉）尘排放量和每平方千米工业废水排放量都对公共管理和社会组织行业人才集聚有显著影响。其中，人均 GDP 与公共管理和社会组织行业人才集聚的相关性最高。

九、城市适宜性对职业医师和职业助理医师集聚的作用机制

基于 2007 年、2017 年《中国城市统计年鉴》，以及中国劳动就业与经济社会发展统计数据，中国 272 个城市中，2006 年共有 1731851 位职业医师和职业助理医师。其中，东部地区的职业医师和职业助理医师数量居全国四大区域首位，占全国的 41.83%。中部地区、西部地区和东北地区职业医师和职业助理医师数量分别占全国的 25.49%、21.93% 和 10.75%。2016 年全国职业医师和职业助理医师数量达到了 2931145 人。2016 年，这四个地区职业医师和职业助理医师占全国的比例，除东部地区增长到 44.92% 之外，其他三个地区都有所下降。2016 年中部地区职业医师和职业助理医师占全国的比例为 25.31%，相比 2006 年下降了 0.18%；西部地区职业医师和职业助理医师占全国的比例为 21.19%，相比 2006

年下降了 0.74%；东北地区职业医师和职业助理医师占全国的比例为 8.59%，下降了 2.16%。

从人才密度来看，我国的职业医师和职业助理医师人才密度较高的城市主要为东部地区的深圳、海口、厦门、广州、北京和上海等。但近年来，中西部地区的武汉、长沙、成都等城市的职业医师和职业助理医师人才密度却增长较快，占全国的排名也分别从 2006 年的第 33 名、第 60 名和第 37 名飙升至 2016 年的第 18 名、第 24 名和第 25 名。然而，吉林、长春、沈阳、大连等东北地区城市的职业医师和职业助理医师人才密度却增长缓慢，占全国排名也呈下降趋势。城市适宜性究竟如何影响职业医师和职业助理医师的空间分布？吸纳职业医师和职业助理医师集聚的核心要素到底是什么？这是本小节主要研究的内容。

基于职业医师和职业助理医师的面板数据回归结果均呈现在表 5 - 22 和表 5 - 23 中。其中，表 5 - 22 呈现了以职业医师和职业助理医师人才密度为因变量，以四种城市适宜性为自变量的面板回归结果。由于 Hausman test 和 F - test 的 p 值均小于 0.05，故表 5 - 22 中的面板回归采用固定效应模型进行分析。Modified Wald statistic test 和 LR test 的检验结果均显示 $p < 0.001$，表明表 5 - 22 中固定效应模型存在异方差。Wooldridge test 的 p 值为 0.000，故该固定效应模型也存在组内自相关。Pesaran's test 和 Friedman's test 两种检验的 p 值均小于 0.05，且 Frees' test 检验非主对角线元素绝对值的平均值高达 0.351，由此认为该固定效应模型存在同期自相关。

表 5 - 22　基于职业医师和职业助理医师人才密度的面板数据回归结果（1）

变量	(1) 固定效应估计 FE	(2) Drisc - kraay 稳健 型标准误估计	(3) 面板修正误差标准 误估计 PSCE
Em	0.3092 ** (2.38)	0.3092 * (1.94)	**0.2776 *** (5.97)**
Sm	0.6872 *** (25.84)	0.6872 *** (7.59)	**0.4285 *** (8.38)**
Lm	0.2026 *** (8.82)	0.2026 *** (7.60)	**0.1818 ** (6.13)**
Nm	0.0484 * (1.98)	0.0484 * (2.59)	**- 0.1427 *** (- 8.68)**
常数项	0.0000 (0.00)	0.0000 (0.00)	0.0080 (0.22)

续表

变量	(1) 固定效应估计 FE	(2) Drisc – kraay 稳健 型标准误估计	(3) 面板修正误差标准 误估计 PSCE
F or Wald statistic	F = 256. 19 ***	F = 173. 31 ***	chi2(4) = 1083. 20 ***
R²	0. 3739	0. 3739	0. 5599
Hausman test	49. 89 ***	—	—
F test	15. 66 ***	—	—
Modified Wald statistic test	330000. 00 ***	—	—
LR test	2661. 52 ***	—	—
Wooldridge test	37. 09 **	—	—
Pesaran's test	8. 45 ***	—	—
Friedman's test	50. 21 **	—	—
Frees' test	21. 76 ***	—	—
观测值	2992	2992	2992
城市数	272	272	272

注：(1) 括号中的数字为聚类稳健标准误估计和固定效应估计的 t 值，以及面板修正误差标准误估计的 z 值。

(2) *** 表示在 1% 的置信水平上显著；** 表示在 5% 的置信水平上显著；* 表示在 10% 的置信水平上显著。

(3) Hausman test 用于检验面板回归中随机效应是否比固定效应更合适。

(4) F test 用于检验面板回归中混合回归是否比固定效应更合适。

(5) Likelihood – Ratio（LR）test 和 Modified Wald statistic test 在面板回归模型中检测组间异方差。

(6) Wooldridge test 在面板数据回归中检测组内自相关。

(7) Pesaran's test、Friedman's test 和 Frees' test 用于检验短面板回归中组间同期自相关。

通过运用 Drisc – kraay 稳健型标准误估计克服异方差和组内自相关，结果表明城市经济适宜性、社会适宜性、休闲适宜性和自然适宜性均影响职业医师和职业助理医师的空间分布。而后，进一步运用面板修正误差标准误估计来克服组间同期自相关，结果证实职业医师和职业助理医师的空间集聚受城市经济适宜性、社会适宜性、休闲适宜性和自然适宜性的共同影响，这与前人的文献有一定的出入。目前国内外大多数学者认为影响医生空间分布的主要因素为经济适宜性和社会适宜性，如地区经济发展水平[314,315]、薪资水平[315]、医疗筹资水平[314,416]、医疗服务的可达性[417]、医疗床位数[315]等。表 5 – 22 的计量结果也显示经济适宜性和社会适宜性是影响职业医师和职业助理医师的主要因素。然而，本章研究的结果还显示休闲适宜性和自然适宜性也对职业医师和职业助理医师的空间分布有显著影响。为了检验表 5 - 22 计量结果的稳健性,表 5 - 23 又以职业医师和职业助理医师人才密度为因变量,以各个适宜性中包含的变量为自变量,来进一步探索吸纳职业医师和职业助理医师的核心要素。

表 5 - 23 前两列展现了所有自变量回归结果。然而受共线性影响,回归结果误差较大,回归模型拟合度较低。本章通过逐个剔除共线自变量,提高了回归模型的拟合优度,详见表 5 - 23 中的列(1)、列(2)和列(3)。由于 Hausman test 和 F - test 的 p 值均小于 0.05,故表 5 - 23 中的面板回归采用固定效应模型进行分析。Modified Wald statistic test 和 LR test 的结果(p = 0.000)均显示该固定效应模型存在异方差。Wooldridge test 的检验结果也显示该固定效应模型存在组内自相关。Pesaran's test 和 Friedman's test 两种检验的 p 值均小于 0.05,且 Frees' test 检验非主对角线元素绝对值的平均值高达 0.336,因此强烈拒绝原假设"无组间同期自相关",而认为该固定效应模型存在同期自相关。本章首先采用 Drisc - kraay 稳健型标准误估计来克服异方差和组内自相关,而后采用面板修正误差标准误估计来克服同期组间自相关,详见表 5 - 23 中列(2)和列(3)面板数据回归。

表 5 - 23 基于职业医师和职业助理医师人才密度的面板数据回归结果(2)

变量	固定效应估计	变量	(1) 固定效应估计 FE	(2) Drisc - kraay 稳健 型标准误估计	(3) 面板修正误差标 准误估计 PSCE
Industry	-0.0522 (-1.27)	Patent	0.0686 *** (3.19)	0.0686 *** (3.60)	**0.1175 *** (5.17)**
Tindustry	-0.0364 (-0.88)	Wholesale	0.0116 *** (2.74)	0.0116 *** (1.93)	**0.0167 * (2.84)**
Lcost	-0.0126 (-0.77)	Primary	0.0345 ** (2.18)	0.0345 ** (2.64)	**0.0338 ** (2.07)**
Ln(Pgdp)	-0.1463 (-1.09)	University	0.1067 *** (3.30)	0.1067 *** (3.47)	**0.1840 *** (5.44)**
Finvest	-0.0502 (-1.54)	Hbed	0.3778 *** (18.36)	0.3778 *** (7.19)	**0.4006 *** (14.65)**
Hinvest	0.0172 (0.42)	Taxi	0.0762 ** (2.44)	0.0762 * (1.21)	**0.0818 *** (2.68)**

续表

变量	固定效应估计	变量	(1) 固定效应估计 FE	(2) Drisc – kraay 稳健 型标准误估计	(3) 面板修正误差标 准误估计 PSCE
Wholesale	− 0. 0116 *** (− 0. 71)	Mobile	0. 1226 *** (3. 94)	0. 1226 * (1. 79)	**0. 1246 *** (4. 13)**
Sexpenditure	0. 0262 * (1. 80)	Parka	0. 1239 *** (4. 74)	0. 1239 *** (8. 73)	**0. 0860 *** (3. 32)**
Eexpenditure	0. 0007 (0. 08)	Restaurant	− 0. 0698 ** (− 2. 57)	− 0. 0698 ** (− 2. 50)	− 0. 0222 (− 1. 19)
Primary	0. 0371 ** (1. 98)	Cinema	0. 0175 * (1. 70)	0. 0175 ** (2. 00)	0. 0213 (0. 89)
Middle	0. 0081 (0. 35)	Books	0. 0017 ** (2. 08)	0. 0017 ** (2. 12)	**0. 0206 *** (3. 32)**
University	0. 0981 *** (2. 95)	Temperature	0. 8587 *** (4. 48)	0. 8587 *** (6. 30)	**− 0. 0553 ** (− 1. 99)**
Hospital	− 0. 0050 (− 0. 50)	常数项	− 0. 0000 (− 0. 00)	− 0. 0000 (− 0. 00)	0. 0503 *** (2. 87)
Hbed	0. 3624 *** (15. 39)	F or Wald statistic	F = 136. 99 ***	F = 9559. 31 ***	chi2(15) = 1629. 93 ***
Taxi	0. 0750 ** (2. 32)	R^2	0. 3777	0. 3777	0. 5381
Roadway	0. 0167 (1. 03)	Hausman test	79. 08 ***	—	—
Bus	− 0. 0147 (− 0. 92)	F test	9. 72 ***	—	—
Waste	0. 0006 (0. 06)	Modified Wald statistic test	1500000. 00 ***		
Sewage	0. 0058 (0. 54)	LR test	3080. 30 ***	—	—
Water	− 0. 0308 ** (− 2. 17)	Wooldridge test	6. 07 **	—	—
Electricity	0. 0149 (0. 66)	Pesaran's test	2. 02 ***	—	—

续表

变量	固定效应估计	变量	（1） 固定效应估计 FE	（2） Drisc – kraay 稳健 型标准误估计	（3） 面板修正误差标 准误估计 PSCE
Gas	0. 0224 (0. 98)	Friedman's test	14. 13**	—	—
Fixedl	− 0. 0380 (− 1. 21)	Frees' test	18. 32***	—	—
Mobile	0. 1016*** (3. 09)	观测值	2992	2992	2992
Internet	0. 0012 (0. 08)	城市数	272	272	272
Parka	0. 1226*** (3. 74)	—	—	—	—
Greenl	0. 0226 (1. 41)	—	—	—	—
Greenc	0. 0053 (0. 52)	—	—	—	—
Parkn	− 0. 0634 (− 1. 50)	—	—	—	—
Restaurant	− 0. 0706** (− 2. 52)	—	—	—	—
Cinema	0. 0210* (1. 90)	—	—	—	—
Museum	0. 0077 (0. 48)	—	—	—	—
Library	− 0. 0000 (− 0. 00)	—	—	—	—
Books	0. 0061 (0. 27)	—	—	—	—
Gallary	− 0. 0099 (− 0. 34)	—	—	—	—
Art	− 0. 0011 (− 0. 11)	—	—	—	—

续表

变量	固定效应估计	变量	(1) 固定效应估计 FE	(2) Drisc – kraay 稳健 型标准误估计	(3) 面板修正误差标 准误估计 PSCE
Temperature	0. 8658 *** (4. 44)	—	—	—	—
Humidity	− 0. 0048 (− 0. 10)	—	—	—	—
SO$_2$	0. 0299 (1. 56)	—	—	—	—
Effluent	0. 0242 (1. 39)	—	—	—	—
Smoke	0. 0007 (0. 06)	—	—	—	—
常数项	0. 0004 (0. 05)	—	—	—	—
F 值	39. 84 ***	—	—	—	—
R^2	0. 1362	—	—	—	—
Hausman test	93. 78 ***	—	—	—	—
F test	7. 67 ***	—	—	—	—
观测值	2990	—	—	—	—
城市数	272	—	—	—	—

注：（1）括号中的数字为聚类稳健标准误估计和固定效应估计的 t 值，以及面板修正误差标准误估计的 z 值。

（2）*** 表示在 1% 的置信水平上显著；** 表示在 5% 的置信水平上显著；* 表示在 10% 的置信水平上显著。

（3）Hausman test 用于检验面板回归中随机效应是否比固定效应更合适。

（4）F test 用于检验面板回归中混合回归是否比固定效应更合适。

（5）Likelihood – Ratio（LR）test 和 Modified Wald statistic test 在面板回归模型中检测组间异方差。

（6）Wooldridge test 在面板数据回归中检测组内自相关。

（7）Pesaran's test、Friedman's test 和 Frees' test 用于检验短面板回归中组间同期自相关。

通过克服异方差、组内自相关和同期自相关，结果表明影响职业医师和职业助理医师集聚的要素主要为经济适宜性中的每万人拥有的专利授权量（Patent）和批发零售业份额（Wholesale）；社会适宜性中的每万人拥有的小学数（Primary），每万人拥有的大学数（University），每万人拥有的床位数（Hbed），每万人拥有的出租车数量（Taxi）和每万人移动电话用户数（Mobile）；休闲适宜性中的每万人公共图书馆藏书数量（Books）和每万人拥有的公园绿地面积（Parka）；以及自然适宜性中的城市年平均气温（Temperature）。其中，批发零售业份额，每万人拥有的专利授权量，每万人拥有的小学数，每万人拥有的大学数，每万人拥有的床位数，每万人移动电话用户数，每万人公共图书馆藏书数量，每万人拥有的出租车数量，以及每万人拥有的公园绿地面积对职业医师和职业助理医师集聚具有正影响，而城市年平均气温却对职业医师和职业助理医师的集聚产生负影响。

首先，本章研究的结果显示每万人拥有的床位数和每万人拥有的大学数量都对职业医师和职业助理医师空间分布有显著影响。这与前人的观点基本一致。如吴凌放通过研究上海市医生的空间分布，提出床位数对医生分布影响较大[315]。刘恒旸等定性分析了我国医生分布的影响因素，指出医生人力资源供给是影响医生分布的最直接因素[417]。本章研究的结果也显示每万人拥有的床位数每增加1个百分点，将引发职业医师和职业助理医师人才密度增加40.06个百分点，而每万人拥有的大学数量每增加1个百分点，将带动职业医师和职业助理医师人才密度增加18.40个百分点。

其次，本章研究的结果显示每万人移动电话用户数也是影响职业医师和职业助理医师集聚的主要因素。这可能是由于信息化的发展刺激了在线医疗的兴起，而在线医疗平台多以在线电话咨询来提供在线医疗服务，因此当前我国的在线医疗服务平台以及医生都倾向于集聚在电信服务发达的地区[418]。

再次，本章研究的结果也显示经济因素对职业医师和职业助理医师集聚有显著的正影响。其实早在20世纪70年代，Kleiman和Newhouse就提出地区经济发展影响地区医疗卫生的支出[311,312]。杜凤姣研究了我国31个省份2002～2011年的医疗资源分布状况，也提出经济发展水平是影响医生空间分布的主要因素[314]。然而，与前人结果有出入的是，本章研究的结果显示人均GDP对职业医师和职业助理医师集聚并无显著影响，但代表城市创新活力的每万人拥有的专利授权量和代表城市消费活力的批发零售业份额对职业医师和职业助理医师集聚有显著的正影响，且每万人拥有的专利授权量和批发零售业份额每增加1个百分点，将分别带动职业医师和职业助理医师人才密度增长11.75个和1.67个百分点。

又次，本章研究的结果也显示每万人拥有的小学数和每万人拥有的出租车数量也对职业医师和职业助理医师的集聚有重要影响，这表明城市教育、交通等基础设施配套与职业医师和职业助理医师空间分布密切相关。另外，本章研究的结果还显示每万人公共图书馆藏书数量对职业医师和职业助理医师的空间分布也有显著正影响，这首先是因为医生人力资源的培训和供给都会影响医生的分布[419]。每万人公共图书馆藏书数量较多的城市，为医生提供了一种自我培训的机会。而且医生作为创新型人才，受知识外部性的驱使，喜欢集聚在有创新学习氛围的环境中，而每万人公共图书馆藏书数量较多的城市也为医生集聚提供了一种学习和创新环境。因此，每万人公共图书馆藏书数量对职业医师和职业助理医师的空间集聚有显著的正影响。

最后，本章研究的结果还显示气候因素和环境因素也对职业医师和职业助理医师空间分布有显著影响。表5－23列（3）显示，城市年平均气温和每万人拥有的公园绿地面积对职业医师和职业助理医师的集聚都有显著的影响，且城市年平均气温每增加1个单位，将带动职业医师和职业助理医师的密度减少0.0553个单位。每万人拥有的公园绿地面积每增加1个单位，将带动职业医师和职业助理医师的密度增加0.0860个单位。

综上所述，影响职业医师和职业助理医师集聚的主要因素为社会适宜性、经济适宜性、休闲适宜性和自然适宜性。具体到各个影响要素上，即社会适宜性中的每万人拥有的小学数量、每万人拥有的大学数量、每万人拥有的床位数量、每万人移动电话用户数量和每万人拥有的出租车数量，经济适宜性中的每万人拥有的专利授权量和批发零售业份额，休闲适宜性中的每万人公共图书馆藏书数量和每万人拥有的公园绿地面积，以及自然适宜性中的城市年平均气温都对职业医师和职业助理医师集聚有显著影响。其中，每万人拥有的床位数量与职业医师和职业助理医师集聚相关性最高。

十、城市适宜性对租赁和商业服务业人才集聚的作用机制

基于《中国城市统计年鉴2007》、《中国城市统计年鉴2017》和中国劳动就业与经济社会发展统计数据，中国272个城市中，2006年共有2261200位租赁和商业服务业人才。其中，东部地区的租赁和商业服务业人才数量居全国四大区域首位，占全国的66.41%。中部、西部和东北地区租赁和商业服务业人才数量分别占全国的13.91%、12.43%和7.25%。2016年租赁和商业服务业人才数量达到了4996769人。虽然东部地区租赁和商业服务业人才的数量每年仍以8.66%的速度增长，但是占全国的比例却在逐年锐减，2016年东部地区租赁和商业服务业人才占全国的比例跌至63.51%。西部地区租赁和商业服务业人才的数量却在逐年稳步提升，每年以14.92%的速度增长。2016年西部地区租赁和商业服务业人才的数量占全国的比例也增长到了18.78%。相较于西部地区，中部地区的租赁和商业服务业人才数量增长缓慢，2016年其占全国的比例略微下降至13.14%，然而，东北地区的租赁和商业服务业人才却流失较为严重，2016年占全国的比例下跌至 4.56%。

从人才密度来看，我国的租赁和商业服务业人才密度较高的城市主要为东部地区的深圳、北京、海口、上海、广州等城市。自 2013 年以来，成都租赁和商业服务业人才密度迅猛增长，2016 年成都租赁和商业服务业人才密度超过杭州和南京，成为全国第七大租赁和商业服务业人才集聚城市。西安也不甘落后，租赁和商业服务业人才密度逐年提升，近几年来稳居全国第十五大租赁和商业服务业人才集聚城市。然而，盘锦、沈阳等东北城市的租赁和商业服务业人才却增长缓慢，人才密度占全国的排名甚至有下降的趋势。城市适宜性究竟如何影响租赁和商业服务业人才的空间分布？吸纳租赁和商业服务业人才的核心要素到底是什么？这是本小节主要研究的内容。

基于租赁和商业服务业人才密度的面板数据回归结果均呈现在表 5 – 24 和表 5 – 25 中。其中，表 5 – 24 呈现了以租赁和商业服务业人才密度为因变量，以四种城市适宜性为自变量的面板回归结果。由于 Hausman test 和 F – test 的 p 值均小于 0.05，故表 5 – 24 中的面板回归采用固定效应模型进行分析。

表 5 – 24　基于租赁和商业服务业人才密度的面板数据回归结果（1）

变量	(1) 固定效应估计 FE	(2) Drisc – kraay 稳健 型标准误估计	(3) 面板修正误差标准 误估计 PSCE
Em	0.3733 *** (15.13)	0.3733 * (2.06)	**0.3937 *** (3.98)**
Sm	0.3375 *** (10.16)	0.3375 *** (3.87)	**0.1679 *** (2.69)**
Lm	0.1389 *** (6.43)	0.1389 ** (1.98)	**0.1551 *** (2.74)**
Nm	0.1902 *** (4.11)	0.1902 ** (2.48)	**– 0.0150 * (1.81)**
常数项	– 0.0000 (– 0.00)	– 0.0000 (– 0.00)	0.0469 (1.09)
F or Wald statistic	F = 86.71 ***	F = 5.82 ***	chi2(4) = 77.45 ***
R^2	0.3653	0.3653	0.5468
Hausman test	31.21 ***	—	—
F test	36.21 ***	—	—
Modified Wald statistic test	4000000.00 ***		

续表

变量	（1） 固定效应估计 FE	（2） Drisc – kraay 稳健 型标准误估计	（3） 面板修正误差标准 误估计 PSCE
LR test	10699. 39 ***	—	—
Wooldridge test	19. 84 ***	—	—
Pesaran's test	132. 15 ***	—	—
Friedman's test	613. 41 ***	—	—
Frees' test	50. 01 ***	—	—
观测值	2992	2992	2992
城市数	272	272	272

注：（1）括号中的数字为聚类稳健标准误估计和固定效应估计的 t 值，以及面板修正误差标准误估计的 z 值。

（2）*** 表示在 1% 的置信水平上显著；** 表示在 5% 的置信水平上显著；* 表示在 10% 的置信水平上显著。

（3）Hausman test 用于检验面板回归中随机效应是否比固定效应更合适。

（4）F test 用于检验面板回归中混合回归是否比固定效应更合适。

（5）Likelihood – Ratio （LR） test 和 Modified Wald statistic test 在面板回归模型中检测组间异方差。

（6）Wooldridge test 在面板数据回归中检测组内自相关。

（7）Pesaran's test、Friedman's test 和 Frees' test 用于检验短面板回归中组间同期自相关。

Modified Wald statistic test 和 LR test 的检验结果均显示 $p < 0.001$，表明表 5 – 24 中固定效应模型存在异方差。Wooldridge test 的 p 值为 0.000，故该固定效应模型也存在组内自相关。Pesaran's test 和 Friedman's test 两种检验的 p 值均小于 0.01，且 Frees' test 检验非主对角线元素绝对值的平均值高达 0.470，由此认为该固定效应模型存在同期自相关。通过运用 Drisc – kraay 稳健型标准误估计克服异方差和组内自相关，运用面板修正误差标准误估计来克服组间同期自相关，结果显示租赁和商业服务业人才的空间集聚受城市经济适宜性、社会适宜性、休闲适宜性和自然适宜性的共同影响。张媛媛[420] 和林森[326] 等均提出生产性服务业的集聚主要受经济因素的影响。租赁和商业服务业隶属于生产性服务业[320]，因此其空间分布也主要受经济因素影响。本章研究的结果也证实经济适宜性对租赁和商业服务业人才的集聚有显著的正影响。此外，近年来学者们也发现知识溢出效应（信息化和交通便利）等因素也是影响生产性服务业及其人才集聚的重要因素[421~423]。本章研究的结果也显示社会适宜性对租赁和商业服务业人才的集聚有显著正影响。然而，本章研究的结果还显示休闲适宜性和自然适宜性也是影响

租赁和商业服务业人才集聚的重要因素。为了检验结果的稳健性，本章又以租赁和商业服务业人才密度为因变量，以各个适宜性中包含的变量为自变量，来进一步探索吸纳租赁和商业服务业人才集聚的核心要素（见表5-25）。

表5-25　基于租赁和商业服务业人才密度的面板数据回归结果（2）

变量	固定效应估计	变量	（1） 固定效应估计 FE	（2） Drisc-kraay 稳健 型标准误估计	（3） 面板修正误差标 准误估计 PSCE
Industry	-0.0436 (-1.25)	Lcost	0.0525*** (3.91)	0.0525*** (3.39)	**0.0618*** (3.15)**
Tindustry	-0.0541 (-1.55)	Industry	-0.0572* (-1.73)	-0.0572*** (-3.21)	**0.0577** (2.02)**
Lcost	0.0561*** (4.10)	Tindustry	-0.0597* (-1.77)	-0.0597** (-2.20)	**0.0869** (2.55)**
Ln（Pgdp）	-0.0048 (-0.04)	Wholesale	0.0236* (1.79)	0.0236* (1.80)	**0.0544* (1.78)**
Finvest	0.0156 (0.57)	Patent	0.1484*** (7.23)	0.1484*** (4.78)	**0.2470*** (3.85)**
Hinvest	-0.0687** (-1.98)	Hinvest	-0.0596* (-1.83)	-0.0596 (-1.61)	—
Wholesale	0.0260* (1.88)	Primary	0.0407*** (2.95)	0.0407** (2.55)	0.0021 (0.20)
Sexpenditure	-0.0142 (-1.16)	University	0.0821*** (2.98)	0.0821** (2.12)	**0.0208* (1.64)**
Eexpenditure	-0.0021 (-0.28)	Hospital	-0.0150* (-1.79)	-0.0150 (-0.73)	—
Primary	0.0322** (2.04)	Hbeds	0.0349* (1.88)	0.0349** (2.29)	-0.0073 (-0.22)
Middle	0.0145 (0.76)	Taxi	-0.1316*** (-4.96)	-0.1316*** (-3.06)	**0.2278*** (3.19)**
University	0.0835*** (2.99)	Roadway	0.0394*** (3.04)	0.0394 (1.41)	—

续表

变量	固定效应估计	变量	(1) 固定效应估计 FE	(2) Drisc - kraay 稳健 型标准误估计	(3) 面板修正误差标 准误估计 PSCE
Hospital	− 0. 0154 * (− 1. 82)	Bus	0. 0293 ** (2. 19)	0. 0293 (1. 04)	—
Hbed	0. 0406 ** (2. 05)	Electricity	0. 0602 *** (3. 68)	0. 0602 *** (2. 87)	0. 0425 (1. 48)
Taxi	− 0. 1320 *** (− 4. 85)	Gas	− 0. 0729 *** (− 4. 05)	− 0. 0729 *** (− 3. 07)	0. 0293 (0. 74)
Roadway	0. 0415 *** (3. 04)	Fixedl	0. 0625 ** (2. 48)	0. 0625 (1. 60)	—
Bus	0. 0289 ** (2. 14)	Internet	0. 0692 *** (5. 74)	0. 0692 *** (2. 98)	**0. 1013 *** (3. 86)**
Waste	0. 0017 (0. 21)	Greenl	0. 0384 *** (3. 05)	0. 0384 ** (2. 39)	**0. 0748 *** (3. 14)**
Sewage	− 0. 0062 (− 0. 68)	Cinema	0. 0303 *** (3. 44)	0. 0303 ** (3. 02)	**0. 0360 * (1. 83)**
Water	0. 0096 (0. 81)	Museum	0. 0281 ** (2. 22)	0. 0281 ** (3. 73)	**0. 0347 ** (2. 11)**
Electricity	0. 0501 *** (2. 65)	Library	− 0. 0684 *** (− 3. 82)	− 0. 0684 (− 1. 50)	—
Gas	− 0. 0760 *** (− 3. 97)	Books	0. 1202 *** (6. 37)	0. 1202 (1. 47)	—
Fixedl	0. 0481 * (1. 82)	Gallary	− 0. 0448 * (− 1. 85)	− 0. 0448 *** (− 2. 73)	− 0. 0066 (− 0. 27)
Mobile	− 0. 0047 (− 0. 17)	Humidity	0. 1111 *** (2. 69)	0. 1111 * (2. 57)	**− 0. 0049 ** (− 2. 22)**
Internet	0. 0712 *** (5. 79)	SO_2	− 0. 0938 *** (− 5. 93)	− 0. 0938 ** (− 2. 45)	**− 0. 0455 ** (− 2. 47)**
Parka	0. 0301 (1. 09)	Effluent	− 0. 0280 * (− 1. 93)	− 0. 0280 (− 1. 29)	—

续表

变量	固定效应估计	变量	(1)固定效应估计 FE	(2)Drisc – kraay 稳健型标准误估计	(3)面板修正误差标准误估计 PSCE
Greenl	0.0380 *** (2.82)	常数项	− 0.0000 (0.00)	− 0.0000 (0.00)	− 0.0053 (− 0.11)
Greenc	− 0.0045 (− 0.52)	F or Wald statistic	F = 48.06 ***	F = 19.81 ***	chi2(15) = 380.44 ***
Parkn	− 0.0269 (− 0.76)	R^2	0.3794	0.3794	0.5393
Restaurant	0.0102 (0.43)	Hausman test	364.51 ***	—	—
Cinema	0.0269 *** (2.89)	F test	22.01 ***	—	—
Museum	0.0311 ** (2.32)	Modified Wald statistic test	− 0.0000 ***	—	—
Library	− 0.0634 *** (− 2.94)	LR test	9240.56 ***	—	—
Books	0.1208 *** (6.28)	Wooldridge test	17.82 ***	—	—
Gallary	− 0.0488 ** (− 1.99)	Pesaran's test	57.15 ***	—	—
Art	− 0.0030 (− 0.37)	Friedman's test	246.85 **	—	—
Temperature	0.1101 (0.67)	Frees' test	21.683 ***	—	—
Humidity	0.1124 *** (2.68)	观测值	2990	2990	2990
SO_2	− 0.0953 *** (− 5.89)	城市数	272	272	272
Effluent	− 0.0305 ** (− 2.08)	—	—	—	—

续表

变量	固定效应估计	变量	(1) 固定效应估计 FE	(2) Drisc – kraay 稳健 型标准误估计	(3) 面板修正误差标 准误估计 PSCE
Smoke	0.0008 (0.08)	—	—	—	—
常数项	0.0001 (0.01)	—	—	—	—
F 值	29.81***	—	—	—	—
R^2	0.3187	—	—	—	—
Hausman test	769.89***	—	—	—	—
F test	19.85***	—	—	—	—
观测值	2990	—	—	—	—
城市数	272	—	—	—	—

注：（1）括号中的数字为聚类稳健标准误估计和固定效应估计的 t 值，以及面板修正误差标准误估计的 z 值。

（2）***表示在 1% 的置信水平上显著；**表示在 5% 的置信水平上显著；*表示在 10% 的置信水平上显著。

（3）Hausman test 用于检验面板回归中随机效应是否比固定效应更合适。

（4）F test 用于检验面板回归中混合回归是否比固定效应更合适。

（5）Likelihood – Ratio（LR）test 和 Modified Wald statistic test 在面板回归模型中检测组间异方差。

（6）Wooldridge test 在面板数据回归中检测组内自相关。

（7）Pesaran's test、Friedman's test 和 Frees' test 用于检验短面板回归中组间同期自相关。

　　表 5 – 25 前两列展现了所有自变量回归结果。然而受共线性影响，回归结果误差较大，回归模型拟合度较低（R^2 仅为 0.3187）。本章通过逐个剔除共线自变量，提高了回归模型的拟合优度，详见表 5 – 25 中的列（1）、列（2）和列（3）。由于 Hausman test 和 F – test 的 p 值均小于 0.05，故表 5 – 25 中的面板回归采用固定效应模型进行分析。Modified Wald statistic test、LR test 以及 Wooldridge test 的检验结果均显示 p = 0.000，表明该固定效应模型存在异方差和组内自相关。Pesaran's test 和 Friedman's test 两种检验的 p 值均小于 0.01，且 Frees' test 检验非主对角线元素绝对值的平均值高达 0.370，因此强烈拒绝原假设"无组间同期自相关"，而认为该固定效应模型中存在同期自相关。本章首先采用 Drisc – kraay 稳健型标准误估计来克服异方差和组内自相关，而后采用面板修正误差标准误估计来克服同期组间自相关，详见表 5 – 25 中列（2）和列（3）面板数据

回归。

表 5 – 25 第（3）列呈现了影响租赁和商业服务业人才集聚的要素，主要包含：经济适宜性中的生活成本（Lcost），每万人拥有的专利授权量（Patent），第二产业占 GDP 比重（Industry），第三产业占 GDP 比重（Tindustry），批发零售业份额（Wholesale）；社会适宜性中的每万人拥有的出租车数量（Taxi），每万人拥有的大学数（University）和每万人互联网接入用户数（Internet）；休闲适宜性中的每万人拥有的博物馆数量（Museum），每万人拥有的绿地面积（Greenl）和每万人拥有的电影院数量（Cinema）；自然适宜性中的城市年平均相对湿度（Humidity），每平方千米二氧化硫排放量（SO_2）。其中，生活成本、每万人拥有的专利授权量、第二产业占 GDP 比重、第三产业占 GDP 比重、批发零售业份额、每万人拥有的出租车数量、每万人拥有的大学数和每万人互联网接入用户数，每万人拥有的博物馆数量、每万人拥有的绿地面积、每万人拥有的电影院数量对租赁和商业服务业人才集聚具有正影响。城市年平均相对湿度和每平方千米二氧化硫排放量对租赁和商业服务业人才的集聚产生负影响。

首先，本章研究的结果显示经济适宜性是影响租赁和商业服务业人才空间分布的最主要因素。其中每万人拥有的专利授权量与租赁和商业服务业人才集聚相关性最高，且每万人拥有的专利授权量每增加 1 个百分点，将会引发租赁和商业服务业人才密度增加 24.70 个百分点。此外，批发零售业份额、生活成本（城市住宅房价/月工资）、第二产业占 GDP 比重、第三产业占 GDP 的比重也对租赁和商业服务业人才集聚有显著影响。这主要是因为租赁和商业服务业的空间集聚具有高度的产业关联性和要素密集性。租赁和商业服务业侧重于生产性服务业中价值链的前向环节（以提供器械、信息设备等租赁服务为主）和后向环节（以提供企业管理、投资与资产管理等商业服务为主）[324]。受信息外部性和规模效应的驱使，租赁和商业服务业人才往往集聚在创新活力大、消费活力强、经济发展水平高（房价高）、工业和服务业发达的区域。

其次，本章研究的结果显示基础设施等社会适宜性也是影响租赁和商业服务业人才空间分布的主要因素，且每万人拥有的出租车数量和每万人互联网接入用户数均对租赁和商业服务业人才集聚有显著的正影响。这主要是由于租赁和商业服务业侧重于提供租赁、商务、咨询、管理等服务[324]，而一个地区交通的便利和信息基本设施的完善将会促进该类服务业的集聚[424]。因此，租赁和商业服务业人才更倾向集聚在交通便利、信息基础设施完善的城市，如北京、上海、广州、深圳和杭州等城市[425]。此外，本章研究的结果还显示每万人拥有的大学数量也对租赁和商业服务业人才集聚有积极影响，这可能是由于大学能为租赁和商业服务业提供源源不断的人才，因此租赁和商业服务业倾向于集聚在大学数量较多的城市，且每万人拥有的大学数量每增加 1 个百分点，将带动租赁和商业服务业人才密度提升 2.08 个百分点。

再次，本章研究的结果显示休闲文化设施等休闲适宜性也对租赁和商业服务业人才空间分布有显著正影响，且每万人拥有的电影院数量对租赁和商业服务业人才的集聚有积极正影响。自 20 世纪 80 年代开始，欧洲和美国的商业服务业就出现了向城郊集聚的趋势[426,427]。虽然我国北京、广州等地区居住和工业也经历了十几年的郊区化过程，但是商业服务业的郊区化并未出现，空间集聚仍以城市商业中心区为主[322,428]。电影院与城市经济和文化空间布局相一致，主要集聚在交通便利和商贸发达的城市传统商业中心和新兴次级商业中心[429～432]。因此，依据前人的研究结果，电影院的空间分布与商业服务业的空间分布基本一致，而租赁和商业服务业的空间分布也影响着租赁和商业服务业人才的空间分布。此外，本章研究的结果还显示，每万人拥有的博物馆数量和每万人拥有的绿地面积也对租赁和商业服务业人才的集聚有显著正影响，这说明租赁和商业服务业人才倾向于集聚在休闲氛围浓厚的城市。

最后，气候条件等自然适宜性也对租赁和商业服务业人才集聚有显著影响。本章研究的结果显示，城市年平均相对湿度和每平方千米的二氧化硫排放量均对租赁和商业服务业人才集聚有负影响，这可能是由于租赁和商业服务业人才倾向于集聚在气候舒适、空气质量较好的城市。

综上所述，影响租赁和商业服务业人才集聚的主要因素为经济适宜性、社会适宜性、休闲适宜性和自然适宜性。具体到各个影响要素上，即经济适宜性中的生活成本、每万人拥有的专利授权量、第二产业占 GDP 比重、第三产业占 GDP 比重和批发零售业份额，社会适宜性中的每万人拥有的出租车数量和每万人拥有的大学数量，休闲适宜性中的每万人拥有的绿地面积、每万人拥有的博物馆数量和每万人拥有的电影院数量，以及自然适宜性中的城市年平均相对湿度和每平方千米二氧化硫排放量均对租赁和商业服务业人才集聚有显著影响。其中，每万人拥有的专利授权量与租赁和商业服务业人才集聚的相关性最高。

第三节　假设检验

本小节对第四章基于理论模型提出的城市适宜性对创新型人才集聚的作用机制的相关假设进行检验。从第五章实证分析的结果来看，部分假设得到了证实，也有部分假设得到了证伪。还有部分假设受限于研究数据的尺度、精度（稳健性检验是从区域层面进行研究），以及现有的研究方法，这些假设还未得到确切证实（如幸福感、年龄、性别和婚姻状况对创新型人才集聚的影响并不稳健），还需要在以后的研究中不断改进和完善。具体如下：

（1）经济适宜性是影响创新型人才集聚最主要的因素。其中，代表城市创新活力的每万人拥有的专利授权量与创新型人才空间分布相关性最高，这证伪了假设1，即创新型人才选择适宜发展和生活的集聚地虽然主要依赖经济适宜性，但不是为了谋求生存而选择经济发展高的城市，而是为了追求创意而选择创新活力较高的城市。这主要是由于中国虽然仍然处于工业社会，但在2010年之后，中国经济进入T类型增长阶段①，这一阶段的主要特征为人力资本短缺和普通劳动力工资上涨。这一时期，中国经济逐渐发展成熟（进入了向索洛新古典增长类型②转变的快车道），之前行之有效的物质资本和人力资本激励机制在吸引人才，尤其是创新型人才集聚方面难以奏效[71]。创新型人才更注重追求创意[20]，更偏好创新活力高的城市。

（2）科研支出越多越容易吸引一些职业类别的创新型人才集聚，如教育业人才，金融业人才，文化、体育、娱乐业人才和水利、环境和公共设施管理业人才。但教育支出占总财政支出比对创新型人才集聚却呈负影响，这可能是由于当前中国对中小学教育的投入要远高于大学教育，而创新型人才主要为高学历和高技能人才，这证伪了假设2，即创新型人才倾向于集聚在政府科研支出较多的城市，而不倾向于集聚在教育财政支出较多的城市。

（3）社会适宜性中，每万人拥有的出租车数量与创新型人才，以及金融业人才，信息传输、计算机服务和软件业人才等职业类别创新型人才集聚的相关性最高，这可能是因为创新型人才对速度和效率非常敏感，更加关注交通的便利性，这证实了假设3，即创新型人才倾向于集聚在交通便利的城市。

（4）休闲适宜性中的图书馆藏书数量，或博物馆数量，或文化馆数量等休闲文化因素对创新型人才，以及十大职业类别创新型人才集聚都有显著影响，这说明创新型人才倾向于集聚在休闲适宜性较高的城市，这证实了假设4。

（5）创新型人才更倾向于集聚在气候干燥舒适，空气质量较好的城市，但

---

① 蔡昉将中国经济发展阶段共分为四个阶段，即M类型增长阶段（马尔萨斯式经济增长）、L类型增长阶段（刘易斯二元经济发展阶段）、T类型增长阶段（刘易斯转折点），以及S类型增长阶段（索洛新古典增长）[71]。T类型增长阶段处在刘易斯转折点时期，这一阶段主要的特征是人力资本短缺和普通劳动者工资上涨[71]。

② 索洛新古典增长类型，即在一个完全竞争的环境下，经济、劳动和资本投入的增长引发的产出的经济增长类型。虽然在索洛新古典增长类型阶段，经济发展相对成熟，但是索洛新古典增长并非是一种经济稳定均衡增长。在索洛新古典增长类型阶段，经济发展仍然会存在一定的风险[71]。

其分布受自然气候影响较小，而受空气质量影响较大，这证实了假设5。

（6）稳健性检验，用2006、2011和2016年三年的截面分析来深度探究各地区城市适宜性对创新型人才集聚的影响。结果显示，创新型人才倾向于集聚在预期收入较高的地区，但是幸福感对创新型人才集聚的影响并不稳健。因此，本章研究的结果并不能完全证实理论假设6，即证实创新型人才倾向于集聚在预期收入较高的地区，但是并不能证实创新型人才倾向于集聚在幸福感较高的地区。

（7）此外，年龄、性别和婚姻状况对创新型人才集聚的影响也不稳健，因此，本章研究的结果并不能证实理论假设7，即并不能确切证实创新型人才空间集聚受年龄、性别和婚姻状况的影响。

假设6和假设7需要在以后的研究中，通过统一数据尺度，提高数据精度和改进研究方法来进一步证实或证伪。

第六章 成都华丽蜕变：城市适宜性有效吸引创新型人才集聚

上文从宏观层面全面分析了中国城市适宜性对创新型人才集聚的作用机制，但是调查研究既要有面，也要有点，因此本书又采取"解剖麻雀"的方式，选取成都作为案例地，借助微观个体调查，从中微观层面更系统地探究城市适宜性对创新型人才集聚的作用机制。之所以选取成都作为案例地，是由于成都的地区生产总值从2006年的全国第14位跃升至2016年的全国第9位。创新型人才密度也从2006年的第42名跃居2016年全国第11名，创新型人才数量更是从2006年的全国第8名升至2016年的全国第3名。成都华丽蜕变的背后，更反映出城市适宜性对创新型人才集聚的重要影响。因此本书以成都为案例地，首先，对比分析成都2006~2016年创新型人才的规模和类型变化。其次，结合前文的分析框架，运用2019年成都309份调研问卷和50份半结构访谈，定性分析成都城市适宜性对创新型人才空间集聚的作用机制。通过点面结合的分析，以及宏观、中观和微观层面的深入研究以期为下文的对策建议奠定基础。

第一节 2006~2016年成都创新型人才集聚分析

成都，曾经的"蜀郡"，又称蓉城、锦城，位于四川省中部，为四川省省会城市。因其地势平坦、物产丰富、气候宜人，自古就被誉为"天府之国"。2600多年前，古蜀开明王朝觅理想生境，迁都至此，在此修筑城池。公元前316年，秦国在此设蜀郡，而后成为三国时蜀汉国都。晋武帝时改称成都国，不久又作为大成国国都经历大成国的兴衰成败。南宋时期，成都成为四川省首府驻地。明洪武年间，朱椿在此设立王府。300年后，成都又成为大西国的西京，直至民国时期才恢复为四川省省会，中华人民共和国成立后成都为副省级城市之一[433]。截至 2016 年，成都共有 11 个市辖区、4 个县、5 个代管县级市，行政区面积达 14335 平方千米，人口总量为 975.93 万人[434]。

2000 多年的积淀造就了繁盛的古蜀文明，七朝帝王之都奠定了成都经济的繁华。成都在唐代即是中国最发达的工商业城市之一，有"扬一益二"之称。北宋时期也是仅次于汴梁的第二大都市。近十年来，成都的经济更是突飞猛进，以年均 16% 的速度增长，城市 GDP 从 2006 年的全国第 16 名跃居 2016 年的全国第 9 名[413,435]。2017 年成都城市 GDP 更以 1.39 万亿元位居全国第八，四川第一[436]。强势的经济必有优势的产业做支撑，三次产业结构调整使成都的产业升级速度加快。2018 年 1～9 月，成都的服务业比重已占 GDP 的 60% 以上，信息传输、软件和计算机服务业，以及科学研究和技术服务业分别增长约 16% 和 13%。金融业实体经济功能也不断增强，金融机构本外币存、贷款在 9 月底也分别增长了约 7% 和 11%。成都的文化创意产业也加快发展，并实现了诸多新突破，如"世界体育舞蹈节"在成都举办，荷兰皇家展览集团落户成都，创交会、西博会、全国糖酒会等重大展会相继举办，成都—俄罗斯经济贸易合作推介会登陆莫斯科等[437]。成都 13 个市级战略功能区集聚高科技产业，洛带古镇、宽窄巷子等将文创气息洒满蜀城，当前的成都处处展现文化气质，处处散发蓬勃生机。

城市适宜性能吸引创新型人才集聚，促进城市经济发展。然而成都的城市适宜性如何影响创新型人才集聚？下文将详细分析成都创新型人才的空间集聚，并结合前文的分析框架，采用定性的研究方法来分析成都的城市适宜性对创新型人才集聚的影响。

一、成都创新型人才总体分析

依据 2007～2017 年《中国城市统计年鉴》和中国劳动就业与经济社会发展统计数据，成都 2006 年共有创新型人才 48.99 万人，创新型人才密度也仅约 444 人/万人，远低于上海、深圳、北京等城市。2006 年成都创新型人才密度排名仅为全国第 42 名。2006～2011 年，成都的创新型人才增长较慢，创新型人才密度的年均增长速度仅为 4%。2011 年创新型人才仅增长到 64.02 万人，创新型人才密度也仅为 550 人/万人。此时，北京的创新型人才已增长到 344 万人，上海的创新型人才也达到了 145 万人，北京和上海的创新型人才密度均超过 1000 人/万人。

2011～2012 年，成都的创新型人才密度增速波动较大，这可能与国际经济环境相关。2011 年国际大环境的不景气[438]严重影响了成都经济的发展。同时货币从紧的政策也对成都居民的消费水平产生影响，自 2011 年起，成都的社会零售品销售总额增速下滑，从 2011 年的 18.4% 降到 2012 年的 16%[439]。经济增速和消费增速的下滑也在一定程度上影响了成都创新型人才和创新型人才密度的增长，成都创新型人才密度的增长速度从 2011 年的 9% 降到 2012 年的 6%。

成都自 2011 年起开始加快产业结构调整步伐，在 13 个战略功能区建设国际一流产业园区，吸纳高新技术企业入驻[440]。同时成都在 2011 年和 2012 年分别发布高层次创新创业人才引进计划，对于高层次创新创业人才，不仅给予丰厚的科研经费补贴，还提供三年免租办公场所和高额的融资担保[441,442]。这一系列举措促使成都的创新型人才在 2012～2013 年飞速增长，2013 年成都的创新型人才数量增长到 128.92 万人，创新型人才密度也达到了 1085 人/万人，创新型人才密度增长速度高达 86%，成都创新型人才密度占全国的排名也提高到了第 11 名。

然而好景不长，2014 年成都创新型人才增速急剧下滑，甚至小于成都常住人口的增长速度，成都的创新型人才密度增速更是呈显著负增长态势。成都型人才数量由 2013 年的 128.92 万人微降到 2014 年的 128.42 万人，但创新型人才密度则从 2013 年的 1085 人/万人降到了 2014 年的 1060.71 人/万人（见图 6 - 1）。这一方面是由于这一时期世界经济复苏缓慢，国内经济转型压力较大，另一方面是由于 2013 年四川发生芦山地震和暴雨洪灾等，多方面不利因素影响了 2014 年成都经济的发展[443]。同时，不利的社会经济发展环境也对创新型人才集聚产生影响。

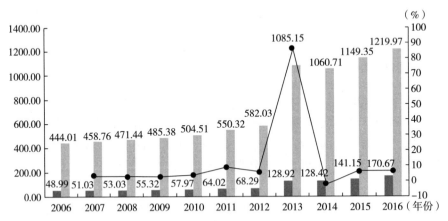

图 6 - 1　2006～2016 年成都创新型人才数量、创新型人才密度和
创新型人才密度增长速度

资料来源：2007～2017 年《中国城市统计年鉴》和中国劳动就业与经济社会发展统计数据。

但是面对国际、国内严峻经济形势，以及自然灾害频发等多重压力，成都通过优化产业结构，成功推动经济稳中有进[444]。良好的经济环境也促进了创新型人才的增长。2015 年成都创新型人才增长到 141.15 万人，创新型人才密度也达到了 1149 人/万人，成都创新型人才密度全国排名持续稳居全国第 11 名。然而 2016 年国内经济下行的压力持续增大，成都经济虽然稳中求进，但经济增速依然处于下行态势[445]。与之相似的是，2016 年成都创新型人才虽然有所增长，创新型人才密度依然稳居全国第 11 名，但增速却处于下行态势。总体来讲，2006 ~ 2016 年，成都创新型人才增长较为迅速，虽然创新型人才密度增长速度少数年份波动较大，但总体呈增长态势。

二、成都各职业类别创新型人才分析

2006 ~ 2016 年，成都各职业类别创新型人才密度增速波动幅度与创新型人才密度增速相似，总体上呈增长态势。研究期间，成都核心创新型人才[①]中，增长较为迅速的人才为信息传输、计算机服务和软件业人才和文化、体育、娱乐业人才。这可能与成都产业结构转型升级有一定的关系。2011 年开始，成都加快产业结构调整步伐，大力引进高新技术产业，并强力发展文化创意产业。高新技术产业中，重点优先发展电子信息产业，包含集成芯片制造、应用软件开发等。2013 年前后，电子信息行业中的世界巨头（如思科、通用、富士康、戴尔、联想等）均落户成都[440]。高新技术产业的发展促进了成都信息传输、计算机服务和软件业人才的快速增长。同时，成都还大力发展文化创意产业，不仅举办高级别的文体盛会，还将经贸合作会登陆到了莫斯科[437]。随着成都建设世界文化名城的步伐加快，成都的文化、体育、娱乐业人才也快速激增。

成都核心创新型人才中，增长速度最快的为信息传输、计算机服务和软件业人才。2006 年成都仅拥有信息传输、计算机服务和软件业人才 1.37 万人，信息传输、计算机服务和软件业人才密度也仅为 12 人/万人。无论是人才数量，还是人才密度都远远落后于北京、上海、深圳等城市，甚至远低于武汉、太原、西安等中西部城市，人才密度排名仅为全国第 54 名。2006 ~ 2011 年，成都信息传输、计算机服务和软件业人才增长较为缓慢，人才密度增长速度不足 5%。2012 ~ 2013 年成都信息传输、计算机服务和软件业人才加速增长，人才密度年均增速

---

① 根据本书第一章第二节第一部分关于创新型人才的定义和分类，核心创新型人才包含信息传输、计算机服务和软件业人才，金融业人才，科学研究、技术服务和地质勘查业人才，文化、体育、娱乐业人才和教育业人才；专业创新型人才包含房地产业人才，水利、环境和公共设施管理业人才，公共管理和社会组织行业人才，职业医师和职业助理医师，以及租赁和商业服务业人才。

高达702%。2013年成都信息传输、计算机服务和软件业人才数量增长到14.54万人，人才密度也达到了122人/万人，人才密度在全国的排名也跃升至第9名。虽然2014年成都信息传输、计算机服务和软件业人才数量受到国内外经济不景气以及地震等自然灾害的影响微降至13.16万人，人才密度也降为109人/万人，但随着2015年、2016年成都产业结构转型升级的加快，成都信息传输、计算机服务和软件业人才的数量和密度均呈稳步提升的态势。2015年，成都信息传输、计算机服务和软件业人才达到了17万人，2016年更是上涨到31万人。2016年，成都信息传输、计算机服务和软件业人才密度也达到了224人/万人（见图6－2），人才密度占全国排名也上升至第3名。

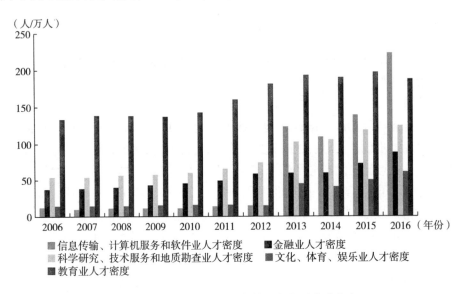

图6－2　2006～2016年成都核心创新型人才密度

资料来源：2007～2017年《中国城市统计年鉴》和中国劳动就业与经济社会发展统计数据，其中2014年核心创新型人才数据由于统计口径变化等原因与一些网站统计数据存在一定程度的偏差，在编辑过程中通过向相关部门咨询对数据进行了相应调整。

此外，增长速度较快的为文化、体育、娱乐业人才。2006年，成都的文化、体育、娱乐业人才为1.64万人，人才密度不到20人/万人。此时，北京的文化、体育、娱乐业人才已高达13.73万人，人才密度也达到了115人/万人。中部城市武汉的文化、体育、娱乐业人才也达到1.99万人，人才密度也达到24人/万人。成都的文化、体育、娱乐业人才无论在规模上，还是人才密度上均远低于北京、上海、深圳，甚至武汉、西安、郑州等城市。2013年，随着成都产业结构的优化升级，以及人才吸引政策的推进，成都的文化、体育、娱乐业人才飙升至

5.35 万人，人才密度也升至 45 人/万人，人才密度年均增速高达 197%。然而，2014 年成都的文化、体育、娱乐业人才密度增速放缓，且呈急剧下降态势。2015 年随着产业结构优化升级的加快，成都的文化、体育、娱乐业人才密度增速开始稳步回升。虽然 2016 年人才密度增速仍有下降态势，但成都的文化、体育、娱乐业人才在数量和密度上均有显著提升。2016 年成都文化、体育、娱乐业人才数量上升到了 8.56 万人，人才密度也增长到了 61 人/万人，人才密度占全国的排名也跃升至全国第 3 名。

然而，成都核心创新型人才中，金融业人才、教育业人才和科学研究、技术服务和地质勘查业人才相比上述两类创新型人才，在 2006～2016 年增长较为缓慢（见图 6-3）。2006～2011 年，成都金融业人才密度年均增长速度仅为 6.19%。2012～2013 年，国际品牌巨头戴尔、联想等纷纷落户成都，总部经济的发展刺激了成都金融企业或金融机构的激增，成都金融业人才密度增长速度达到了 18.73%，金融业人才数量也从 2006 年的 4.02 万人增长到了 2013 年的 7.01 万人，金融业人才密度也由 2006 年的 36 人/万人增长到了 2013 年的 59 人/万人。2014 年受国际大环境和自然灾害的影响，成都的金融业人才仅增长了 1900 人。2015 年和 2016 年，随着产业结构优化升级的加快，成都金融业人才也出现了大幅度的上涨。2015 年和 2016 年成都金融业人才密度年均增速达到了 21.24%，金融业人才也在 2016 年增长到了 12.23 万人，人才密度也达到了 87 人/万人，人才密度在全国的排名也从 2006 年的第 65 名增长到 2016 年的第 29 名。

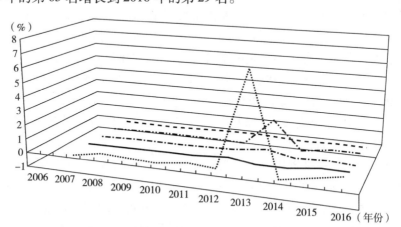

图 6-3 2006～2016 年成都核心创新型人才密度增长速度

资料来源：2007～2017 年《中国城市统计年鉴》和中国劳动就业与经济社会发展统计数据。

然而，教育业人才密度和科学研究、技术服务和地质勘查业人才密度在 2006～2016 年基本呈现较为匀速的增长态势。11 年间，教育业人才密度年均增长速度仅为 3.21%，而科学研究、技术服务和地质勘查业人才密度的年均增长速度也仅为 9.37%。但值得一提的是，2006～2011 年成都的科学研究、技术服务和地质勘查业人才密度排名在全国稳居第 16 名。2013 年成都的科学研究、技术服务和地质勘查业人才密度排名增长至全国第 10 名，2016 年更是跃升至全国第 8 名。成都的教育业人才虽然在数量上拥有绝对的优势，但是 11 年来一直保持匀速增长态势。教育业人才密度占全国的排名也较为稳定，2006 年成都的教育业人才密度在全国的排名为第 57 名，2011 年提升到第 27 名，2012～2016 年一直维持在第 27 名的位置。

首先，成都的专业创新型人才中，增长最为迅速的为租赁和商业服务业人才（见图 6-4）。2006～2011 年，成都租赁和商业服务业人才密度年均增长速度仅为 1.27%，2012～2016 年增至 127%，尤其是在 2013 年，增长速度更是达到了 1316%。成都租赁和商业服务业人才密度的增长速度不仅高于所有专业创新型人才密度的增长速度，甚至高于所有核心创新型人才密度的增长速度。这可能是由于 2011 年成都加快产业结构调整步伐，2013 年前后，电子信息行业中的世界巨头落户成都[440]。总部经济的快速发展，以及文化创意产业的发展，让从事计算机设备租赁、休闲和体育用品租赁，企业管理、投资和资产管理，律师服务、会展服务等的租赁和商业服务业人才激增。2013 年，成都租赁和商业服务业人才数量达到了 25.67 万人，人才密度也增长到了 216 人/万人，人才密度占全国排名也从 2006 年的第 26 名增长到 2013 年的第 6 名。虽然 2014 年受经济大环境以及自然灾害影响，成都的租赁和商业服务业人才密度增长速度经历了短暂的陡降，但是 2015 年又以 0.48% 的增长速度回升（见图 6-5）。尽管 2016 年成都的租赁和商业服务业人才密度增长速度仍有下降的态势，但成都的租赁和商业服务业人才在 2016 年仍增长到了 29.13 万人，人才密度也达到了 208 人/万人，人才密度占全国的排名也稳居第 7 名。

其次，增长速度较快的为房地产业人才。2006 年，成都的房地产业人才为 1.91 万人，人才密度不到 20 人/万人。而此时，北京房地产业人才已高达 24.34 万人，人才密度也达到 203 人/万人。中部城市武汉的房地产业人才也达到 2.5 万人，人才密度也达到 31 人/万人。成都的房地产业人才无论在规模上，还是人才密度上均远低于北京、上海、深圳，甚至武汉、西安、郑州等城市。2013 年，随着成都产业结构的优化升级，以及人才吸引政策的推进，成都的房地产业人才飙升至 15.46 万人，人才密度也升至 130 人/万人，人才密度年均增速高达 399%。然而，2014 年受经济大环境以及自然灾害影响，成都的房地产业人才密

度增长速度经历了短暂的陡降，但是 2015 年又以 9% 的增长速度回升（见图 6 -
5）。尽管 2016 年成都的房地产业人才密度增长速度仍有下降的态势，但成都的
房地产业人才在 2016 年仍增长到了 17.84 万人，人才密度也达到了 127 人/万
人，人才密度占全国的排名也稳居第 12 名。

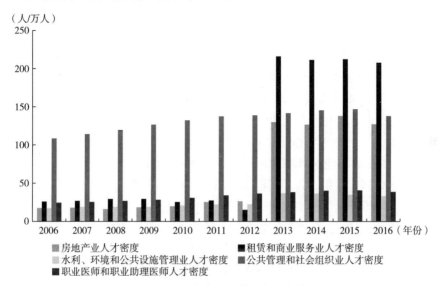

图 6 - 4　成都专业创新型人才密度

资料来源：2007～2017 年《中国城市统计年鉴》和中国劳动就业与经济社会发展统计数据，其中
2014 年专业创新型人才数据由于统计口径变化等原因与一些网站统计数据存在一定程度的偏差，在编辑过
程中通过向相关部门咨询对数据进行了相应调整。

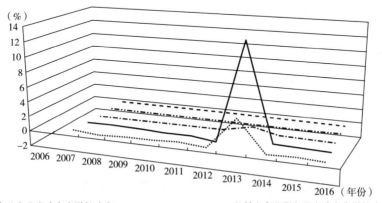

图 6 - 5　2006～2016 年成都专业创新型人才密度增长速度

资料来源：2007～2017 年《中国城市统计年鉴》和中国劳动就业与经济社会发展统计数据。

再次，成都的水利、环境和公共设施管理业人才在 2006～2016 年也有相对较快的发展。2006～2011 年水利、环境和公共设施管理业人才密度每年以年均 4.41% 的速度缓慢增长。2011 年之后，得益于成都打造生态城市的影响，成都水利、环境和公共设施管理业人才密度增长速度开始加快，2013 年人才密度年均增长速度高达 65.48%。成都水利、环境和公共设施管理业人才数量也从 2006 年的 1.97 万人增长到 2013 年的 4.39 万人，人才密度也从 2006 年的 18 人/万人增长到了 2013 年的 37 人/万人，人才密度在全国的排名也从 2006 年的第 88 名增长到 2013 年的第 34 名。虽然成都水利、环境和公共设施管理业人才数量在 2014 年经历了短暂的微降，但 2015 年也出现了加快的回升。2016 年成都的水利、环境和公共设施管理业人才已增长到 4.66 万人，人才密度也持续维持在 33 人/万人左右，人才密度在全国的排名也稳居在第 43 名。

　　最后，成都的职业医师和助理医师、公共管理和社会组织行业人才则增长相对较慢。2006～2016 年，人才密度年均增长速度不足 5%。职业医师和助理医师人才密度仅在 2011 年呈较快的增长态势外（增长速度达到 11.54%），其他时期均保持约 4% 的增长速度。这主要是由于 2010 年成都市放宽了社会资本举办医疗机构的准入范围，这一举措促进了成都职业医师和助理医师人数的增多。但是总体上来看，成都的职业医师和助理医师在 2006～2016 年增长缓慢，人才密度在全国的排名也上涨较慢，从 2006 年第 37 名上涨到 2016 年的第 25 名。与之相似的是，成都的公共管理和社会组织行业人才在 2006～2016 年也一直保持着相对匀速的缓慢增长，人才数量在 11 年的时间仅从 2006 年的 12 万人增长到 2016 年的 19 万人，人才密度也仅从 2006 年的 108 人/万人增长到 2016 年的 138 人/万人，人才密度的排名也仅上涨了 8 名，从 2006 年的第 95 名逐渐上涨到了 2016 年的第 87 名。

　　总体来看，2006～2016 年，成都各职业类别创新型人才增长较为迅速，尤以信息传输、计算机服务和软件业人才，租赁和商业服务业人才，房地产业人才和文化、体育、娱乐业人才最为突出，年均增速均在 20% 以上。其他职业类别的人才虽增长速度相对缓慢，但年均增速也都在 2% 以上。

第二节　成都创新型人才加速集聚的影响因素分析

　　结合前文的分析框架，以及 2019 年成都 309 份调研问卷和 50 份半结构访谈，本书归纳总结了成都创新型人才的快速增长的因素：

一、经济适宜性的提升

成都创新型人才增长的根本因素是成都创新活力的增强和产业结构的优化升级创造了诸多的创业机会和发展机会。2006～2016 年成都的经济适宜性总体呈现上升趋势，除 2011 年受国际经济大环境影响，2014 年受国内外经济环境和自然灾害的影响[443]，以及 2016 年国内经济环境下行压力[445] 等有下降的波动趋势外，其他年份均呈现良好的增长态势（见图 6-6）。成都的人均 GDP、产业结构比等也均能看出成都经济的快速发展趋势和产业结构的优化升级（见图 6-7）。此外，2006～2016 年成都的专利授权量的持续攀升也折射出成都创新活力的不断增强（见图 6-8）。2016 年成都专利授权量达 41309 件，远超南京等东部城市，成都蓬勃的创新活力也彰显了成都科技和经济发展潜力。

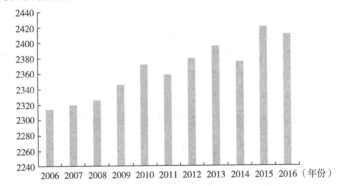

图 6-6　2006～2016 年成都经济适宜性

资料来源：成都 2006～2016 年经济适宜性是运用熵值法自行测算，具体步骤详见本书第三章第四节。

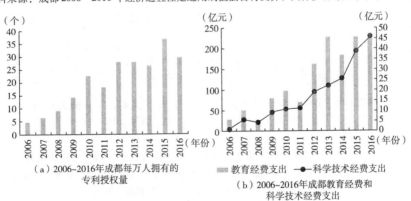

（a）2006~2016年成都每万人拥有的
专利授权量

教育经费支出　——科学技术经费支出
（b）2006~2016年成都教育经费和
科学技术经费支出

图 6-7　成都每万人拥有的专利授权量与教育经费和科学技术经费支出

资料来源：成都年末专利授权量数据来源于 Patent Cloud 专利检索平台和 2006～2016 年中国 272 个城市《国民经济和社会发展统计公报》。成都教育经费和科学技术经费支出数据来源于 2007～2017 年《中国城市统计年鉴》以及 2007～2017 年《成都统计年鉴》。

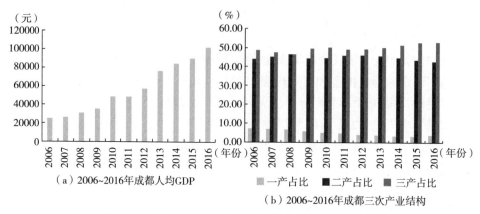

（a）2006~2016年成都人均GDP

■一产占比　■二产占比　■三产占比
（b）2006~2016年成都三次产业结构

图6-8　2006~2016年成都人均GDP和三次产业结构

资料来源：2007~2017年《中国城市统计年鉴》以及2007~2017年《成都统计年鉴》。

自2001年成都开始产业结构转型，成都批发零售企业数量，以及外资企业和港澳台企业数量就呈现上涨态势。但是受国内外大环境的影响，如2011年国际贸易摩擦加大，2016年国内经济下行压力增大等，外资企业和港澳台企业数量均呈现较大的下降幅度。然而，总体上来看，2006~2016年，成都批发零售企业、外资企业和港澳台企业数呈上涨趋势（见图6-9）。

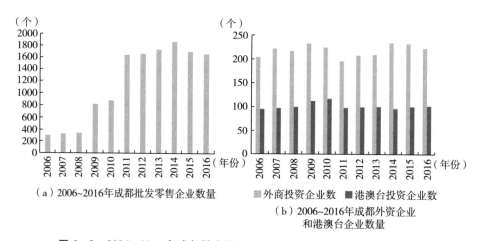

（a）2006~2016年成都批发零售企业数量

■外商投资企业数　■港澳台投资企业数
（b）2006~2016年成都外资企业
和港澳台企业数量

图6-9　2006~2016年成都批发零售企业、外资企业和港澳台企业数量

资料来源：批发零售企业数量主要来源于宏观经济数据库CEIC。外资企业和港澳台企业数量主要来源于2007~2017年《中国城市统计年鉴》以及2007~2017年《成都统计年鉴》。

持续增强的创新活力和优化的产业结构为创新型人才集聚奠定了基础：

为什么会选择留在成都？

"主要是因为这里创业机会多。政府提供了大量创业优惠政策，而且成都还有很多传统制造业都需要进行转型升级。比如成都是家具制造集散地之一，也是女鞋的生产地，这些成千家的小企业都需要做 APP 吧，都需要 IT 技术支持。这么大的市场对我们这些做 IT 服务的诱惑力还是比较大的。"——某 IT 创业者访谈

"我选择留在成都是因为这里创业热情比较高，有很多正能量和高质量的东西。而且成都也在成立文创中心嘛，很有利于媒体行业的发展"——某媒体人访谈

"这里工作机会很多，锻炼机会很多。刚开始来成都的时候，也总担心东西做不好会拖累团队。后来靠自己的努力实现了工作稳定。"——IT 员工访谈

本书 2019 年成都调研问卷分析结果也显示，将近 26% 的创新型人才选择留在成都主要是因为这里的发展机会多，而 26% 的人才中以 IT 企业①管理人员，IT 企业自由创业者居多（见图 6 - 10）。

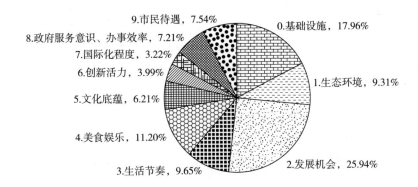

图 6 - 10　创新型人才选择留在成都的原因调查

资料来源：根据 2019 年成都 309 份调研问卷自行整理。

二、社会适宜性的改善

首先，交通、教育、医疗、通信等基础设施的不断完善也对成都创新型人才集聚有重要影响。2006～2016 年成都的社会适宜性有较大的改善。尤其是自 2009 年提出建设世界生态田园城市以来，成都不断加快产业转型升级，优化基础设施布局，使成都的社会适宜性不断提高，城市功能和品质逐步提升。虽然在 2014 年由于人口增长较快②，成都的社会适宜性有略微的下降，但总体上呈上升的趋势。具体到各个基础设施来看，成都的医院数量从 2006 年的 633 个增加到

---

① 这里的 IT 企业主要指信息传输、计算机服务和软件业企业。

② 虽然 2014 年面对国际、国内严峻经济形势，以及自然灾害频发等多重压力，成都仍坚持实施改革创新战略推动经济稳步向前，成都的人口在 2014 年也呈现较快增长的态势。2014 年成都的常住人口为 1442.8 万人，相比 2013 年增长了 13 万人[446]。

2016 年的 866 个，床位数也提升了近三倍（见图 6 – 11）。成都的三甲医院更是增长到 66 个，远远高于杭州和南京的三甲医院数量。

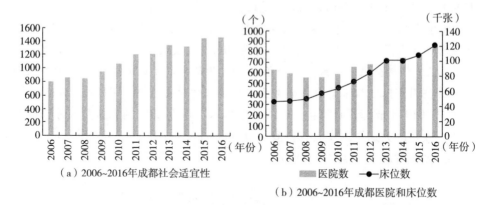

（a）2006~2016年成都社会适宜性

（b）2006~2016年成都医院和床位数

图 6 – 11　2006 ~ 2016 年成都社会适宜性以及医院和床位数量

资料来源：成都 2006 ~ 2016 年社会适宜性是运用熵值法自行测算，具体步骤详见本书第三章第四节。成都医院和床位数据来源于 2007 ~ 2017 年《中国城市统计年鉴》以及 2007 ~ 2017 年《成都统计年鉴》。

　　其次，成都的信息网络基础设施建设迅猛发展。成都目前已有相对完善的信息网络和信息传输能力，信息通信设施水平也居全国一流，中西部领先[447]。图 6 – 12 也反映了 2006 ~ 2016 年成都固定电话、移动电话和互联网宽带接入用户数总体呈快速增长态势。

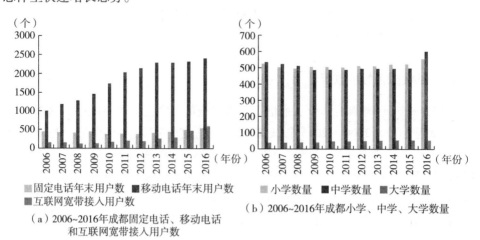

（a）2006~2016年成都固定电话、移动电话
　　和互联网宽带接入用户数

（b）2006~2016年成都小学、中学、大学数量

图 6 – 12　2006 ~ 2016 年成都固定电话、移动电话和互联网宽带
接入用户数，以及小学、中学、大学数量

资料来源：2007 ~ 2017 年《中国城市统计年鉴》以及 2007 ~ 2017 年《成都统计年鉴》。

再次，2006~2016年，成都的小学、中学和大学数量也一直呈稳步增长态势。2016年成都的大学数量已达56所，其中"211"和"985"高校有四所，如四川大学、西南交通大学、西南财经大学和电子科技大学，这些一流高校每年也为成都提供数万人的高素质人才。

最后，成都交通基础设施发展更为迅速，综合交通枢纽功能不断增强。成都的城市道路面积由2006年的4775万平方米增长到2016年的9590万平方米。人均道路面积也由2006年的9.6平方米/人增长到2016年的12.9平方米/人（见图6-13）。成都的公共交通也发展较快，2016年成都的公交车数量已增长到10781辆，每万人的公交车数量也增长到18辆/万人，分别为2006年的2.6倍和2.1倍。然而，由于成都人口的不断增长，每万人公交车数量在2015年有明显的下降，但2016年即出现明显回升。成都的出租车数量增长也较为明显。2016年末，成都已拥有出租车数量15378辆，相比2006年高出6300余辆。2017年成都仍在进一步完善交通设施，城市道路密度进一步提高[447]。

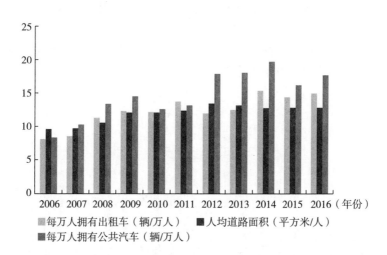

图6-13 2006~2016年成都每万人拥有的出租车和公共汽车数量以及人均道路面积

资料来源：2007~2017年《中国城市统计年鉴》以及2007~2017年《成都统计年鉴》。

成都不断完善的基础设施建设为经济的快速发展奠定基础[448]，尤其是交通基础设施的建设在长期将直接促进经济的发展。成都基础设施和经济的双重发展也为创新型人才的集聚创造了条件：

"我小时候坐公交车经常坐过站，下车倒回去就不知道走哪条路。工作后去了北京，地铁和公交人太多，经常因为下不了车而坐过站，但是北京的道路在下班高峰期好堵，坐过站连打出租车都打不到。后来来到成都，成都的交通一环又一环，道路四通八达。即便堵车，换条路就能找到目的地。就算坐过了站，下车倒回来也能找到前一站。在这里，我再也不担心迷路。去了那么多地方，这里更像我的家。"——某销售经理访谈

"成都有川大、成都电子科大等全国一流院校，每年毕业人数高达数万，也为我们这些创业企业提供了大量的人才。"——某 IT 创业者访谈

2019 年成都调研问卷分析结果显示，17.96% 的创新型人才选择在成都定居主要是因为其完善的基础设施（见图 6 – 10）。

三、休闲适宜性的升华

作为天府之国的成都，休闲是其与生俱来的城市魅力。成都休闲的生活氛围、丰富的美食娱乐也是其集聚人才的重要因素。近年来，成都在加快建设美丽宜居公园城市，大力发展文化创意产业，成都的休闲适宜性也在逐年提升（见图 6 – 14）。具体到各个休闲设施和文化设施上，首先，成都每万人公共图书馆藏书数量在 2006～2016 年提升了两倍多，年均增长率超过 9%。近年来，成都仍在加强图书馆、社区文化馆等文化设施的建设。成都图书馆新馆预计将于 2020 年启动建设，面积将不低于 5 万平方米[449]。

（a）2006~2016年成都休闲适宜性　　（b）2006~2016年成都每万人图书馆藏书数量

图 6 – 14　2006～2016 年成都休闲适宜性和每万人图书馆藏书数量

资料来源：成都 2006～2016 年休闲适宜性是运用熵值法自行测算，具体步骤详见本书第三章第四部分。成都每万人图书馆藏书数量的数据来源于 2007～2017 年《中国城市统计年鉴》以及 2007～2017 年《成都统计年鉴》。

其次，成都的休闲生态建设稳步推进。成都的公园个数在逐年增多，增长率以年均 5% 的速度递增，2006～2016 年增长了将近 1.6 倍。成都的公园绿地面积

也呈增长态势，从 2006 年的 4065 公顷增长到 2016 年的 9821 公顷，年均增长率高达 9%（见图 6-15）。此外，2017 年成都开通熊猫绿道，这条全国首条主题绿道引无数市民争相健身、运动。成都在公园城市的建设过程中，深刻贯彻了生态价值的理念，绿色已成为成都最亮丽和鲜活的城市底色[450]。

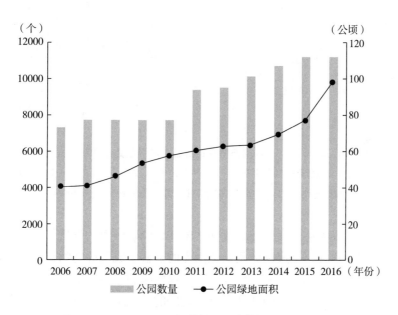

图 6-15　2006～2016 年成都公园个数和公园绿地面积

资料来源：公园绿地面积的数据来源于 2007～2017 年《中国城市统计年鉴》以及 2007～2017 年《成都统计年鉴》。公园个数数据来源于宏观经济数据库 CEIC。

最后，谈起成都，最惹眼的就是成都的美食娱乐。随着成都会展产业的发展，成都的酒店数量一直保持数量的优势。然而，正是由于成都酒店供应量较大，酒店市场竞争异常激烈。2012～2013 年，万豪、喜来登、香格里拉、希尔顿等国际知名酒店管理公司相继进入成都酒店市场，多数高端酒店集中在这两年开业。2014 年之后，随着酒店市场竞争的加剧，酒店的品质要求越来越高[451]，成都的酒店数量逐年减少。2015～2016 年跌至最低点。与之相反的是，成都的电影院数量在 2006～2016 年一路飙升，2016 年已增长到 130 家，年均增长率达到 26%（见图 6-16）。而且成都的电影院票房一直稳居全国前五名，2014 年首超 10 亿元[452]，2017 年成都票房高达 16.94 亿元[453]。

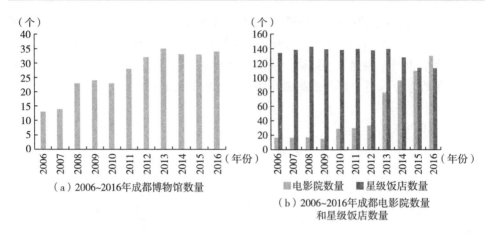

（a）2006~2016年成都博物馆数量

电影院数量 ■星级饭店数量
（b）2006~2016年成都电影院数量
和星级饭店数量

图 6-16　2006~2016 年成都博物馆数量、电影院数量和星级饭店数量

资料来源：博物馆和电影院数据主要来源于 2006~2016 年《成都国民经济和社会发展统计公报》和
2007~2017 年《中国城市统计年鉴》。星级饭店数据主要来源于宏观经济数据库 CEIC。

电影票房的火爆从侧面反映出成都休闲文化消费能力的强盛，而成都博物馆数量的持续增多则反映了成都休闲文化活力的强盛。成都的博物馆数量位居全国前列，大约每 14 万人就有一座博物馆。参观博物馆已融入成都市民日常生活，深厚的博物文化、丰富多元的活动，以及优质的文化服务都持续增强着成都的休闲文化魅力。

成都休闲的城市魅力也是吸引创新型人才集聚的重要因素之一。纵有"天府之土初相遇，一见成都误终身"，也挡不住成千上万的创新型人才会集成都：

"我最喜欢的就是成都的休闲。成都人爱耍、爱玩，整座城市很懒散，生活起来很舒服。但是我最不喜欢的也是这种休闲，有时候想奋斗点事情，在成都街上走走就没了斗志。就算这样，也还是想留在这里。"——某国企员工访谈

"你问我为什么留在成都，因为来了这里才晓得什么是生活。我大学在成都读的，大学毕业后出国留学，心理念念不忘的还是成都的味道，成都的悠闲。唯独钟爱这座城市，我毕业之后就在成都定居了，感觉这里才是故乡。"——某金融公司项目经理访谈

"我喜欢成都的美食，串串香、香辣火锅……在这里能尝到舌尖上的味道。另外，我更喜欢这里的包容，不管高低贵贱，这座城市鼓励成功，也包容失意。"——某公务员访谈

"我是今年刚决定留在成都。我大学在北京读的，毕业后在北京待了几年，感觉压力太大，每天除了工作还是工作，几乎没有逛街的时间。我去年到成都出

差，一下子被成都吸引了。成都人爱玩爱吃，下了班就是消遣，这个城市没有太大压力。我今年选择逃离了北京，来到这里更像是回家，很舒服的感觉，也有了更多的设计灵感。"——某设计师访谈

"我来成都五年了，这里有很多好吃好玩的，串串、火锅、烧烤，还能经常跟朋友到周边耍耍……我感觉我就是成都人，在这里一切都很好，我喜欢这里。"——某外籍教师访谈

闲适满足，情趣盎然。丰富多彩的美食娱乐，悠闲舒适的生活氛围正中了一些创新型人才的下怀，他们在这里找到归宿，流连忘返。2019 年成都调研问卷分析结果显示，11.20% 的创新型人才是因为成都的美食娱乐而选择留下（见图 6 - 10）。

四、自然适宜性的改良

天府之国的成都，除了文化底蕴丰厚独特，自然环境也是别具一格。近年来空气质量的改善也是其吸引创新型人才集聚的因素之一。

成都位于神秘的北纬 30 度，地理条件得天独厚。成都背靠世界屋脊，山灵水秀，地形丰富。山有珠穆朗玛、峨眉、青城、西岭雪山，水有都江堰、岷江、九寨沟、泸沽湖。成都气候属亚热带季风气候，冬暖夏热，年平均气温 16℃。冬干夏湿，雨水多集中在夏秋季，冬春干旱少雨[454]。2006 ~ 2016 年，成都的年平均气温和相对湿度波动与自然适宜性波动幅度相一致。总体上看，成都的平均气温仍维持在 16℃，年平均相对湿度在 78%（见图 6 - 17）。

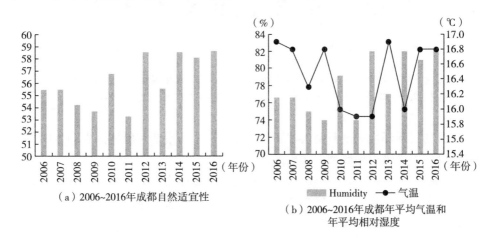

（a）2006~2016年成都自然适宜性

（b）2006~2016年成都年平均气温和年平均相对湿度

图 6 - 17　2006 ~ 2016 年成都自然适宜性，以及年平均气温和年平均相对湿度

资料来源：成都 2006 ~ 2016 年自然适宜性是运用熵值法自行测算，具体步骤详见本书第三章第四节。成都年平均气温和年平均相对湿度的数据来源于 2007 ~ 2017 年《中国统计年鉴》。

此外，成都的空气质量在逐年改善。成都在经济发展的同时，也积极把握环境保护，持续推进空气质量改善。成都的工业烟（粉）尘、二氧化硫和工业废水排放量逐年下降。2006 年成都的工业烟（粉）尘、二氧化硫和工业废水排放量分别为 55000 吨、87264 吨和 23599 万吨。2007 年二氧化硫和工业废水排放量达到顶峰，分别增长了 36% 和 3%。然而随着成都产业结构的优化调整，传统工业企业外迁，成都的工业烟（粉）尘、二氧化硫、工业废水排放量逐年降低。2016 年成都的工业烟（粉）尘、二氧化硫和工业废水排放量相比 2006 年分别降低了 3 倍、5 倍和 2.5 倍（见图 6-18）。近年来，成都产业结构优化升级，重点发展绿色能源、高新技术和文化创意等产业[455]。随着成都产业结构的调整，成都的空气质量还将进一步改善。

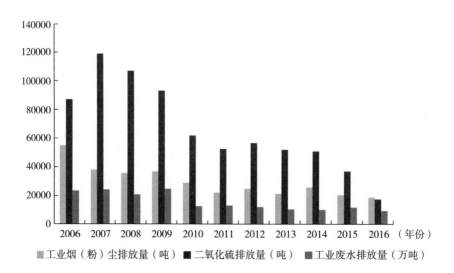

图 6-18 2006~2016 年成都工业烟（粉）尘、二氧化硫和工业废水排放量

资料来源：2007~2017 年《中国城市统计年鉴》以及 2007~2017 年《成都统计年鉴》。

成都的气候环境对创新型人才集聚的影响较小，常常与经济因素和休闲文化因素综合作用来吸引创新型人才集聚：

"我就是四川人，非常习惯本地气候，到外地总觉得水土不服。而且我是真心喜欢成都的天府大道、宽窄巷子、火锅、小吃……大学毕了业就扎根在这，哪都不想去。"——某会计访谈

"我是因为来成都旅游而爱上成都的。研究生毕业后我就选择在成都一家互联网设计公司上班。成都的居住环境非常棒，非常舒适，我居住的小区设施配套也非常齐备，而且价格便宜。""这里空气质量好，政策也好，房价也比北京和上海便

宜，我和朋友就打算这两年在这里买房安家。"——某互联网公司设计师访谈

"我是湖南人，成都跟我家乡的气候很相近。最关键的是这里的高新技术产业环境好，我大学毕业后就选择来成都工作，感觉各方面都比较适应，而且发展机会也挺好。"——某软件工程师访谈

2019 年成都调研问卷分析结果显示，9.31% 的创新型人才是因为成都的生态环境而选择留在成都（见图 6－10）。

第三节 成都城市适宜性对创新型人才
空间集聚的作用机制

根据前文的分析框架，结合调研和定性研究，本书概括出成都城市适宜性对创新型人才空间集聚的作用机制。由图 6－19 可以看出，首先，成都创新型人才快速增长主要是受经济适宜性提高的影响，具体到各个影响要素，即成都创新活力的增强、产业结构的优化、批发零售企业的增多、人均 GDP 提升等。其中，成都专利授权量的增长、高新技术产业和文化创意产业的发展使成都创新活力不断增强，吸引了更多创新型人才集聚。成都经济的快速发展，以及企业的集聚和增多为创新型人才创造了诸多的发展机会，进一步刺激了创新型人才的集聚。

其次，成都创新型人才的快速增长也与社会适宜性的改善和休闲适宜性的提升有密切关系。前文的定量研究和本章的定性研究均表明，创新型人才集聚在受经济适宜性影响的基础上，还受到交通、教育、医疗等基础设施，以及博物馆、电影院等休闲文化和休闲娱乐设施的影响。

最后，成都的自然适宜性本身对成都创新型人才集聚的影响较小，但当其与经济适宜性、社会适宜性和休闲适宜性综合作用来影响创新型人才集聚的时候就变得较为重要。正如 Glaeser 的 3S（Skills，Sun，Sprawl）理论[27]所述，高素质和高技术人才喜欢集聚到阳光充裕的地方，阳光充裕是气候舒适的体现，而城市蔓延是经济发达、休闲文化资源逐步丰富和基础设施不断完善的反映。同理，成都的自然适宜性也是与经济适宜性、社会适宜性和休闲适宜性共同作用来吸引创新型人才集聚。

除城市适宜性之外，成都市人民政府为吸引人才所出台的户籍政策、住房补贴政策等也对创新型人才集聚有一定影响，但是这种影响往往建立在城市适宜性对创新型人才集聚影响的基础之上，且住房补贴政策也常常被内隐在城市经济适宜性的生活成本中进行考虑。

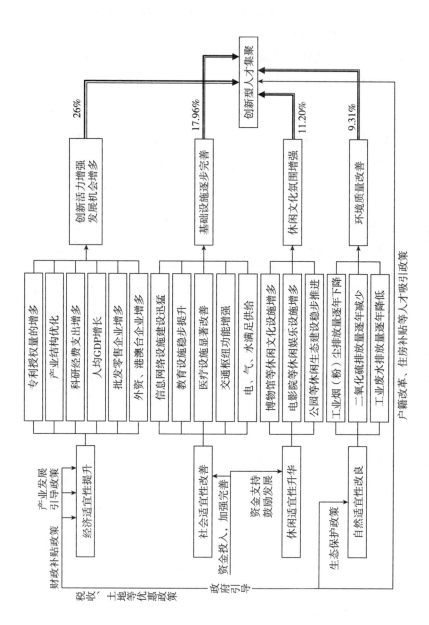

图6-19　成都城市适宜性对创新型人才集聚的作用机制

注：创新型人才集聚终端线条的粗细代表影响程度的大小，数据根据2019年成都309份调研问卷自行整理。

第七章 主要研究结论及对策建议

在知识经济时代，创新型人才已成为推动经济增长的主导资源，如何吸引和集聚创新型人才已经上升为一国经济发展的战略性问题。城市适宜性作为吸引创新型人才集聚，推动经济增长的主要动力，已成为西方国家关注的焦点。研究城市适宜性对创新型人才集聚的作用机制，探索影响创新型人才空间集聚的核心要素，不仅在实践上为各个城市制定创新型人才吸引和培育政策提供抓手，更在理论上为各个城市的经济发展，乃至中国的经济发展提供了新思路。

本书从城市适宜性与创新型人才集聚的相关理论探索开始，剖析了中国城市适宜性和创新型人才的时空格局，构建了城市适宜性对创新型人才集聚作用机制的理论模型，从宏观层面全面分析了中国城市适宜性对创新型人才空间集聚的作用机制，并进一步挖掘了影响创新型人才集聚的核心要素。而后又以成都作为案例地，借助微观个体调查，从中微观层面更系统地探究了成都城市适宜性对创新型人才集聚的作用机制。具体研究结论如下：

（1）2006年、2011年和2016年，我国创新型人才总体呈片状分布的不均衡特征，而高创新型人才密度的城市则"零星点状"分布在各省会城市和直辖市，随着空间极化现象的持续扩大，这种局部集聚的态势会越来越明显。东部地区是我国创新型人才的主要集聚区，而中西部地区则是我国创新型人才的薄弱区。但是我国创新型人才在向东部地区集聚的同时，也呈现了向西部地区流动的趋势，西部地区创新型人才增长速度不断加快。东北地区的创新型人才总体增长最为缓慢，且主要城市的人才密度占全国排名呈下降趋势，另有部分城市创新型人才流失较为严重。

（2）2006年和2011年，我国信息传输、计算机服务和软件业人才，文化、体育、娱乐业人才，教育业人才，水利、环境和公共设施管理业人才，公共管理和社会组织行业人才，金融业人才和职业医师和职业助理医师的空间布局均呈现出"片状"分布的不均衡特征。2016年，这种空间布局不均衡特征虽有所改善，但各职业类别创新型人才密度较高的城市仍是零星点状分布在各省会城市和直辖市或各区域中心。除职业医师和职业助理医师，以及文化、体育、娱乐业人才外，其他职业类别的创新型人才分布均呈现明显中心—外围的空间格局，即各职业类别创新型人才在省会城市和直辖市，或各区域中心局部集聚的同时，也带动周边城市创新型人才密度的增加。职业医师和职业助理医师和文化、体育、娱乐业人才分布则呈现小集聚、大分散的空间格局，即这些创新型人才的区域中心在向外围扩散的同时，又在周边形成与区域中心城市相比人才密度较小的集聚区。

此外，房地产业人才，科学研究、技术服务和地质勘查业人才，租赁和商业服务业人才的空间布局在 2006 年和 2011 年均呈零星点状分布的不均衡特征。2016 年，这些创新型人才空间布局的不均衡特征均有所改善，除租赁和商业服务业人才仍主要集聚在各省会城市和直辖市外，其他职业类别创新型人才的空间分布均呈现出"片状"分布特征。

（3）2006 年、2011 年和 2016 年，我国经济、社会和休闲适宜性较高的城市主要集中在东部地区，而经济、社会和休闲适宜性较低的城市主要集中在中西部地区，东北地区城市的经济、社会和休闲适宜性则处于较低和较高之间。我国经济、社会和休闲适宜性整体展现出良好的发展态势，尤其是西部部分城市经济、社会和休闲适宜性增长较快，但是东北大部分城市经济和休闲适宜性则增长较慢，且在全国排名中呈下降趋势。2006～2016 年，我国城市之间的社会适宜性差异和休闲适宜性差异在逐渐减小，而城市之间的经济适宜性差异和自然适宜性差异均呈现先减小后增大的趋势。此外，我国的自然适宜性总体上呈现出明显的"东南部普遍偏高，北部偏低"的空间格局，这种地带性差异在南北向上表现得更为明显。

（4）经济适宜性依然是影响创新型人才集聚最主要的因素。其中，代表城市创新活力的每万人拥有的专利授权量与创新型人才集聚相关性最高。社会适宜性和休闲适宜性对创新型人才集聚的影响分居第二和第三位，而社会适宜性中的教育、医疗、交通、电力、电信等基础设施，以及休闲适宜性中的博物馆和图书馆藏书数量也成为影响创新型人才集聚的主要要素。自然适宜性对创新型人才集聚的影响最小，且自然适宜性中的城市年平均相对湿度和每平方千米二氧化硫排放量对创新型人才集聚均呈现显著负影响，这说明创新型人才倾向于集聚在干燥舒适、空气质量好的地区。

（5）创新型人才职业类别不同，影响其空间集聚的因素也有所差异。对于信息传输、计算机服务和软件业人才，金融业人才，科学研究、技术服务和地质勘查业人才，教育业人才，房地产业人才，公共管理和社会组织行业人才，以及租赁和商业服务业人才来说，经济适宜性是影响这些职业类别创新型人才空间集聚最主要的因素。然而，对于文化、体育、娱乐业人才，水利、环境和公共设施管理业人才，以及职业医师和职业助理医师来说，社会适宜性则超越经济适宜性，成为影响这些职业类别创新型人才空间集聚最主要的因素。

（6）成都创新型人才中，增长较为迅速的人才为信息传输、计算机服务和软件业人才，房地产业人才，文化、体育、娱乐业人才，以及租赁和商业服务业人才。影响成都创新型人才快速增长的根本原因是成都经济适宜性的快速提升，归根结底是成都经济的快速发展，创新活力的增强，以及产业结构的优化升级创造了诸多的创业机会和发展机会吸纳了大批创新型人才的集聚。此外，成都社会适宜性的改善和休闲适宜性的升华也对吸引创新型人才集聚有重要影响。另外，成都自然适宜性的改善，即空气质量的改善也是其吸引创新型人才集聚的因素之一。

在本书从宏观、中观和微观层面探讨城市适宜性对创新型人才空间集聚作用机制的基础上，本书结合《中华人民共和国国民经济和社会发展第十四个五年规划和二〇三五年远景目标》，依据具体实证结果提出中国城市吸引创新型人才集聚的对策建议：

一、从营造创新氛围向增强创新活力转变，提高城市经济适宜性

经济适宜性是创新型人才集聚的基础，而城市的创新活力是创新型人才成长和发展的保障。要实现城市创新，营造创新的文化氛围和宽容的社会环境固然重要，但是增强城市创新活力更能推动城市经济快速发展，也更能为创新型人才提供更多的发展机会和更高的薪资待遇。具体来说，由于东部地区是我国创新活力最高的地区，因此，对于东部地区的城市，在借鉴和吸收外来创新技术、创新观念的同时，应加大科研经费的投入，设立科研创新专项基金，吸引国内外高层次创新型人才集聚，逐步提高自身的创新能力，激发自身创新活力，提高城市竞争力（见图7-1）。

对于中西部地区的城市和东北地区的城市，要借助国家大力发展中西部地区，以及振兴东北地区的战略和政策（如中部崛起战略、"一带一路"倡议、"振兴东北"战略等）：一方面依托各城市的创新资源禀赋（大学、科研院所等），因地制宜地加强创新投入，设立科研创新专项基金，对愿意到中西部地区和东北地区工作的创新型人才实施奖励和补偿机制；另一方面深化实施东部对中西部地区和东北地区的对口支援行动，积极开展与东部地区的科研合作、创新合作，不断提升城市自身的创新活力，有效吸引创新型人才集聚。

二、从加快产业结构调整向推动产业结构转型升级转变，增强城市经济适宜性

合理的产业结构也是吸引创新型人才集聚的重要因素。加快产业结构调整，

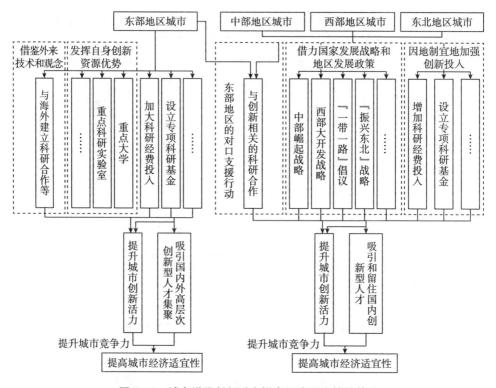

图 7-1　城市增强创新活力提高经济适宜性的策略

能有效解决第二产业比重偏高，第三产业发展不足问题，是促进城市可持续发展的必由之路。然而，近年来方兴未艾的新经济与失衡产业结构之间矛盾尖锐，在加强产业结构调整的同时，还需要推动产业结构优化升级，加强高附加值技术密集型产业发展，强化自主创新，从而有效推动城市可持续发展（见图7-2）。

对于东部地区的城市，一方面应加快传统制造业向中西部地区的产业转移，并积极推进现代服务业与科技、信息的融合互动，促进高端服务业的发展，实现产业结构有效调整。另一方面应着力发展高精尖产业，推动产业结构向高精尖技术密集型产业发展，加快产业结构优化升级，有效提升城市经济适宜性。

对于中部地区的城市，一方面应加强产业结构调整，积极推进现代物流、信息科技等生产性服务业发展，加快培育商贸会展、文化旅游等现代服务业发展，全面提升服务业综合实力。同时依托原有制造业等产业基础，有序承接东部制造业产业转移，并借助中部人口优势，大力发展劳动密集型产业，提升城市发展活力。另一方面需顺应技术密集型产业加快发展的趋势，加快推进高端装备制造业等战略性新兴产业发展，强化自主研发和自主创新能力，推动产业发展创新创优，稳步推进产业结构转型升级，有效增强城市经济适宜性，吸引创新型人才集聚。

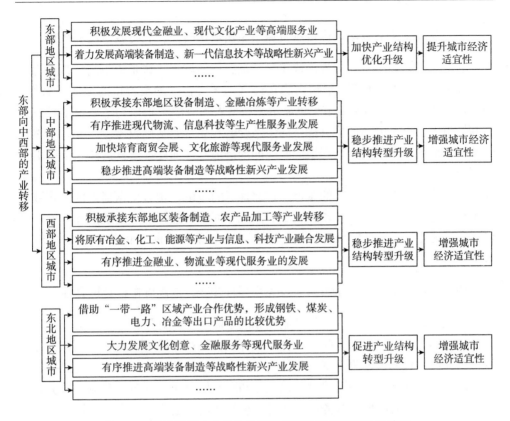

图7-2 城市推进产业结构转型升级提高经济适宜性的策略

对于西部地区的城市，一方面应针对原有冶金、化工、能源等产业，转变发展思路，设计生产高附加值的产品，走信息工业化的发展道路。同时加大现代服务业的发展力度（包括金融业、物流业、电子商务业等），以提升配套服务能力。另一方面应积极承接东部地区的产业转移，主要以承接低碳环保的装备制造、农产品加工和现代服务业为主。同时加强与东部地区的产业合作，积极引进高精尖技术并培养相关的创新型人才，提升自主创新能力和成果转化能力，稳步推进产业结构转型升级。

对于东北地区的城市，一方面应借助"一带一路"区域产业合作优势，依托传统工业，加强区域内协作，形成钢铁、煤炭、电力、冶金等出口产品的比较优势，并将过剩的产能转移到沿线国家。同时积极推进高端装备制造、新一代信息技术、生物医药等战略性新兴产业发展，促进产业结构转型升级，增强城市经济适宜性。另一方面应大力发展文化创意、科研服务、金融服务等产业，打造东北高端服务业基地，促进创新型人才集聚。

三、从降低生活成本向因地制宜调节生活成本转变，改善城市经济适宜性

一般来说，高房价、高生活成本是高适宜性的体现，这是由于高城市适宜性（自然环境、基础设施等）常被内隐在经济因素中，以隐蔽价格的形式"转嫁"到房价上[185,186]。本书实证结果也显示创新型人才倾向于集聚到生活成本较高的东部城市，主要是因为那里有优质的生活配套和完善的基础设施。因此，虽然东部地区生活成本较高，但东部地区较高的经济适宜性和社会适宜性还是会吸引大批创新型人才集聚。

然而，对于中西部地区的城市和东北地区的城市，相对于东部地区大多数城市来说，优质的教育和医疗资源较少。因此，因地制宜调节生活成本改善城市经济适宜性能在一定程度上助力中西部地区城市吸引外地和留住本地的创新型人才。

四、从加强基础设施建设向惠及民生福祉转变，提高城市社会适宜性

交通、教育、医疗、通信等基础设施的不断完善也对创新型人才集聚有重要影响。当前北京、上海、广州、深圳等东部城市均存在城市便利性问题，这与其城市内部优质资源过度集聚密切相关。因此，对于东部地区的城市，应倡导基础设施的适度超前规划和超前建设，以优化和引导城市居民分布，避免优质资源过度集聚。此外，有必要从服务城市运行和满足居民舒适体验等多角度提升东部地区城市的基础设施建设，即在满足城市居民基本生活需求的同时，将创新应用到基础设施建设过程中，推进新设备、新技术在交通建设、教育医疗、信息通信设施建设等方面的应用，如打造公交、地铁、轻轨互相衔接的立体化交通网络，推行信息化交通服务；建立分级诊疗模式，探索智慧医疗服务等。通过一系列惠及民生福祉的基础设施建设，提高城市社会适宜性，吸引创新型人才集聚。

对于中西部地区的城市，以及东北地区的城市，其基础设施完善程度与东部地区大部分城市相比还有较大差距。对于中西部地区的城市，以及东北地区的城市，有必要以惠及民生为目的，进一步加强教育、医疗、交通等基础设施建设力度，同时倡导因地制宜，优化配置各城市的基础设施。通过完善城市基础设施建设来吸引创新型人才集聚，并让迁入的创新型人才生活便利、无忧，从而更长久地留在这些城市工作。

五、从改善城市生态环境向建设魅力生态城市转变，增强城市自然适宜性

清新的空气，适宜的气候，影响着人们的生活质量，吸引着创新型人才集聚。然而改善城市生态环境仅仅是为了解决城市环境问题，提升城市环境质量，

而建设生态城市则是为了给居民提供更高品质的生活环境，是最普惠的民生行动。因此，在城市发展过程中，首先，需要限制或取缔高污染和高能耗的企业建设，积极发展环保产业，同时提高资源综合利用水平，推动产业高质量发展。其次，应积极推行节水、节电、节能行动，着力推动"节约型生态城市"建设。再次，应鼓励各城市倡导市民绿色出行，多乘公共交通。最后，还需加强各城市生态治理和环境保护，做好防洪、防沙、防污染的工作，鼓励各个城市建设魅力生态城市，营造碧水蓝天，以吸引创新型人才集聚。

六、从满足创新型人才物质需求向实现创新型人才人文需求转变，提高城市休闲适宜性

根据马斯洛的需求层次理论，生理需求，即物质需求处于人类需求的最低等级，而受尊重和自我实现需求则处于人类需求的最高等级。求知和审美需求等人文需求则介于受尊重和自我实现需求之间[456]。创新型人才相对于一般工薪阶层有一定的特殊性，不再满足于一般物质需求，而倾向追求求知和审美等人文需求。因此，创新型人才选择城市时会重点考虑城市的人文环境，而拥有丰富独特的博物馆、艺术馆、歌剧院等休闲适宜性高的城市也更能吸引创新型人才集聚。因此，城市建设不仅要注重增强经济适宜性和社会适宜性，也应不断提升城市的休闲适宜性，以提高城市生活品质，满足创新型人才对艺术、教育和社交的人文需求，从而启发其创意灵感，诞生创意经济成果。

七、经济适宜性较高的东部城市重在吸引创新型人才，而经济适宜性较差的中西部城市和东北城市重在留住创新型人才

经济适宜性较高的东部城市，无论社会适宜性和休闲适宜性，还是自然适宜性方面都具有绝对性的优势。因此，通过创新活力提升、产业结构优化等一系列措施，能有效吸引高层次创新型人才集聚。经济适宜性较差的中西部地区的城市和东北地区的城市，不仅在自然适宜性方面具有先天劣势，在社会适宜性和休闲适宜性上也具有发展劣势。然而，相较于外来创新型人才，本地创新型人才对当地的气候和社会经济发展水平更加适应。因此，经济适宜性较差的中西部地区的城市和东北地区的城市，为本地创新型人才营造更合理、更优良的城市适宜性，充分留住本地创新型人才，这比通过高昂的经济优惠政策吸引外来创新型人才更务实、更见效。

参考文献

［1］丁辉：《浅析创新型人才的含义与特征》，《当代教育论坛（管理研究）》2010 年第 5 期。

［2］Florida Richard, *The rise of the creative class*, *revisited*, New York：Basic Books, 2012, p. 16, 228 – 366, 375 – 403.

［3］International Intellectual Property Alliance, "Copyright Industries in the U. S. Economy：The 2016 Report", *iipawebsite. com*, 2016 – 12 – 06.

［4］Department of Culture, Media & Sport, "Creative industries economic estimates", The Government Report of UK, （December 2011）, https：//www. gov. uk/government/collections/creative – industries – economic – estimates.

［5］Howkins John, *The creative economy*, *revised*, Riyadh：Arab Scientific Publishers, 2013, p. 157.

［6］钱紫华、闫小培、王爱民：《西方国家文化产业的就业特点》，《城市问题》2007 年第 9 期。

［7］中国社会科学院文化研究中心：《文化蓝皮书：中国文化产业发展报告（2015 ~ 2016）》，社会科学文献出版社 2016 年版。

［8］胡鞍钢、任皓：《中国高技术产业迈入"黄金时代"》，中华人民共和国中央人民政府网站，http：//www. gov. cn/xinwen/2017 – 03/02/content_ 5172385. htm，2017 年 3 月 2 日。

［9］中华人民共和国科学技术部：《2006 年我国高技术产业发展情况分析》，中华人民共和国科学技术部网站，https：//www. most. gov. cn/kjtj/201506/t20150630_ 120413. htm，2007 年 12 月 20 日。

［10］中国国家统计局：《统计局：改革开放以来中国经济年增 9. 5%》，中国新闻网，http：//economy. gmw. cn/2018 – 08/28/content_ 30821132. htm，2018 年 8 月 28 日。

［11］中国国家统计局：《中国 2018 年经济成就：成增速最快世界第二大经

济体》,《新京报》, https：//finance. sina. cn/2019 - 01 - 22/detail - ihrfqzka00654 79. d. html？ vt = 4&pos = 17&wm = 3049_ 0005757049517, 2019 年 1 月 22 日。

[12] 胡妍妍:《文化产品贸易与经济增长的关系研究——基于时间序列模型的分析》,《经济经纬》2015 年第 32 卷第 5 期。

[13] 刘洋、郑伟、邢美慧:《我国文化创意产业出口现状、结构及前景展望》,《商业经济研究》2015 年第 5 期。

[14] 徐向慧:《中国高科技产品出口面临的障碍及对策剖析》,《对外经贸实务》2015 年第 7 期。

[15] 刘钧霆、佟继英:《文化产品出口贸易特征及增长因素实证研究——基于多国 CMS 模型的因素分解》,《国际经贸探索》2017 年第 33 卷第 11 期。

[16] Hoskins Colin George, McFadyen Stuart and Finn Adam, *Global television*, *film：An introduction to the economics of the business*, Oxford：Oxford University Press, 1998, p. 186.

[17] Hoskins Colin George and Mirus Rolf, "Reasons for the US Dominance in International Trade in Television Programs", *Media Culture & Society*, Vol. 10, No. 4, October 1988, pp. 499 - 504.

[18] 中国国家统计局:《中国统计年鉴 2018》, 中国统计出版社 2018 年版。

[19] 解学芳、葛祥艳:《全球视野中"一带一路"国家文化创意产业创新能力与中国路径研究——基于 2012 - 2016 年全球数据》,《青海社会科学》2018 年第 4 期。

[20] Florida Richard, *The rise of the creative class*, New York：Basic Books, 2002, pp. 16, 228 - 366, 375 - 403.

[21] Florida Richard, "The economic geography of talent", *Annals of the Association of American Geographers*, Vol. 92, No. 4, February 2003, pp. 743 - 755.

[22] Florida Richard, Mellander Charlotta and Stolarick Kevin, "Inside the black box of regional development：Human capital, the creative class and tolerance", *Journal of Economic Geography*, Vol. 8, No. 5, July 2008, pp. 615 - 649.

[23] Clark Terry Nichols, Lloyd Richard, Wong Kenneth K and Jain Pushpam, "Amenities Drive Urban Growth", *Journal of Urban Affairs*, Vol. 24, No. 5, December 2002, pp. 493 - 515.

[24] Glaeser Edward Ludwig, Kolko Jed and Saiz Albert, "Consumer City", *Journal of Economic Geography*, Vol. 1, No. 1, July 2001, pp. 27 - 50.

[25] Rappaport Jordan, "Consumption amenities and city population density", *Regional Science and Urban Economics*, Vol. 38, No. 6, November 2008, pp. 533 - 552.

［26］ Smith David Marshall, *Human Geography: A welfare approach*, New York: St. Martin's Press, 1977, pp. 37 – 60.

［27］ Glaeser Edward Ludwig, "Cities, Productivity, and Quality of Life", *Science*, Vol. 333, No. 6042, July 2011, pp. 592 – 594.

［28］ 王辉耀:《创意阶层在中国的崛起》(序言一), 司徒爱琴译, 转引自 Richard Florid《创意阶层的崛起》, 中信出版社 2010 年版, 第 13 ~ 16 页。

［29］ Romer Paul M. , "Crazy explanations for the productivity slowdown", *NBER Macroeconomics Annual*, Vol. 1, January 1987, pp. 163 – 210.

［30］ Lucas Robert E. Jr, "On the mechanism of economic development", *Journal of Monetary Economics*, Vol. 22, January 1988, pp. 3 – 42.

［31］ Glaeser Edward Ludwig, "Are Cities Dying?", *Journal of Economic Perspectives*, Vol. 12, No. 2, Spring 1998, pp. 139 – 169.

［32］ Batabyal Amitrajeet A. and Nijkamp Peter, "Richard Florida's creative capital in a trading regional economy: A theoretical investigation", *SSRN Electronic Journal*, Vol. 44, January 2008, pp. 241 – 250.

［33］ L' Heureux Marie – Alice, "The creative class, urban boosters, and race: Shaping urban revitalization in Kansas City", *Journal of Urban History*, Vol. 41, No. 2, February 2015, pp. 245 – 260.

［34］ Acemoglu Daron and Autor David, "What does human capital do? A Review of Goldin and Katz's The Race between Educationand Technology", *Journal of Economic Literature*, Vol. 50, No. 2, February 2012, pp. 426 – 463.

［35］ McGranahan David A. , Wojan Timothy R. and Lambert Dayton M. , "The rural growth trifecta: Outdoor Amenities, Creative Class and Entrepreneurial Context", *Journal of Economic Geography*, Vol. 11, May 2011, pp. 529 – 557.

［36］ Clark Terry Nichols, *The City as an Entertainment Machine*, New York: Elsevie, 2004a, pp. 103 – 140.

［37］ McGranahan David A. and Wojan Timothy R. , "Recasting the creative class to examine growth processes in rural and urban countries", Regiond Studies, Vol. 41, April 2007, pp. 197 – 216.

［38］ Willis Robert J. and Rosen Sherwin, "Education and self – selection", *Journal of Political Economy*, Vol. 87, No. 5, October 1979, pp. S7 – S36.

［39］ Krugman Paul, *Geography and Trade*, Cambridge: The MIT Press, 1991, pp. 72 – 83.

［40］ Clark Terry Nichols, *Urban amenities: Lakes, opera and juice bars: Do they drive development*? In: the study of the city as an entertainment machine, Clark Terry Nicholes eds. New York: Elsevier, 2004, pp. 103 – 140.

[41] Cowling Marc and Lee Neil, "How entrepreneurship, culture and universities influence the geographical distribution of UK talent and city growth", *Journal of Management Development*, Vol. 36, No. 2, March 2017, pp. 178 – 195.

[42] 王全纲、赵永乐:《全球高端人才流动和集聚的影响因素研究》,《科学管理研究》2017 年第 35 卷第 1 期。

[43] Grubel Herbert and Scott Anthony D., "The international flow of human capital", *American Economic Review*, Vol. 56, No. 1, January 1966, pp. 268 – 274.

[44] Docquier Frédéric, Machado Joël. "Global competition for attracting talents and the world economy", *The World Economy*, Vol. 39, No. 4, January 2016, pp. 530 – 542.

[45] Roback Jennifer, "Wages, rents, and amenities: Differences among workers and regions", *Economic Inquiry*, Vol. 26, No. 1, February 1982, pp. 23 – 41.

[46] Blomquist Glenn C., Berger Mark C. and Hoehn John P., "New estimates of the quality of life in urban Areas", *American Economic Review*, Vol. 78, No. 1, January 1988, pp. 89 – 107.

[47] Clark David E. and Kahn James R., "The social benefits of urban cultural amenities", *Journal of Reginal Science*, Vol. 28, No. 3, July 2006, pp. 363 – 377.

[48] Albouy David, "The unequal geographic burden of federal taxation", *Journal of Political Economy*, Vol. 117, No. 4, January 2009, pp. 635 – 667.

[49] Knudsen Brian, Florida Richard, Stolarick Kevin and Gates Gary, "Density and creativity in U. S. regions", *Annals of the Association of American Geographers*, Vol. 98, No. 2, June 2008, pp. 461 – 478.

[50] Glaeser Edward Ludwig, Kolko Jed and Saiz Albert, *Consumer and Cities*, In the study of the city as an entertainment machine, Terry Nicholes Clark eds. New York: Elsevier, 2004, pp. 177 – 183.

[51] Carlino Gerald A. and Saiz Albert, "Beautiful city: Leisure amenities and urban growth", *Regional Science*, Vol. 59, April 2019, pp. 369 – 408.

[52] Buettner Thiess and Janeba Eckhard, "City competition for the creative class", *Journal of Cultural Economics*, Vol. 40, July 2016, pp. 413 – 451.

[53] Argent Neil, Tonts Matthew, Jones Roy and Holmes John. "A creativity – led rural renaissance? Amenity – led migration, the creative turn and the uneven development of rural Australia", *Applied Geography*, Vol. 44, October 2013, pp. 88 – 89.

[54] He Jinliao, Huang Xianjin and Xi Guangliang, "Urban amenities for crea-

tivity: An analysis of location drivers for photography studios in Nanjing, China", *Cities*, Vol. 74, April 2018, pp. 310 – 319.

［55］王宁：《城市舒适物与社会不平等》，《西北师大学报（社会科学版）》2010 年第 47 卷第 5 期。

［56］Gottlieb Paul D. , "Residential amenities, firm location and economic development", *Urban Studies*, Vol. 32, No. 9, November 1995, pp. 1413 – 1436.

［57］Glaeser Edward Ludwig, *Triumph of the City*, New York: Penguin Press, 2011, pp. 109 – 117.

［58］韩宏、王晓真和李涛：《高校创新型人才薪酬激励政策研究——以济南地区三所高校为例》，《济南大学学报》2013 年第 23 卷第 1 期。

［59］Shen Jianfa and Liu Ye, "Skilled and less – skilled interregional migration in China: A comparative analysis of spatial patterns and the decision to migrate in 2000 – 2005", *Habitat International*, Vol. 57, October 2016, pp. 1 – 10.

［60］Liu Ye and Shen Jianfa, "Spatial patterns and determinants of skilled internal migration in China, 2000 – 2005", *Papers in Regional Science*, Vol. 93, No. 4, April 2014, pp. 749 – 771.

［61］Rao Yingxue and Dai Deyi, "Creative class concentrations in Shanghai, China: What is the Role of neighborhood social tolerance and life quality supportive conditions?", *Social Indicators Research*, Vol. 132, No. 3, July 2017, pp. 1237 – 1246.

［62］Bereitschaft Bradley and Cammack Rex, "Neighborhood diversity and the Creative class in Chicago", *Applied Geography*, Vol. 63, September 2015, pp. 166 – 183.

［63］Florida Richard, "The rise of the creative class", *Regional Science and Urban Economics*, Vol. 35, No. 5, February 2005, pp. 593 – 596.

［64］Falck Oliver, Fritsch Michael and Heblich Stephan, "The phantom of the opera: cultural amenities, human capital, and regional economic growth", *Labour Economics*, Vol. 18, December 2011, pp. 755 – 766.

［65］Pavelka Joe and Draper Dianne, "Leisure negotiation within amenity migration", *Annals of Tourism Research*, Vol. 50, January 2015, pp. 128 – 142.

［66］Matarrita – Cascante David, Sene – Harper Aby and Stock Gabriela, "International amenity migration: Examining environmental behaviors and influences of amenity migrants and local residents in a rural community", *Journal of Rural Studies*, Vol. 38, April 2015, pp. 1 – 11.

［67］世界经济网：《2017 年人均 GDP 世界排名》，《全球经济动态资料库》，http: //www. shijiejingji. net/countries/, 2018 年 11 月 26 日。

［68］宋丽锋、孙钰、崔寅：《城市公共基础设施政府供给绩效提升研究——以我国七个超大城市为例》，《财会月刊》2019 年第 4 期。

［69］楼嘉军、马红涛、刘润：《中国城市居民休闲消费能力测度》，《城市问题》2015 年第 3 期。

［70］王宁：《地方消费主义、城市舒适物与产业结构优化——从消费社会学视角看产业转型升级》，《社会学研究》2014 年第 29 卷第 4 期。

［71］蔡昉：《理解中国经济发展的过去、现在和将来——基于一个贯通的增长理论框架》，《经济研究》2013 年第 48 卷第 11 期。

［72］王辉耀：《创意阶层在中国的崛起序言二》，司徒爱琴译，转引自 Richard Florid《创意阶层的崛起》，中信出版社 2010 年版，第 17 ~ 20 页。

［73］Thomas June Manning and Darnton Julia, "Social diversity and economic development in the metropolis", *Journal of Planning Literature*, Vol. 21, No. 2, November 2006, pp. 153 – 168.

［74］Haisch Tina and Klopper Christof, "Location choices of the creative class: Does tolerance make a difference?" *Journal of Urban Affairs*, Vol. 37, No. 3, August 2014, pp. 233 – 254.

［75］Jacobs Jane, *The economy of cities*, New York: Vintage, 1969, pp. 56 – 57.

［76］Marlet Gerard and Woerkens Clemens Van, "The Dutch creative class and how it fosters urban employment growth", *Urban Studies*, Vol. 44, No. 13, December 2007, pp. 2605 – 2626.

［77］聂会平：《试论人才标准的构成》，《商业研究》2006 年第 18 期。

［78］彭丽、卓丽杰、李晓宁：《互联网 + 背景下高职院校创新创业人才培养的改革探索》，《现代经济信息》2018 年第 21 期。

［79］韦诗麓：《创新型人力资源管理专业人才培养模式探索》，《中国管理信息化》2018 年第 21 卷第 4 期。

［80］Guilford J. P., Crearivity, *The American Psfchologist*, No. 5, 1950, pp. 444 – 454.

［81］厉无畏：《创意产业导论》，学林出版社 2006 年版。

［82］郭辉勤：《创意经济学》，重庆出版社 2007 年版。

［83］陈文敏、吴翠花、于江鹏：《创新型人才培养模式的系统分析》，《科技和产业》2011 年第 11 卷第 1 期。

［84］Ullman Edward L., "Amenities as a factor in regional growth", *Geographical Review*, Vol. 44, No. 1, January 1954, pp. 119 – 132.

［85］全少莉、刘养洁：《我国主要城市的宜居性评价》，《山西师范大学学

报（自然科学版）》2010 年第 24 卷第 2 期。

　　[86] 张文忠：《宜居城市建设的核心框架》，《地理研究》2016 年第 35 卷第 2 期。

　　[87] 王坤鹏：《城市人居环境宜居度评价——来自我国四大直辖市的对比与分析》，《经济地理》2010 年第 30 卷第 12 期。

　　[88] Douglass Mike, "From global intercity competition to cooperation for livable cities and economic resilience in Pacific Asia", *Environment and Urbanization*, Vol. 14, No. 1, April 2002, pp. 53 – 68.

　　[89] 李丽萍、郭宝华：《关于宜居城市的理论探讨》，《城市发展研究》2006 年第 2 期。

　　[90] 温婷、林静、蔡建明、杨振山、丁悦：《城市舒适性：中国城市竞争力评估的新视角及实证研判》，《地理研究》2016 年第 35 卷第 2 期。

　　[91] Gottlieb, Paul D. , "Residential amenities, firm location and economic development", *Urban Studies*, Vol. 32, No. 9, November 1995, pp. 1413 – 1436.

　　[92] Clark Terry Nichols, Gays and urban development: How are they linked? In the study of the city as an entertainment machine, Terry Nicholes Clark eds. New York: Elsevier, 2004, pp. 221 – 234.

　　[93] 喻忠磊、唐于渝、张华、梁进社：《中国城市舒适性的空间格局与影响因素》，《地理研究》2016 年第 35 卷第 9 期。

　　[94] 国家职业分类大典修订工作委员会：《中华人民共和国职业分类大典 2015 年修订版》，中国劳动社会保障出版社 2015 年版。

　　[95] 国家统计局、中国标准化研究院：《中华人民共和国国家标准 GB/T 4754—2017 国民经济行业分类》，中华人民共和国国家质量监督检验检疫总局和中国国家标准化管理委员会发布，2017 年，第 6 页。

　　[96] Ottaviano Gianmarco, Tabuchi Takatoshi and Thisse Jacques – Francois "Agglomeration and trade revisited", International Ecsnomic Review, Vol. 43, No. 2, May2002, pp. 407 – 431.

　　[97] Laing Derek, Palivos Theodore and Wang Ping, "Learning, Matching, and Growth", *Review of Economic Studies*, Vol. 62, No. 1, February 1995, pp. 115 – 129.

　　[98] 李瑞、吴殿廷、鲍捷、邱研、王维：《高级科学人才集聚成长的时空格局演化及其驱动机制——基于中国科学院院士的典型分析》，《地理科学进展》2013 年第 32 卷第 7 期。

　　[99] 郭洁、黄宁、沈体雁：《就业密度和创新——基于中国地级市的空间计量研究》，《经济与管理研究》2015 年第 36 卷第 11 期。

［100］桂昭明：《城市人才集聚度评价与比较研究》，《人事天地》2015 年第 4 期。

［101］朱建军、祝艳春：《城市宜居环境对人才聚集影响研究》，《科技资讯》2017 年第 15 卷第 23 期。

［102］蔡昉和王德文：《外商直接投资与就业——一个人力资本分析框架》，《财经论丛（浙江财经学院学报）》2004 年第 1 期。

［103］Cheng Zhifen, Zhou Shangyi and Young Stephen, "Place, capital flows and property regimes: The Elites' former houses in Beijing's south luogu lane", *Sustainability*, Vol. 7, No. 1, January 2015, pp. 398 –421.

［104］孙健、尤雯：《人才集聚与产业集聚的互动关系研究》，《管理世界》2008 年第 3 期。

［105］黄斌：《北京文化创意产业空间演化研究》，北京大学博士学位论文，2012 年。

［106］王宁：《消费流动：人才流动的又一动因——"地理流动与社会流动"的理论探究之一》，《学术研究》2014 年第 10 期。

［107］Borjas George, *Labor economics*, New York: McGraw – Hill Companies, Inc. , 2005, p. 27.

［108］袁洪娟：《区域科技创新人才集聚的空间溢出效应研究》，山东财经大学硕士学位论文，2016 年。

［109］冯玉萍：《基于知识交流环境的高校科研信息化管理研究》，《科技信息》2013 年第 11 期。

［110］Qian Haifeng, "Talent, creativity and regional economic performance: the case of China", *Annals Of Regional Science*, Vol. 45, No. 1, August 2010, pp. 133 –156.

［111］周后福：《气候变化对人体健康影响的综合指标探讨》，《气候与环境研究》1999 年第 4 卷第 1 期。

［112］Waltert Fabian, Schulz Thomas and Schläpfer Felix, "The role of landscape amenities in regional development: Evidence from Swiss municipality data", *Land Use Policy*, Vol. 28, No. 4, October 2011, pp. 748 –761.

［113］Glaeser Edward Ludwig. The new economics of urban and regional growth. In: clark. Gordon L. , Gertler Meric S. , Feldman Maryann p. The Oxford Hondbook of Economic Geography. Oxford: Oxford Oniversity Press, 2000, pp. 83 –98.

［114］Glaeser Edward Ludwig and Gottlieb Joshua, "Urban resurgence and consumer city", *Urban Studies*, Vol. 43, No. 8, July 2006, pp. 1275 –1299.

［115］Gottlieb Paul D. , "Amenities as an economic development tool: Is there enough evidence?" *Economic Development Quarterly*, Vol. 8, No. 3, August 1994, pp. 270 – 285.

[116] Malecki Edward J and Bradbury Susan L, "R&D facilities and professional labour: Labour force dynamics in high technology", *Regional Studies*, Vol. 26, No. 2, February 1992, pp. 123 – 136.

[117] Rogerson Robert, "Quality of life and city competitiveness", *Urban Studies*, Vol. 36, No. 5, May 1999, pp. 969 – 985.

[118] 张瀚月:《美国城市舒适性评价及其对人才吸引力的影响》,华东师范大学硕士学位论文,2017 年。

[119] 裴玲玲:《区域科技人才集聚与高技术产业发展的互动关系研究》,南京航空航天大学博士学位论文,2016 年。

[120] Ravenstein Ernst G., "The laws of migration", *Journal of the Statistical Society of London*, Vol. 48, No. 2, November 1884, pp. 167 – 235.

[121] Bogue Donald J., *Internal migration*, In the study of population: An inventory appraisal, Hauser and Duncan eds. Chicago: University of Chicago Press, 1959.

[122] Lantz Herman R and Rossi Peter H., "Why families move: A study in the social psychology of urban residential mobility", *Marriage and Family Living*, Vol. 19, No. 3, August 1955, p. 303.

[123] Sell Ralph R and DeJong Gerald F., "Deciding whether to move: Mobility, wishful thinking and adjustment", *Sociology and Social Research*, Vol. 67, No. 2, January 1983, pp. 146 – 165.

[124] Lee Everett S., "A theory of migration", *Demography*, Vol. 3, No. 1, February 1966, pp. 47 – 57.

[125] Becker Gary S., *Human capital*, Chicago: University of Chicago Press, 1964.

[126] Mincer Jacob A., *Schooling, experience, and earnings*, New York: Columbia University Press, 1974, pp. 83 – 96.

[127] Romer Paul M., "Increasing returns and long run growth", *Journal of Political Economy*, Vol. 94, No. 5, February 1986, pp. 1002 – 1037.

[128] Smith Adam, *The wealth of nations*, Oxford: Oxford University Press, 1776, pp. 50 – 72.

[129] Fisher Irving, *The Nature of Capital and Income*, New York: Macmillan Publication, 1906, pp. IV – VI.

[130] Schultz Theodore W., "Investment in human capital", *The American Eco-*

nomic Review, Vol. 51, No. 1, March 1961, pp. 1 – 17.

［131］ Mincer Jacob A. , "Human capital responses to technological change in the labor market", *Social Science Electronic Publishing*, Vol. 31, No. 3, January 1989, pp. 200 – 202.

［132］ Barro Robert J. and Lee Jong – Wha, "International data on educational Attainment: Updates and implications", *Oxford Economic Papers*, Vol. 53, No. 3, February 2001, pp. 541 – 563.

［133］ Arrow Kenneth J. , "The Economic implications of learning by doing", *The Review of Economic Studies*, Vol. 29, No. 3, June 1962, pp. 155 – 173.

［134］ Becker Gary S. , "Investment in human capital: A theoretical analysis", *Journal of Political Economy*, Vol. 70, No. S5, January 1962, pp. 9 – 49.

［135］ Marshall Alfred. *Principles of Economics.* London: Macmillan Publishers, 1890, pp. 154 – 160.

［136］ Camagini Roberto, *Innovation networks: Spatial perspectives.* London: Beelhaven – Pinter, 1991, pp. 121 – 144.

［137］ 陈良文、杨开忠:《集聚经济的六类模型:一个研究综述》,《经济科学》2006 年第 6 期。

［138］ Audretsch David B. and Feldman Maryann P. , "Knowledge spillovers and the geography of innovation", *Handbook of Regional and Urban Economics*, Vol. 4, December 2004, pp. 2713 – 2739.

［139］ Kumbhakar Subal C. , Ghosh Soumendra, and McGuckin J. Thomas, "A generalized production frontier approach for estimating determinants of inefficiency in US dairy farms", *Journal of Business & Economic Statistics*, Vol. 9, No. 3, February 1991, pp. 279 – 286.

［140］ 牛冲槐、接民、张敏、段治平、李刚:《人才聚集效应及其评判》,《中国软科学》2006 年第 6 卷第 4 期。

［141］ 牛冲槐、张帆、封海燕:《科技型人才聚集、高新技术产业聚集与区域技术创新》,《科技进步与对策》2012 年第 29 卷第 15 期。

［142］ 朱杏珍:《人才集聚过程中的羊群行为分析》,《数量经济与技术经济》2002 年第 7 期。

［143］ 罗永泰和张威:《论人力资本聚集效应》,《科学管理研究》2004 年第 1 期。

［144］ 赵娟:《人力资本集聚:农业科技园区可持续发展的路径选择》,《科技进步与对策》2010 年第 27 卷第 6 期。

[145] Venkatesh Bala and Gerhard Sorger, "A spatial temporal model of human capital accumulation", *Journal of Economic Theory*, Vol. 96, No. 1 – 2, January 2001, pp. 153 – 179.

[146] Suzuki Tessa Morris, *The technological transformation of Japan: From the seventeen to the Twenty – First Century*, Cambridge, MA: Cambridge University Press, 2009, pp. 139 – 142.

[147] 徐茜、张体勤:《基于城市环境的人才集聚研究》,《中国人口·资源与环境》2010 年第 20 卷第 9 期。

[148] 王忠、朱佩仪、刘军:《波士顿人才集聚举措评述及对中国的启示》,《科技管理研究》2017 年第 4 期。

[149] 芮雪琴、李环耐、牛冲槐、任耀:《科技人才聚集与区域创新能力互动关系实证研究——基于 2001 ~ 2010 年省际面板数据》,《科技进步与对策》2014 年第 31 卷第 6 期。

[150] 张体勤、刘军、杨明海:《知识型组织的人才集聚效应与集聚战略》,《理论学刊》2005 年第 6 期。

[151] 朱杏珍:《科技人才集聚的非经济性效应分析》,《企业经济》2011 年第 10 期。

[152] Freeman Christopher, *Technology policy and economic performance: Lessons from Japan*, London: Frances Printer Publishers, 1987, p. 155.

[153] Shapiro Jesse M., "Smart cities: Quality of life, productivity, and the growth effects of human capital". *Review of Economics and Statistics*, Vol. 88, No. 2, May 2006, pp. 324 – 335.

[154] Palivos Theodore and Wang Ping, "Spatial agglomeration and endogenous growth", *Regional Science and Urban Economics*, Vol. 26, No. 6, December 1996, pp. 645 – 669.

[155] Golicic Susan, Foggin James H. and Mentzer John T., "Relationship magnitude and its role in inter – organizational relationship structure", *Journal of Business Logistics*, Vol. 24, No. 1, March 2003, pp. 57 – 75.

[156] Hansen Høgni Kalsø and Niedomysl Thomas, "Migration of the creative class: Evidence from Sweden", *Journal of Economic Geography*, Vol. 9, No. 2, February 2009, pp. 191 – 206.

[157] 洪进、余文涛、杨凤丽:《人力资本、创意阶层及其区域空间分布研究》,《经济学家》2011 年第 9 期。

[158] 李乃文、李方正:《创新型科技人才集聚效应研究》,《徐州工程学院

学报（社会科学版）》2012 年第 27 卷第 2 期。

［159］Boschma Ron and Fritsch Michael，"Creative class and regional growth：Empirical evidence from seven European countries"，*Economic Geography*，Vol. 85，No. 4，October 2009，pp. 391 – 423.

［160］王奋、杨波：《科技人力资源区域集聚影响因素的实证研究——以北京地区为例》，《科学学研究》2006 年第 24 卷第 5 期。

［161］侯震梅、周勇：《新疆科技人才流失影响因素分析》，《经济数学》2014 年第 31 卷第 1 期。

［162］王建军、周迪、程波华：《新疆科技人才外流影响因素研究》，《新疆财经大学学报》2014 年第 1 期。

［163］Florida，Richard. Cities and the Creative Class，New York：Routledge，2005，pp. 231 – 375.

［164］倪方树：《企业区位选择与空间集聚》，博士学位论文，南开大学，2012。

［165］孙鲲鹏、罗婷和肖星：《人才政策、研发人员招聘与企业创新》，《经济研究》2021 年第 56 卷第 8 期。

［166］Dalvai Wilfried，"Urban Cultural Amenities and the Migration of the Creative Class". *Thünen – Series of Applied Economic Theory – Working Paper*，No. 143，2016，pp. 1 – 31.

［167］何金廖、曾刚：《城市舒适性驱动下的创意产业集聚动力机制——以南京品牌设计产业为例》，《经济地理》2019 年第 39 卷第 3 期。

［168］古恒宇、沈体雁：《中国高学历人才的空间演化特征及驱动因素》，《地理学报》2021 年第 76 卷第 2 期。

［169］武荣伟、王若宇、刘晔和古恒宇：《2000—2015 年中国高学历人才分布格局及其影响机制》，《地理科学》2020 年第 40 卷第 11 期。

［170］Todaro Michael P.，"A model of labor migration and urban unemployment in less developed countries"，*American Economic Review*，Vol. 59，No. 1，1969，pp. 138 – 148.

［171］Behrens Kristian，Duranton Gilles and Robert – Nicoud Frédéric，"Productive cities：Sorting，selection and agglomeration"，*Journal of Political Economy*，Vol. 122，No. 3，January 2014，pp. 507 – 553.

［172］Belot Michèle V and Hatton Timothy，"Immigrant Selection in the OECD"，*Scandinavian Journal of Economics*，Vol. 114，No. 6675，March 2008，pp. 1105 – 1128.

[173] Durmaz Bahar S. , "Analyzing the quality of place: Creative clusters in Soho and Beyoğlu", *Journal of Urban Design*, Vol. 20, No. 1, December 2015, pp. 93 – 124.

[174] Docquier Frédéric and Rapoport Hillel, "Globalization, Brain drain, and development", *Journal of Economic Literature*, Vol. 50, No. 3, September 2012, pp. 681 – 730.

[175] Diamond Jared M. , *Guns, germs and steel: The fate of human societies*, London: Jonathan Cape, 1997, p. 53.

[176] Sachs Jeffrey D. , "Tropical underdevelopment", *NBER Working Paper*, No. 8119, February 2001.

[177] De Vries Jan, *The economy of Europe in an age of crisis*, 1600 – 1750, Cambridge: Cambridge University Press, 1976, pp. 16 – 29.

[178] Bairoch Paul, *Cities and economic development: From the dawn of history to the present.* , Trans. Christopher Braider, Chicago: The University of Chicago Press, 1988, p. 16.

[179] Combes Pierre – Philippe, Duranton Gilles, Gobillon Laurent and Roux Sebastien, *Estimating agglomeration economies with history, geology, and worker effects*, In the study of the Economics of Agglomeration, Glaeser Edward eds. Chicago: University of Chicago Press, 2010, pp. 15 –65.

[180] Acemoglu Daron, Johnson Simon H and Robinson James, "The rise of Europe: Atlantic trade, institutional change, and economic growth", *The American Economic Review*, Vol. 95, January 2003, pp. 546 – 579.

[181] Rappaport Jordan, "The increasing importance of quality of life", *Journal of Economic Geography*, Vol. 9, No. 6, November 2009, pp. 779 – 804.

[182] 李佳洺、陆大道、徐成东、李扬、陈明星:《胡焕庸线两侧人口的空间分异性及其变化》,《地理学报》2017 年第 72 卷第 1 期。

[183] 安娜、戴宏伟:《影响创意人才集聚的因素分析与对策研究——以杭州为例》,《经济论坛》2016 年第 10 期。

[184] Moretti Enrico, "Estimating the social return to higher education: Evidence from longitudinal and repeated cross – sectional data", *Journal of Econometrics*, Vol. 121, No. 1, August 2002, pp. 175 –212.

[185] Sherwin Rosen, "Hedonic prices and implicit markets: Product differentiation in pure competition", *Journal of Political Economy*, Vol. 82, No. 1, February 1974, pp. 34 –55.

[186] Tyrväinen Liisa and Miettinen Antti, "Properties prices and urban forest a-

menities", *Journal of Environmental Economics and Management*, Vol. 39, No. 2, March 2000, pp. 205 – 223.

[187] Gyourko Joseph and Tracy Joseph, "The Structure of Local Public Finance and the Quality of Life", *Journal of Political Economy*, Vol. 99, No. 4, August 1991, pp. 774 – 806.

[188] Hicks John Richard, *The Theory of Wages*, London: Macmillan, 1932, pp. 179 – 197.

[189] Sjaastad Larry A, "The costs and returns of human migration", *Journal of Political Economy*, Vol. 70, No. 5, October 1962, pp. 80 – 93.

[190] 张美丽、李柏洲：《中国人才集聚时空格局及影响因素研究》，《科技进步与对策》2018 年第 35 卷第 22 期。

[191] Brueckner Jan K., Thisse Jacques – Francois and Zenou Yves, "Why is central paris rich and downtown detroit poor? An amenity – based theory", *European Economic Review*, Vol. 43, No. 1, January 1999, pp. 91 – 107.

[192] Zhang Weibin, "Leisure, amenity and capital accumulation in a multi – region model", *The Annals of Regional Science*, Vol. 42, No. 1, March 2008, pp. 183 – 207.

[193] DaVanzo Julie S., "Does unemployment affect migration? Evidence from micro data", *Review of Economics and Statistics*, Vol. 60, No. 4, February 1978, pp. 504 – 514.

[194] Saben Samuel, "Geographic mobility and employment status, March 1962 – March 1963", *Monthly Labor Review*, Vol. 87, No. 8, August 1964, pp. 873 – 881.

[195] 齐宏纲、戚伟和刘盛和：《粤港澳大湾区人才集聚的演化格局及影响因素》，《地理研究》2020 年第 39 卷第 9 期。

[196] 谢文栋：《科技金融政策能否提升科技人才集聚水平——基于多期 DID 经验证据》，《科技进步与对策》2022 年 6 月 14 日。

[197] 刘毓芸、程宇玮：《重点产业政策与人才需求——来自企业招聘面试的微观证据》，《管理世界》2020 年第 36 卷第 6 期。

[198] 张扬：《创新型城市试点政策提升了科技人才集聚水平吗——来自 240 个地级市的准自然实验》，《科技进步与对策》2021 年第 38 卷第 12 期。

[199] 陈秀英、刘胜：《增值税转型与中国新建制造业企业选址——兼论减税政策的红利效应》，《华东经济管理》2020 年第 34 卷第 7 期。

[200] 胡勇辉：《激励自主创新人才培育的税收政策选择》，《财政研究》2007 年第 11 期。

[201] 陈叶青：《基于区域高端人才竞争视角下的个人所得税政策研究》，硕

士学位论文，上海财经大学，2020 年。

［202］田志伟、金圣和汪豫：《个人所得税年终奖税收优惠政策的影响研究——基于收入分配和国际人才竞争的视角》，《财政研究》2022 年第 2 期。

［203］North Douglass C and Thomas Robert Paul, *The rise of the western world*: *A new economic history*. Cambridge：Cambridge University Press, 1973, p. 171.

［204］朱迪星：《货币政策态势、股权性质与企业投资行为》，《金融发展评论》2022 年第 5 期。

［205］郭杰、娄著盛：《增值税减税政策对企业投资的影响研究——基于企业杠杆率差异的视角》，《经济理论与经济管理》2022 年第 42 卷第 2 期。

［206］高翔：《中国电子通讯设备制造业的区位选择研究》，《地理与地理信息科学》2010 年第 26 卷第 3 期。

［207］Zhou Changhui, Delios Andrew and Yang Jingyu, "Locational determinants of Japanese foreign direct investment in China", *Asia Pacific Journal of Management*, Vol. 19, No. 1, March 2002, pp. 63 – 86.

［208］顾海峰、张元姣：《货币政策与房地产价格调控：理论与中国经验》，《经济研究》2014 年第 49 卷第 S1 期。

［209］余利丰：《房价、人才集聚与区域技术创新差异性研究》，《江汉学术》2018 年第 37 卷第 5 期。

［210］You Heyuan, Bie Chenmeng, "Creative class agglomeration across time and space in knowledge city：Determinants and their relative importance", *Habitat International*, No. 6, January 2017, pp. 91 – 100.

［211］Gottlieb Paul Dand Joseph George, "College – to – Work migration of technology graduates and holders of doctorates within the United States", *Journal of Regional Science*, Vol. 46, No. 4, February 2006, pp. 627 – 659.

［212］Wenting Rik, Atzema Oedzge and Frenken Koen, "Urban amenities or agglomeration economies? Locational behaviour and entrepreneurial success of dutch fashion designers", *Urban Studies*, Vol. 48, No. 7, May 2011, pp. 1333 – 1352.

［213］Scott Allen J, "Creative cities：Conceptual issues and policy questions", *Journal of Urban Affairs*, Vol. 28, No. 1, February 2006, pp. 1 – 17.

［214］高长春：《CAS 视角下创意人才空间集聚行为与效应研究》，东华大学博士学位论文，2017 年。

［215］段楠：《城市便利性、弱连接与"逃回北上广"——兼论创意阶层的区位选择》，《城市观察》2012 年第 2 期。

［216］Lloyd Richard and Clark Terry Nichols, "The city as entertainment machine", *Research in Urban Sociology*, Vol. 6, No. 6, July 2011, pp. 357 – 378.

[217] AnderssonÅke, "Creativity and regional development", *Papers of the Regional Science Association*, Vol. 56, No. 1, 1985, pp. 5 – 20.

[218] Mellander Charlotta and Florida Richard. "The creative class or human capital? – Explaining regional development in Sweden", KTH/CESIS Working Paper Series in Economics and Institutions of Innovation, 2006.

[219] Desrochers Pierre, "Local diversity, human creativity, and technological innovation", *Growth and Change*, Vol. 32, No. 3, September 2001, pp. 369 – 394.

[220] Bille Trine, "Cool, funky and creative? The creative class and preferences for leisure and culture", *International Journal of Cultural Policy*, Vol. 16, No. 4, November 2010, pp. 466 – 496.

[221] Joseph Eric and Holm Van, "Leisure choices of the creative class", *Cities*, Vol. 41, December 2014, pp. 38 – 43.

[222] Warren Saskia and Jones Phil, "Cultural policy, governance and urban diversity: Resident perspectives from Birmingham, UK", *Tijdschrift voor Economische en Sociale Geografie*, Vol. 109, No. 1, February 2018, pp. 22 – 35.

[223] Lawton Philip, Murphy Enda and Redmond Declan, "Residential preferences of the 'creative class'?" *Cities*, Vol. 31, April 2013, pp. 47 – 56.

[224] Frenkel Amnon, Bendit Edward and Kaplan Sigal. "Residential location choice of knowledge – workers: The role of amenities, workplace and lifestyle", *Cities*, Vol. 35, December 2013, pp. 33 – 41.

[225] Borén Thomas and Young Craig, "The migration dynamics of the 'creative class': Evidence from a study of artists in Stockholm, Sweden", *Annals of the Association of American Geographers*, Vol. 103, No. 1, December 2013, pp. 195 – 210.

[226] Shilling Chris, "Physical capital and situated action: A new direction for corporeal sociology", *British Journal of Sociology of Education*, Vol. 25, No. 4, September 2004, pp. 473 – 487.

[227] Wei Xiang, Qu Hailin and Ma Emily, "How does leisure time affect production efficiency? Evidence from China, Japan, and the US", *Social Indicators Research*, Vol. 127, No. 1, February 2016, pp. 101 – 122.

[228] 夏杰长、徐紫嫣、王鹏飞:《闲暇时间配置对个体创造力的影响机制与对策》,《中国流通经济》2021 年第 35 卷第 8 期。

[229] Borodulin Katja, Laatikainen Tiina, Lahti – Koski Marjaana and Jousilahti Pekka, "Association of age and education with different types of leisure – time physical

activity among 4437 finnish adults", *Journal of Physical Activity & Health*, Vol. 5, No. 2, April 2008, pp. 242 – 251.

[230] Mullahy John and Robert Stephanie, "No time to lose: Time constraints and physical activity in the production of health", *Review of Economics of the Household*, Vol. 8, No. 4, December 2010, pp. 409 – 432.

[231] Outdoor Foundation, "American outdoor sports reports 2016", (March 2016) . http://www. 8264. com/viewnews – 107572 – page – 1. html.

[232] REI, "73% young people in the United States prefer leisure activities to business in 2015", Outdoor information net, (November 2015), http://www. 8264. com/viewnews – 97128 – page – 1. html.

[233] Macquarie, "Chinese people are no longer obsessed with luxuries but sports and leisure brands", The Xinhua Net, (June 2016), http://www. xinhuanet. com/fashion/2016 – 07/11/c_ 129129252. htm.

[234] 奥维云网 (AVC):《中国精英人群调研报告:生活形态篇》, http://www. jiemian. com/article/1550279. html, 2017 年 8 月 15 日。

[235] Mansury Yuri, Tontisirin Nij and Anantsuksomsri Sutee, "The impact of the built environment on the location choices of the creative class: Evidence from Thailand", *Regional Science Policy and Practice*, Vol. 4, No. 3, August 2012, pp. 183 – 205.

[236] Fu Hui Zhen (Korea), "Migration of cultural artists to Jeju island as a creative class and their influence on local tourism", *Journal of The Korean Association of Regional Geographers*, Vol. 24, No. 1, February 2018, pp. 18 – 31.

[237] 崔丹、李国平、吴殿廷、孙瑜康:《中国创新型人才集聚的时空格局演变与影响机理》,《经济地理》2020 年第 40 卷第 9 期。

[238] 王丽艳、季奕、王咿瑾:《城市创意人才居住选址偏好研究——基于天津市微观调查与大数据的实证分析》,《管理学刊》2019 年第 32 卷第 5 期。

[239] 何金廖、彭珏、胡浩:《设计创意人才的空间集聚及其影响机理研究——基于城市舒适性视角》,《地理科学》2021 年第 41 卷第 9 期。

[240] Boston Wall, "Berlin becomes magnet for net startups", *Wall Street Journal*, 2000 – 02 – 29.

[241] Camagni Roberto, *Local "milieu", uncertainty and innovation networks: Towards a new dynamic theory of economic space. In Innovation Networks: Spatial Perspectives*, Camagni, Roberto eds. , London: Belhaven Press, 1991, pp. 121 – 142.

[242] Keeble David, Berger Anders, Chapman Ross, Gertsen Frank, Boer Harry and Wilkinson Frank, *High – technology cluster, networking and collective learning in*

Europe, Aldershot: Ashgate Publishing Company, 2000, pp. 113 – 118.

［243］Shearmur Richard and Doloreux David, "Urban hierarchy or local buzz? High – Order producer service and (or) knowledge – intensive business service location in Canada, 1991 – 2001", *The Professional Geographer*, Vol. 60, No. 3, June 2008, pp. 1143 – 1163.

［244］陈建军、陈国亮、黄洁:《新经济地理学视角下的生产性服务业集聚及其影响因素研究——来自中国 222 个城市的经验证据》,《管理世界》2009 年第 4 期。

［245］李非、蒋亚杰:《台湾生产者服务业区位分布影响因素研究》,《厦门大学学报（哲学社会科学版)》2011 年第 1 期。

［246］丁静秋、赵公民:《中部地区生产性服务业集聚发展的影响因素——基于 81 个地级市数据的实证研究》,《科技管理研究》2013 年第 33 卷第 10 期。

［247］刘秀清、谭越文:《大连市生产性服务业影响因素分析与评价》,《大连交通大学学报》2011 年第 32 卷第 3 期。

［248］袁志刚、范剑勇:《上海市就业的产业分布特征及其影响因素》,《上海经济研究》2001 年第 1 期。

［249］盛龙、陆根尧:《中国生产性服务业集聚及其影响因素研究——基于行业和地区层面的分析》,《南开经济研究》2013 年第 173 卷第 5 期。

［250］余东华、信婧:《信息技术扩散、生产性服务业集聚与制造业全要素生产率》,《经济与管理研究》2018 年第 39 卷第 12 期。

［251］刘雪梅:《知识外溢、信息技术与信息技术服务业集聚》,《商业经济研究》2018 年第 2 期。

［252］王建国:《中关村国家自主创新示范区发展现状分析与国际比较》,《价值工程》2019 年第 38 卷第 4 期。

［253］Powell Ellis T, *The evolution of the money market 1385 – 1915*, London: Frank Class, 1915, pp. 75 – 82.

［254］Kinderberg Charles Poor, *The formation of financial centers: A study of comparative economic history*, New Jersey: Princeton University Press, 1974, pp. 5 – 11.

［255］Park Yoon S and Essayyad Musa. *International banking and financial centers*, Dordrecht: Kluwer Aeademie Publishers, 1989, pp. 67 – 82.

［256］Davis E Philip, "International financial centers: An industrial analysis", *Bank of England Discussion Paper*, No. 51, 1990, pp. 1 – 23.

［257］Davis E Philip, "Financial market activity of life insurance companies and pension funds", *Bank for International Settlements*, *Economic Paper*, No. 21, 1988,

p. 119.

［258］Taylor Peter, Beaverstock Jonathan, Cook Gary, Pandit Naresh and Pain Kathy, *Financial services clustering and its significance for London*, London: Corporation of London, 2003, pp. 1 – 13.

［259］潘英丽：《论金融中心形成的微观基础——金融机构的空间聚集》，《上海财经大学学报》2003 年第 5 卷第 1 期。

［260］Martin Ron, *The new economic geography of money*, In the study of Money and the Space Economy, Martin Ron eds. Chichester: John Wiley & Sons, 1999, pp. 3 – 27.

［261］李蕊：《新世纪以来我国金融产业空间集聚的格局演化研究》，山东大学硕士学位论文，2015 年。

［262］张清正：《中国金融业集聚及影响因素研究》，吉林大学博士学位论文，2013 年。

［263］盛亚、于卓灵：《浙江省科技人才集聚的政策效应》，《技术经济》2015 年第 34 卷第 6 期。

［264］邵铭康、李刚、刘国亮：《关于创新型科技人才》，《成都理工大学学报（自然科学版）》2003 年第 30 卷第 S1 期。

［265］王广民、林泽炎：《创新型科技人才的典型特质及培育政策建议——基于 84 名创新型科技人才的实证分析》，《科技进步与对策》2008 年第 25 卷第 7 期。

［266］苟军平、华欣、王殿华：《区域科技型人才集聚效应和动因分析——兼论滨海新区人才高地建设对自主创新高地的影响》，《特区经济》2011 年第 5 期。

［267］苏楚、杜宽旗：《创新驱动背景下 R&D 人才集聚影响因素及其空间溢出效应——以江苏省为例》，《科技管理研究》2018 年第 38 卷第 24 期。

［268］Tylecote Andrew, "Twin innovation systems and intermediate technology: History and prospect for China", *Innovation: Organization & Management*, Vol. 8, No. 1 – 2, February 2006, pp. 62 – 83.

［269］牛冲槐、芮雪琴、王聪、樊燕萍、郭丽芳：《区域创新系统优化对人才聚集效应的作用研究》，《系统科学学报》2007 年第 15 卷第 4 期。

［270］牛冲槐、王燕妮、杨春艳：《科技型人才聚集环境聚集效应分析——文化环境对科技型人才聚集效应的影响分析》，《太原理工大学学报（社会科学版）》2008 年第 26 卷第 2 期。

［271］黄鹭新、胡天新、杜澍、吴思群：《艺术创意人才空间集聚的初步研究——以北京的艺术家集聚现象为主要研究案例》，载中国城市规划学会《和谐

城市规划——2007 中国城市规划年会论文集》，哈尔滨，2007 年 9 月，第 1611 ~ 1617 页。

[272] Christy Collis，Emma Felton and Philip Graham，"Beyond the inner city：Real and imagined places in creative place policy and practice"，*The Information Society*，Vol. 26，No. 2，February 2010，pp. 104 - 112.

[273] 王洁：《产业集聚理论与应用的研究——创意产业集聚影响因素的研究》，同济大学博士学位论文，2007 年。

[274] 牛维麟、彭翊：《北京市文化创意产业集聚区发展研究报告》，中国人民大学出版社 2009 年版。

[275] 蒋慧：《城市创意产业发展及其空间特征研究——以西安为例》，西北大学硕士学位论文，2009 年。

[276] 汪毅、徐旳、朱喜钢：《南京创意产业集聚区分布特征及空间效应研究》，《热带地理》2010 年第 30 卷第 1 期。

[277] 马仁锋：《创意产业区演化与大都市空间重构机理研究》，华东师范大学博士学位论文，2011 年。

[278] Brown Adam，O'Connor Justin and Cohen Sara，"Local music policies within a global music industry：cultural quarters in Manchester and Sheffield"，*Geoforum*，Vol. 31，No. 4，November 2000，pp. 437 - 451.

[279] 陈倩倩、王缉慈：《论创意产业及其集群的发展环境——以音乐产业为例》，《地域研究与开发》2005 年第 24 卷第 5 期。

[280] 王珏晗、周春山：《广州市商业型健身房空间分布及其影响因素》，《热带地理》2018 年第 38 卷第 1 期。

[281] 黄永兴、徐鹏：《经济地理、新经济地理、产业政策与文化产业集聚：基于省级空间面板模型的分析》，《经济经纬》2011 年第 6 期。

[282] 刘善槐、史宁中、张源源：《教师资源分布特征及其形成——基于我国中部某省小学阶段教师的调查分析》，《教育发展研究》2011 年第 31 卷第 Z2 期。

[283] 邱均平、温芳芳：《我国高等教育资源区域分布问题研究——基于 2010 年中国大学及学科专业评价结果的实证分析》，《中国高教研究》2010 年第 7 期。

[284] 王英利、娄彩荣、张丽霞：《地方政府与高校谋求发展背景下我国大学城空间分布特征》，《黑龙江高教研究》2012 年第 30 卷第 1 期。

[285] 况红、彭露：《影响教师资源均衡的原因分析与对策研究——以重庆市为例》，《教育探索》2011 年第 3 期。

［286］吴宣德：《中国区域教育发展概论》，湖北教育出版社 2003 年版。

［287］高敬超：《中国房地产投资的空间集聚机制及影响因素研究》，云南财经大学硕士学位论文，2017 年。

［288］李亚强：《房地产投资影响因素分析——基于东部及沿海地区城市面板数据的研究》，《特区经济》2011 年第 9 期。

［289］邓必荣：《区域房地产投资决策影响因素分析》，《管理观察》2013 年第 31 期。

［290］樊立惠、蔺雪芹、王岱、曾春水：《北京房地产中介空间格局演化特征及驱动因素分析》，《人文地理》2018 年第 33 卷第 5 期。

［291］张凯敏：《旅游房地产开发模式及其与城市发展的互动关系》，天津大学硕士学位论文，2012 年。

［292］Lawrence Lai Wai Chung, "Evaluation office decentralization of a financial center", *Planning & Development*, Vol. 12, No. 1, February 1996, pp. 16 – 21.

［293］Wu Chao, Ren Fu, Hu Wei and Du Qingyun, "Multiscale geographically and temporally weighted regression: exploring the spatiotemporal determinants of housing prices", *International Journal of Geographical Information Science*, Vol. 33, No. 3, March 2019, pp. 489 – 511.

［294］梁华：《城市商务办公楼租金特征与空间分布研究——以重庆市为例》，重庆大学博士学位论文，2011 年。

［295］Teitz Michael B, "Toward a theory of urban public facility location", *Papers in Regional Science*, Vol. 21, No. 1, December 1968, pp. 35 – 51.

［296］Bigman David and ReVelle Charles, "The theory of welfare considerations in public facility location problems", *Geographical Analysis*, Vol. 10, No. 3, September 2010, pp. 229 – 240.

［297］Pinch Stephen, *Inequality in pre – school provision: A geographical perspective*, In the study of Public Servise Provision and Urban Development Research, Kirby Andrew, Knox Paul, Pinch Stephen eds. , 1984, pp. 231 – 282.

［298］Talen Emily, "The social equity of urban servise distritution: An exploration of park access in Pueblo, Colorado, Macon and Georgia", *Urban Geography*, Vol. 18, No. 6, August 1997, pp. 521 – 541.

［299］金银日、姚颂平、刘东宁：《基于 GIS 的上海市公共体育设施空间可达性与公平性评价》，《上海体育学院学报》2017 年第 41 卷第 3 期。

［300］闵杰：《山地城市公共服务设施用地空间格局及驱动因素——以重庆主城区为例》，西南大学硕士学位论文，2017 年。

［301］Wolpert Jan, "Regressive siting of public facilities", *Natural Resources Journal*, Vol. 16, No. 1, February 1976, pp. 103 – 115.

［302］Yasenovskiy Vladimir and Hodgson John, "Hierarchical location – allocation with spatial choice interaction modeling", *Annals of the Association of American Geographers*, Vol. 97, No. 3, September 2007, pp. 496 – 511.

［303］张伟兵、刘林、李贵宝：《我国现代水利人才分布及背景》,《水利发展研究》2011 年第 11 卷第 4 期。

［304］李国正：《公共管理学》,首都师范大学出版社 2018 年版。

［305］米晓桐：《银川市体育社会组织发展现状及影响因素分析》,西安体育学院硕士学位论文, 2016 年。

［306］王玉珍、王李浩：《治理现代化背景下社会组织省域发展差异分析》,《中国行政管理》2016 年第 10 期。

［307］中国行政管理学会课题组：《我国社会中介组织发展研究报告》,《中国行政管理》2005 年第 5 卷第 5 期。

［308］李国武：《社会组织的省域分布研究》,《社团管理研究》2011 年第 8 期。

［309］Epperly Brad and Lee Taedong, "Corruption and NGO sustainablity: A panel study of post – communist states", *Voluntas International Journal of Voluntary & Nonprofit Organizations*, Vol. 26, No. 1, February 2015, pp. 171 – 197.

［310］赖先进、王登礼：《社会组织发展影响因素的实证研究——基于 2007 年—2014 年 31 个省级面板数据的分析》,《管理评论》2017 年第 29 卷第 12 期。

［311］Kleiman Ephraim, "The determinants of national outlay on health", *The Economics of Health and Medical Care*, Vol. 29, January 1974, pp. 124 – 135.

［312］Newhouse Joseph P, "Medical care expenditures: a cross – national survey", *Journal of Human Resources*, Vol. 12, No. 1, February 1977, pp. 115 – 125.

［313］Wang Kuan – Min, "Health care expenditure and economic growth: Quantile panel – type analysis", *Economic Modeling*, Vol. 28, No. 4, July 2011, pp. 1536 – 1549.

［314］杜凤姣：《2002 ~ 2011 年我国医疗卫生资源配置的公平性分析》,华东师范大学硕士学位论文, 2014 年。

［315］吴凌放：《上海医生人力资源区域分布公平性及影响因素研究》,上海社会科学院博士学位论文, 2017 年。

［316］Rosenthal Meredith B, Zaslavsky Alan and Newhouse Joseph P, "The geographic distribution of physicians revisited", *Health Services Research*, Vol. 40, No. 6, January 2006, pp. 1931 – 1952.

[317] Egeraat Chris van and Curran Declan, "Social networks and actual knowledge flow in the Irish Biotechindustry", *European Planning Studies*, Vol. 22, No. 6, June 2014, pp. 1109 – 1126.

[318] Anand Sudhir. *Measuring health workforce inequalities*: *Methods and application to China and India*. Geneva: World Health Organization, 2010, p. 27.

[319] 胡宏伟:《国民健康公平程度测量、因素分析与保障体系研究》,人民出版社 2011 年版。

[320] 文丰安:《生产性服务业集聚、空间溢出与质量型经济增长——基于中国 285 个城市的实证研究》,《产业经济研究》2018 年第 6 期。

[321] Coffey William J. , "The geographies of producer services", *Urban Geography*, Vol. 21, No. 2, February 2000, pp. 170 – 183.

[322] 赵弘、牛艳华:《商务服务业空间分布特点及重点集聚区建设——基于北京的研究》,《北京工商大学学报（社会科学版）》2010 年第 25 卷第 2 期。

[323] 克拉克:《租赁》,罗真遒、李增德、汤秀珍译,物资出版社 1984 年版,第 17 页。

[324] 刘莹莹:《天津市租赁和商务服务业的发展现状和政策建议》,《环渤海经济瞭望》2014 年第 2 期。

[325] 朱晓青:《对北京四大功能区现代服务业发展的探讨》,《新视野》2007 年第 3 期。

[326] 林森:《生产性服务业集聚影响因素研究》,浙江财经大学硕士学位论文,2017 年。

[327] Contino Richard M. , *The complete equipment – leasing handbook*: *A deal maker's guide with forms, checklists, and worksheets*, New York: AMACOM, 1996.

[328] 胡军伟:《飞机融资租赁与融资渠道》,《浙江金融》2013 年第 8 期。

[329] 郭鑫鑫、杨河清:《中国省际人才分布影响因素的实证研究》,《人口与经济》2018 年第 3 期。

[330] 张波、丁金宏:《中国省域高端人才空间分布及变动趋势: 2000 ~ 2015 年》,《干旱区资源与环境》2019 年第 33 卷第 2 期。

[331] 吴殿廷:《区域经济学（第三版）》,科学出版社 2017 年版。

[332] 张清正、李国平:《中国科技服务业集聚发展及影响因素研究》,《中国软科学》2015 年第 7 期。

[333] Meng Xuelei and Jia Li – min, "Train timetable stability evaluation based on analysis of interior and exterior factors information entropy", *Applied Mathematics and Information Sciences*, Vol. 8, No. 3, May 2014, pp. 1319 – 1325.

［334］王学民：《偏度和峰度概念的认识误区》，《统计与决策》2008 年第 12 期。

［335］唐林俊、杨虎、张洪阳：《核密度估计在预测风险价值中的应用》，《数学的实践与认识》2005 年第 35 卷第 10 期。

［336］Placket, R. L: *An Introduction to the Theory of Statistics.* Edinburgh：Oliver and Boyd，1971.

［337］王承云、孙飞翔：《长三角城市创新空间的集聚与溢出效应》，《地理研究》2017 年第 36 卷第 6 期。

［338］李小亭、张秋：《基于基尼系数和差别指数的广东省卫生资源配置公平性分析》，《现代预防医学》2019 年第 46 卷第 4 期。

［339］刘春雨、龚超、薄云鹊、吴宁、邸金平、赵东方：《基于基尼系数和聚集度的天津市卫生资源配置公平性分析》，《中国医院》2022 年第 26 卷第 9 期。

［340］Joanes D N and Gill C A. "Comparing measures of sample skewness and kurtosis", *Journal of the Royal Statistical Society (Series D)：The Statistician*, Vol. 47, No. 1, April 1998, pp. 183 – 189.

［341］耿德伟：《全要素生产率下降是我国经济增速放缓的主要原因》，《中国物价》2017 年第 3 期。

［342］胡克：《克拉玛依文化产业发展现状的调查与思考》，《克拉玛依学刊》2016 年第 6 卷第 1 期。

［343］魏丽：《一带一路背景下新疆文化转型研究》，新疆大学博士学位论文，2016 年。

［344］廖凯：《转型期克拉玛依市城市总体规划编制策略研究》，北京建筑大学硕士学位论文，2014 年。

［345］LiuYe and Shen Jianfa, "Jobs or amenities? Location choices of interprovincial skilled migrants in China, 2000 – 2005", *Population, Space and Place*, Vol. 20, No. 7, October 2014, pp. 592 – 605.

［346］毛文峰：《城市蔓延对环境污染的影响研究——来自我国 279 个地级市的经验证据》，南开大学硕士学位论文，2017 年。

［347］Leroy Stephen F and Sonstelie Jon, "Paradise lost and regained：Transportation innovation, income, and residential location", *Journal of Urban Economics*, Vol. 13, No. 1, January 1983, pp. 67 – 89.

［348］Gin Alan and Sonstelie Jon, "The streetcar and residential location in nineteenth century Philadelphia", *Journal of Urban Economics*, Vol. 32, No. 1, July

1992，pp. 92 - 107.

［349］Williams Anne S. and Jobes Patrick C.，"Economic and quality - of - life considerations in urban - rural migration"，*Journal of Rural Studies*，Vol. 6，No. 2，1990，pp. 187 - 194.

［350］高晶鑫、隽志才、吴文静、董英荣：《条件固定效应回归的活动目的地选择模型——一个案例研究》，《上海管理科学》2011 年第 33 卷第 2 期。

［351］Daganzo Carlos F.，*Multinomial Probit*：*The theory and its application to demand forecasting*，New York：Academic Press，1979，pp. 379 - 381.

［352］琼达、赵宏杰：《基于地方情感的旅游目的地选择模型建构研究》，《旅游学刊》2016 年第 31 卷第 10 期。

［353］陈治平：《影响创意人才集聚的政策因素分析：以上海为案例》，上海交通大学硕士学位论文，2009 年。

［354］王世瑞、邵平、朱玉栋：《以政策引人 以服务感人 以事业留人——南通开发区全力打造高层次人才集聚洼地》，《中国人才》2010 年第 21 期。

［355］周蓉：《人才综合环境对欠发达县域人才集聚的影响与对策——以浙江省开化县为例》，《现代经济信息》2014 年第 11 期。

［356］吴殿廷、李东方、刘超、张若、顾淑丹、蔡春霞：《高级科技人才成长的环境因素分析——以中国两院院士为例》，《自然辩证法研究》2003 年第 19 卷第 9 期。

［357］曹威麟、姚静静、余玲玲、刘志迎：《我国人才集聚与三次产业集聚关系研究》，《科研管理》2015 年第 36 卷第 12 期。

［358］Ortega Francesc and Peri Giovanni. "The causes and effects of international migrations：Evidence from OECD countries 1980 - 2005"，*University of California at Davis Department of Economics Working Paper* 09 - 6，April 2009.

［359］Kahneman Daniel and Krueger Alan B，"Developments in the measurement of subjective well - being"，*Journal of Economic Perspectives*，Vol. 20，No. 1，March 2006，pp. 3 - 24.

［360］何立新、潘春阳：《破解中国的"Easterlin 悖论"：收入差距、机会不均与居民幸福感》，《管理世界》2011 年第 8 期。

［361］Mahadea Darma，"On the economics of happiness：The influence of inc & non - inc factors on happiness"，*South African Journal of Economic and Management Sciences*，Vol. 16，No. 1，January 2013，pp. 39 - 52.

［362］陈强：《高级计量经济学及 Stata 应用》，高等教育出版社 2014 年版，pp. 250 - 281.

[363] Asteriou Dimitrious and Hall Stanley G, *Applied Econometrics: A Modern Approach Using EViews and Microfit (Revised Edition)*, New York: Palgrave Macmillan, 2007, p. 409.

[364] Hausman Jerry A. , "Specification tests in econometrics", *Econometrica*, Vol. 46, No. 6, 1978, pp. 1251 – 1271.

[365] Martin Van Zyl J, "The Laplace Likelihood Ratio Test for heteroscedasticity", *International Journal of Mathematics and Mathematical Sciences*, January 2011, pp. 1 – 7.

[366] Greene William H. , *Econometric analysis*, 4*th ed*, New Jersey: Prentice Hall, 2000, pp. 257 – 289.

[367] Driscoll John C and Kraay Aart C. , "Consistent covariance matrix estimation with spatially dependent panel data", *Review of Economics and Statistics*, Vol. 80, No. 4, November 1998, pp. 549 – 560.

[368] Friedman Milton, "The use of ranks to avoid the assumption of normality implicit in the analysis of variance", *Journal of the American Statistical Association*, Vol. 32, No. 200, 1937, pp. 675 – 701.

[369] Frees Edward W. , "Assessing cross – sectional correlation in panel data", *Journal of Econometrics*, Vol. 64, October 1995, pp. 393 – 414.

[370] Frees Edward W. , *Longitudinal and panel data: Analysis and applications in the social sciences*, Cambridge: Cambridge University Press, 2004, pp. 213 – 220.

[371] Pesaran M. Hashem, "General diagnostic tests for cross section dependence in panels", *CESifo Working Paper Series No. 1229; IZA Discussion Paper No. 1240*, Aug 2004.

[372] Beck Nathaniel and Katz Jonathan N, "What to do (and not to do) with time – series cross – section data", *The American Political Science Review*, Vol. 89, No. 3, September 1995, pp. 634 – 647.

[373] Parks Richard W. , "Efficient estimation of a system of regression equations when disturbances are both serially and contemporaneously correlated", *Journal of the American Statistical Association*, Vol. 62, No. 318, 1967, pp. 500 – 509.

[374] Kmenta Jan, *Elements of econometrics*, 2*th ed*, New York: McMillan, 1986, pp. 44 – 61.

[375] Wooldridge Jeffrey M. , *Econometric analysis of cross section and panel data*, Cambridge, MA: MIT Press, 2002, pp. 176 – 177.

[376] Daniel Bell, *The coming of post – industrial society: A venture in social*

forecasting, New York: Basic Books, Reissue Edition, 1999, p. 11.

［377］中华人民共和国教育部、国家统计局、财政部：《2016 年全国教育经费执行情况统计公告》，http：//www. moegovcn/srcsite/A05/s3040/201710/t20171025_ 317429html，2017 年 10 月 25 日。

［378］Mellander Charlotta, Florida Richard and Rentfrow Jason, "The Creative class, post – industrialism and the happiness of nations", *Cambridge Journal of Regions Economy and Society*, Vol. 5, No. 1, February 2012, pp. 31 –43.

［379］Efrat Kalanit, "The direct and indirect impact of culture on innovation", *Technovation*, Vol. 31, No. 1, January 2014, pp. 12 –20.

［380］任晓峰：《美国硅谷创新创业分析及其对中国 IT 类创业园建设的启示》，《智库时代》2018 年第 47 期。

［381］王胜光、程郁：《国家高新区创新发展报告：二十年的评价与展望》，中国经济出版社 2013 年版。

［382］王舒鸿：《开放与劳动收入份额变动研究》，南开大学博士学位论文，2014 年。

［383］汤清：《广东省金融支持下的产业转移溢出效应研究》，华南理工大学博士学位论文，2011 年。

［384］黄梦圆：《外商直接投资对市场结构的影响——以我国信息服务和软件业为例》，《商场现代化》2016 年第 19 期。

［385］罗良忠、史占中：《美国硅谷模式对我国高科技园区发展的启示》，《山西财经大学学报》2003 年第 25 卷第 2 期。

［386］李红、孙秋碧：《中国金融业区位分布的影响因素研究》，《福州大学学报（哲学社会科学版）》2015 年第 29 卷第 6 期。

［387］Martin Ron, "The new geographical turn in economics: Some critical reflections", *Cambridge Journal of Economics*, Vol. 23, No. 1, January 1999, pp. 65 –91.

［388］Zhao Simon X B, Zhang Li and Wang Danny T, "Determining factors of the development of a national financial center: The case of China", *Geoforum*, Vol. 35, No. 1, September 2004, pp. 577 –592.

［389］李俊峰、张晓涛： 《北京市金融业集群空间分布及演变：2003 ~ 2012——兼论北京科技金融产业集聚新生态的崛起》，《城市发展研究》2017 年第 24 卷第 10 期。

［390］牛冲槐、李若瑶、杨春艳：《科技型人才聚集效应的动因分析》，《山西农业大学学报（社会科学版）》2009 年第 8 卷第 5 期。

［391］Lazzeretti Luciana, Domenech Rafael Boix and Capone Francesco, "Why do creative industries cluster? An analysis of the determinants of clustering of creative industries", *Paper to be presented at the Summer Conference* 2009, January 2009, pp. 1 – 34.

[392] Scott Allen J. , "Capitalism, cities and the production of symbolic forms", *Transaction of the Institute of British Geographers*, Vol. 26, No. 1, November 2001, pp. 11 – 23.

[393] Scott Allen J. , "*The creative field and the logic of innovation in image producing complexes*", In the study of the cultural economy of cities, Scott Allen J eds, SAGE Publications, 2000, pp. 30 – 39.

[394] Scott Allen J. , "A new map of Hollywood: The production and distribution of American motion pictures", *Regional Studies*, Vol. 36, December 2002, pp. 957 – 975.

[395] 冯艳:《创意产业要素支撑体系研究——以宁波为例》,《科技管理研究》2009 年第 29 卷第 7 期。

[396] 诸大建、黄晓芬:《创意城市与大学在城市中的作用》,《城市规划学刊》2006 年第 1 期。

[397] 李婷:《上海城市休闲娱乐区服务场所分布研究》,华东师范大学硕士学位论文,2016 年。

[398] 蔡宝家:《区域休闲体育产业发展研究》,上海体育学院博士学位论文,2007 年。

[399] Scott Allen J. , "The craft, fashion, and cultral products industries of Los Angeles: Competitive dynamics and policy dilemmas in a multi – sectoral image – producing complex", *Annals of the Association of American Geographers*, Vol. 86, No. 2, June 1996, pp. 306 – 323.

[400] 包健:《我国财政科技支出优化分析》,《科学管理研究》2010 年第 28 卷第 3 期。

[401] 汪思雨、张兴亮、刘兰、从孟兰: 《企业 R&D 投入的非财务效应——基于人才集聚视角的经验研究》, 《嘉兴学院学报》2016 年第 28 卷第 3 期。

[402] 闫建璋、余三:《和谐文化视野下我国研究型大学区位分布探析》,《大学(研究版)》2015 年第 4 期。

[403] 童昀:《城市酒店业多尺度时空演化特征及选址适宜性评价》,西安外国语大学硕士学位论文,2017 年。

[404] 张艺琼:《武汉市星级酒店空间分布特征及影响因素研究》,华中师范大学硕士学位论文,2015 年。

[405] 黄忠华、吴次芳、杜雪君:《房地产投资与经济增长——全国及区域

层面的面板数据分析》，《财贸经济》2008 年第 8 期。

［406］李娜、石敏俊、周晟吕、杨晶：《房地产投资变化对中国经济的影响》，《管理评论》2012 年第 24 卷第 10 期。

［407］王重润、崔寅生：《房地产投资挤出效应及其对经济增长的影响》，《现代财经（天津财经大学学报）》2012 年第 32 卷第 9 期。

［408］任伟、陈立文：《贫富差距、房价与经济增长》，《华东理工大学学报（社会科学版）》2019 年第 34 卷第 1 期。

［409］杨建军：《房地产开发项目区位因素对房价的影响初探》，《经济师》2016 年第 11 期。

［410］DeVerteuil Geoffrey, "Reconsidering the legacy of urban public facility location theory in humangeography", *Progress in Human Geography*, Vol. 24, No. 1, March 2000, pp. 47 – 69.

［411］蒋海兵、张文忠、韦胜：《公共交通影响下的北京公共服务设施可达性》，《地理科学进展》2017 年第 36 卷第 10 期。

［412］Dear Michael, "Planning for mental health care: A reconsideration of public facility location theory", *International Regional Science Review*, Vol. 3, No. 2, February 1978, pp. 93 – 111.

［413］国家统计局城市社会经济调查司：《中国城市统计年鉴 2017》，中国统计出版社 2017 年版。

［414］常延明、夏志立、王静：《中国自然保护区地理分布及级别分析》，《防护林科技》2018 年第 7 期。

［415］许敏旋、贾莉英：《我国全科医生资源集聚度评价分析》，《卫生经济研究》2018 年第 5 期。

［416］Lairson David, Hindson Paul and Hauqutz Alan, "Equity of health care in Australia", *Social Science & Medicine*, Vol. 41, No. 4, September 1995, pp. 475 – 482.

［417］刘恒旸、鞠永和、王静成：《我国卫生人力资源配置影响因素研究现状》，《江苏卫生事业管理》2016 年第 27 卷第 2 期。

［418］熊丹妮、夏晨曦、李燊、熊兴江、赵冬、马敬东：《中国在线医疗服务医疗机构及医生的分布与启示》，《中国卫生事业管理》2018 年第 7 期。

［419］来有文、扎西达娃、王文华、李顺平：《西藏卫生人力资源配置与利用的影响因素分析》，《中国卫生经济》2014 年第 33 卷第 12 期。

［420］张媛媛：《科技服务业的集聚特征与影响因素研究——以珠三角为例》，《科技与经济》2017 年第 5 期。

［421］Barrios Salvador, Bertinelli Luisito, Strobl Eric and Teixeira Antonio –

Carlos, "The dynamics of agglomeration: Evidence from ireland and portugal", *Journal of Urban Economics*, Vol. 57, No. 1, May 2004, pp. 170 – 188.

［422］Rosenthal Stuart S and Strange William C, "The Determinants of Agglomeration", *Journal of Urban Economics*, Vol. 50, No. 2, February 2001, pp. 191 – 229.

［423］金飞、陈晓峰:《生产性服务业集聚的水平测度与影响因素分析》,《统计与决策》2015 年第 24 期。

［424］Guerrieri Paolo and Meliciani Valentina, "International competitiveness in producer services", *SSRN Electronic Journal*, March 2004, pp. 1 – 18.

［425］吉亚辉、杨应德:《中国生产性服务业集聚的空间统计分析》,《地域研究与开发》2012 年第 31 卷第 1 期。

［426］Keeble David and Nachum Lilach, "Why do business service firms cluster? Small consultancies, clustering and decentralization in London and southern England", *Transactions of the Institute of British Geographers*, Vol. 27, No. 1, March 2002, pp. 67 – 90.

［427］Longcore Travis and Rees Peter W., "Information technology and downtown restructuring: The case of New York city's financial district", *Urban Geography*, Vol. 17, No. 3, May 1996, pp. 354 – 372.

［428］易虹、李响:《转型期广州商务服务业空间分布特征分析》,《现代城市研究》2010 年第 7 期。

［429］陈娟娟、楼嘉军:《上海电影院空间布局特征及成因分析》,《现代电影技术》2009 年第 1 期。

［430］王安然:《电影院空间分布与供给能力研究——以北京市为例》,《管理现代化》2015 年第 2 期。

［431］姜珂、于涛:《基于电影院数据分析的城市商圈等级划分方法研究——以南京市为例》,《世界地理研究》2017 年第 26 卷第 4 期。

［432］杨晓俊、朱凯凯、陈朋艳、郭文浩:《城市电影院空间分布特征及演变——以西安市为例》,《经济地理》2018 年第 38 卷第 6 期。

［433］成都市人民政府:《成都历史文化》,成都市人民政府官网,http://wwwchengdugovcn/chengdu/rscd/lswhshtml,2018 年。

［434］成都市统计局、成都市统计学会:《成都统计年鉴 2017》,中国统计出版社 2017 年版。

［435］国家统计局城市社会经济调查司:《中国城市统计年鉴 2007》,中国统计出版社 2007 年版。

［436］中商产业研究院:《2017 年主要城市 GDP 排行榜:上海北京领先全国 天津沈阳增速垫底》,中商情报网,wwwaskcicom,2018 – 02 – 02。

［437］中商产业研究院：《2018 年成都产业结构情况及产业转移分析：成都优先承接发展这 19 个产业》，中商情报网，http：//wwwaskcicom/news/chanye/20181127/1543551137576shtml，2018 - 11 - 27。

［438］张宇燕、徐秀军：《2011 - 2012 年世界经济形势分析与展望》，人民网 - 中国共产党新闻网，http：//cpcpeoplecomcn/GB/68742/187710/16699174 html，2011 - 12 - 23。

［439］成都市统计局、国家统计局成都调查队：《2012 年成都市国民经济和社会发展统计公报》，四川新闻网——成都日报，http：//newssinacomcn/o/2013 - 04 - 18/023926859099shtml，2013 年 4 月 18 日。

［440］李思娴：《成都：3 次产业结构调整 做成中西部经济最强市》，搜狐资讯，http：//rollsohucom/20131203/n391171506shtml，2013 年 12 月 3 日。

［441］成都市人民政府：《2012 年成都人才计划引进人才名单已出炉》，成都市人民政府官网，http：//wwwchengdugovcn/chengdu/rscd/lswhshtml，2012 年 12 月 21 日。

［442］中共成都市青白江区委组织部：《成都市引进高层次创新创业人才实施办法》（成委办〔2011〕23 号），http：//wwwqbjgovcn/qwzzb/654528/654518/748213/indexhtml，2011 年 8 月 12 日。

［443］成都市统计局、国家统计局成都调查队：《2013 年成都市国民经济和社会发展统计公报》，成都市人民政府网，http：//wwwcdstatschengdugovcn/htm/detail_ 26531html，2014 年 4 月 29 日。

［444］成都市统计局、国家统计局成都调查队：《2015 年成都市国民经济和社会发展统计公报》，成都市人民政府网，http：//wwwcdstatschengdugovcn/htm/detail_ 26573html，2016 年 5 月 24 日。

［445］成都市统计局、国家统计局成都调查队：《2016 年成都市国民经济和社会发展统计公报》，成都市人民政府网，http：//wwwcdstatschengdugovcn/htm/detail_ 51777html，2017 年 5 月 24 日。

［446］成都市统计局、国家统计局成都调查队：《2014 年成都市国民经济和社会发展统计公报》，成都市人民政府网，http：//wwwcdstatschengdugovcn/htm/detail_ 26553html，2015 年 4 月 28 日。

［447］刘祯贵：《改革开放以来日臻完善的成都城市建设》，《巴蜀史志》2018 年第 3 期。

［448］徐建、李明东：《成都市基础设施建设对经济发展的影响探讨》，《西华师范大学学报（自然科学版）》2013 年第 34 卷第 4 期。

［449］王嘉、王敏琳：《成都图书馆新馆建设将启动 面积不低于 5 万平方

米》，《成都日报》2018 年 7 月 16 日。

　　［450］吴亚飞：《让绿色成为最鲜明底色 成都美丽宜居公园城市建设不断提速》，《四川日报》2018 年 7 月 6 日。

　　［451］练建华、崔婷：《成都会展业的发展对当地酒店业产生的影响分析》，《经济研究导刊》2017 年第 27 期。

　　［452］四川在线：《成都 2014 年电影票房首超 10 亿元 成中国电影"第五城"》，新浪四川，http：//scsinacomcn/news/b/2015 － 01 － 06/detail － iawzunex8702768shtml，2015 年 1 月 6 日。

　　［453］张世豪：《2017 全国城市电影票房排行榜出炉 成都 16.94 亿元进前五》，凤凰网资讯，http：//newsifengcom/a/20180812/59762080 _ 0shtml，2018 年 8 月 12 日。

　　［454］成都市人民政府：《成都年鉴》（2018），成都年鉴社 2018 年版。

　　［455］殷航：《成都中心城区扩容：大格局 66 个产业功能区确定》，《华西都市报》2017 年 7 月 4 日。

　　［456］刘烨：《马斯洛的人本哲学》，内蒙古文化出版社 2008 年版。

附录　本书关于创新型人才的分类

类型		职业类别	从事工作范围
创新型人才	核心创新型人才	信息传输、计算机服务和软件业人才	电信和其他信息传输服务、计算机及互联网服务、软件服务
		金融业人才	个人理财、证券投资、项目融资、公司理财、资金管理等
		科学研究、技术服务和地质勘查业人才	研究与试验发展、专业技术服务、科技交流和推广服务、地质勘查等
		文化、体育、娱乐业人才	新闻出版，广播、电视、电影、音像等制作、编排、主持等，文艺创作与表演、文化艺术经纪代理等，体育组织和体育比赛经纪代理等，休闲健身娱乐活动组织和开展等
		教育业人才	学前教育或中小学教育工作、中等专业教育、职业中等教育、普通高等教育、成人高等教育、职业技能培训、特殊教育，以及党政教育、佛学院、中小学课外辅导班等其他教育工作
	专业创新型人才	房地产业人才	房地产的规划和开发、房地产经营、房地产的调控和管理等
		水利、环境和公共设施管理业人才	防洪管理、水资源管理、调水和引水管理、自然保护、环境治理、市政公共设施管理、城市绿化管理、游览景区管理等
		公共管理和社会组织行业人才	国家机构和机关相关工作，社会保障类工作，工会、妇联、共青团等，以及文化艺术等专业团体、行业团体、基金会、宗教组织等工作
		职业医师和职业助理医师	职业医师、职业助理医师
		租赁和商业服务业人才	汽车租赁、建筑工程机械与设备租赁、计算机及通信设备租赁等；休闲用品、体育用品、图书和音像制品出租，以及日用品出租；企业管理、投资与资产管理；园区、市场、供应链管理服务；律师服务、公证服务等；会计和审计服务、市场调查以及健康、环保、体育咨询等；广告策划、互联网广告服务等；安全服务、系统监控服务等；科技、会展、旅游会展、体育和文化会展等；旅行社服务、办公服务、翻译服务、信用服务、商务代办服务等

注：本书关于创新型人才的分类，主要是借鉴 Florida 的研究，并结合我国职业分类进行划分，具体的参考资料如下：

[1] Florida Richard, *The rise of the creative class*, revised, New York: Basic Books, 2012, pp. 375 – 376.

[2] 国家职业分类大典修订工作委员会：《中华人民共和国职业分类大典（2015 年修订版)》，中国劳动社会保障出版社 2015 年版。

[3]《2017 国民经济行业分类（GB/T 4754—2017)》，中华人民共和国国家质量监督检验检疫总局和中国国家标准化管理委员会发布，2017 年版。